海洋经济高质量发展

东海海洋经济发展评估与产业景气研究

余　璇　陈　琦　蒋伟杰　靳来群　著

中国农业出版社
北　京

图书在版编目（CIP）数据

海洋经济高质量发展. 东海海洋经济发展评估与产业景气研究 / 余璇等著. -- 北京 ：中国农业出版社，2024. 12. -- ISBN 978-7-109-32826-6

Ⅰ. F74

中国国家版本馆 CIP 数据核字第 2024GF3068 号

东海海洋经济发展评估与产业景气研究

DONGHAI HAIYANG JINGJI FAZHAN PINGGU YU CHANYE JINGQI YANJIU

中国农业出版社出版

地址：北京市朝阳区麦子店街 18 号楼

邮编：100125

责任编辑：张丽四　程　燕　　文字编辑：耿增强

版式设计：杨　婧　　责任校对：吴丽婷

印刷：中农印务有限公司

版次：2024 年 12 月第 1 版

印次：2024 年 12 月北京第 1 次印刷

发行：新华书店北京发行所

开本：700mm×1000mm　1/16

印张：16

字数：278 千字

定价：90.00 元

PREFACE / 总序

海洋是生命的摇篮、资源的宝库、交通的命脉。海洋空间广袤辽阔，资源丰富多样。党的十八大以来，以习近平同志为核心的党中央作出了建设海洋强国的重大战略部署，强调海洋是高质量发展战略要地，建设海洋强国是中国特色社会主义事业的重要组成部分，必须进一步关心海洋、认识海洋、经略海洋。党的二十大报告作出发展海洋经济、保护海洋生态环境、加快建设海洋强国的战略安排。党的二十届三中全会也明确提出了完善促进海洋经济发展的体制机制，健全海洋资源开发保护制度等要求，建设海洋强国的“四梁八柱”已基本形成。

浙江省是中国革命红船起航地、改革开放先行地。浙江省拥有得天独厚的海洋资源禀赋，海岸线总长 6 486 千米，海域面积约 22 万平方千米，面积大于 500 平方米的海岛有 3 061 个，是全国岛屿最多的省份。21 世纪是海洋的世纪，海洋经济在经济社会发展中的地位和作用将愈加突出。

鉴于此，作为浙江省海洋发展智库联盟的牵头单位，宁波大学东海研究院课题组积极贯彻党中央、国务院关于建设海洋强国的战略部署，立足浙江省实际，针对海洋经济高质量发展领域专门编著了“海洋经济高质量发展丛书”。丛书包括四本专著。一是认清东海现状是研究的基础，也是本丛书的首要关注点。余璇博士撰写的《海洋经济高质量发展：东海海洋经济发展评估与产业景气研究》一书主要起到摸清家底的作用，力图通过量化方法评估东海区域涉及省份的海洋经济高质量发展的现状，探究东海区域的海洋产业的景气情况。二是食物供给是海洋最基础的功能，也是本丛书的聚焦重点所在。汪杰峰博士撰写的《海洋经济高质量发展：生鲜水产品电商与供应商优选》研究了水产品流通数字化趋势，提出产品供应商优选思路。叶胜超博士和汪浩瀚教授撰写的

《海洋经济高质量发展：渔业金融支持与风险防控》系统探讨了金融支持渔业发展的作用机制和效果，提出了完善的建议。三是服务地方经济社会发展是研究院的主要落脚点之一。余杨、胡求光等教授撰写的《海岛高质量发展："生态立县"之嵊泗实践》就是研究院近期的重要实践探索。

具体而言，《海洋经济高质量发展：东海海洋经济发展评估与产业景气研究》指出，作为海洋经济发展的"领头羊"，东海海区所涉及的三省一市（江苏省、浙江省、福建省和上海市）的海洋产业生产总值占全国海洋产业生产总值的比重更是常年高达40%以上，海洋产业生产总值占地区生产总值的比重更是常年接近20%，海洋产业发展对地区经济发展的推动作用尤为明显。该书共分为三大部分：第一部分重点评估东海海洋经济发展，一方面从发展趋势、产业现状和区域差异三方面对东海海洋经济发展状况进行总体评价，另一方面从海洋经济发展效率和资源配置效率两方面对东海海洋经济发展状况进行定量评估；第二部分重点研究东海海洋产业景气情况，在指标体系构建的基础上，将海洋产业景气总指数细分为规模指数、结构指数、成效指数、潜力指数和绿色指数五个分指数，定量测算并分析东海及所涉三省一市的海洋产业景气情况；第三部分侧重于经验借鉴和发展对策，在对美国、英国、挪威、韩国和日本等国家海洋产业发展典型案例进行分析的基础上，识别东海海洋经济发展存在的问题，并从拓展深远海发展空间、强化海洋资源集约利用、推进海洋科技创新集聚、加快传统海洋产业转型和打造现代海洋产业集群等方面提出相应的对策建议。

《海洋经济高质量发展：渔业金融支持与风险防控》旨在充分考虑渔业产业特点及中国渔业阶段性发展特征，在辩证把握金融市场与现代产业发展关系的前提下，从规范金融、民间金融与数字金融三个角度考察中国渔业的金融支持问题，并从渔业风险特性及金融市场内在逻辑两个方面，前瞻性地关注渔业金融支持体系构建中的风险问题，从而提出关于完善渔业金融支持的系统性建议。该书重点探讨了以下问题：第一，金融支持渔业高质量发展的理论基础与可能路径；第二，我国渔业高质量发展科学评价体系构建与测量；第三，不同类型金融支持对于渔业发展的支持效果与作用机制；第四，我国渔业金融风险状况及其内外动态关联性问题；第五，渔业产业金融支持及风险防控策略的探讨与构建。该书认为，我国目前渔业发展的金融支持远未达到理想状态，实际效果与理论推演存在相当大的差距，渔业金融风险的存在更加剧了渔业企业的融资困境；但规范金融、民间金融与数字金融表现出各有侧重、彼此配合的趋势，这为探讨渔业多层次金融支持策略提供了重要思路。作者提出的渔业金融支持体系与引导性策略构建的建议具有一定的参考价值，有助于我国渔业在新时代实现高质量发展的目标。

《海洋经济高质量发展：生鲜水产品电商与供应商优选》指出，生鲜水产品电商是海洋经济高质量发展的重要组成部分，而生鲜水产品供应商选择是电商平台和海洋经济高质量发展的战略性挑战。随着信息技术的发展和电商竞争的加剧，竞争情报在电商平台供应商优选中的作用更加凸显。该书从竞争情报分析视角出发，主要从竞争环境、竞争对手和竞争策略三个方面，综合运用了行为实验、神经科学、博弈理论和多属性群决策等学科交叉领域的研究方法，探究了在不确定竞争环境下的生鲜水产品电商平台供应商优选问题。首先，在竞争环境层面，该书用ERP（事件相关电位）方法揭示了消费者对产品的认知和情感反应，为供应商优选提供新颖的证据和角度，使得研究结果更加科学可靠；其次，在竞争对手层面，该书用演化博弈模型分析了消费者、平台方和政府之间的互动与策略选择，为生鲜水产品电商平台供应商优选提供了市场竞争策略和定价策略；再次，在竞争策略层面，该书提出了单值中智组合加权对数平均距离（SVNLCWLAD）度量的新型多属性群决策模型，为供应商优选提供一种新的、高效的决策工具；最后，该书为电商平台、政府监管部门和供应商提供了一系列的对策和建议。

为积极响应浙江省社会科学界联合会“社科赋能行动”，对接中共嵊泗县委宣传部、县社会科学界联合会，聚焦海岛样本，探讨以高品质生态环境支撑高质量发展的生态文明理论与实践创新，形成了《海岛高质量发展：“生态立县”之嵊泗实践》。该书系统梳理了嵊泗县“生态立县”战略的形成、确立以及发展过程，总结从1.0版美丽资源建设向2.0版美丽经济转化的高质量发展道路，以及正迈向打造3.0版新时代美丽、美好、现代化海岛样板的新历程，诠释了“两美”生态建设的理论内涵，提炼了规划引领、生态为先、产业为本、创新驱动、生态惠民、制度增效六个具有先行示范作用的重要做法。该书还凝练了海岛高质量建设三个方面的宝贵经验，可以为全省乃至全国提供重要参考：一是以党的全面领导推进海岛生态高标准顶层设计，落实到常态化、长效化制度建设和海陆协同治理模式，将制度优势转化为美丽胜势；二是做大做强高质量蓝色现代产业体系，创新推进蓝色产业融合发展，开拓实现蓝色生态产品系统转化，提升蓝色经济可持续发展的现代化水平；三是以生活高品质为核心引领，做好富民、惠民、乐民的美丽“组合拳”，共建共享生态福祉，共创美丽美好生活。该研究成果以校地形式进行了联合发布，获得省部级领导、县党政主要领导的肯定性批示，获得中共嵊泗县委党校的大力支持，还获得了“浙江社科”“潮新闻”“腾讯网”等媒体的报道转载，成为产学研合作研究的重要积累。

我相信，本丛书将为浙江乃至全国沿海地区推动海洋经济高质量发展提供有益的经验借鉴，并能为相关政策的制定完善和宏观决策提供可信的理论依据。

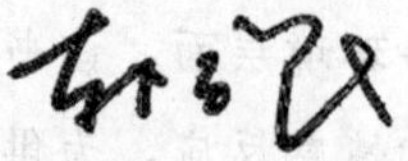

2024年4月2日

CONTENTS / 目录

第一章 东海海洋经济发展状况

在全球经济变局与新冠疫情的双重影响下，海洋经济作为国家经济增长的重要引擎，正面临前所未有的挑战与机遇。中国作为海洋大国，海洋经济在国家战略中的地位不断提升，尤其是东海地区，凭借其资源优势和地缘位置，成为推动中国海洋经济发展的核心区域。然而，东海海洋经济（以下简称东海经济）近年来也受到了诸多外部冲击，如全球经济不确定性增加、国际政治经济格局动荡等，这些因素对区域经济的增长模式、资源开发与利用、基础设施建设以及技术进步都产生了深远影响。本章将分别从全国海洋经济生产总值发展趋势、东海经济总产值及其变化趋势的角度分析海洋经济面临的机遇与挑战。在此基础上，分别从资本和劳动两种投入要素以及第一产业、第二产业以及第三产业等交叉视角，剖析影响海洋经济特别是东海海洋经济产出及其变化趋势的主要因素，为充分挖掘海洋经济增长新动能提供经验证据和理论支持。

第一节 发展趋势分析

（一）全国海洋生产总值分析

如图 1－1 所示，2006—2019 年，中国的海洋经济规模总体呈现出稳定的增长态势，海洋名义国内生产总值（GOP）从 2006 年的 21 220.3 亿元增至 2019 年的 84 292.1 亿元，年均增长率 17.78%。然而 2006—2020 年增速显示出波动且逐渐下降的趋势。

具体来说，2019 年以前，海洋经济的增长主要受益于一系列有利因素，包括国家政策的大力支持、海洋资源的有效开发利用，以及海洋科技的不断

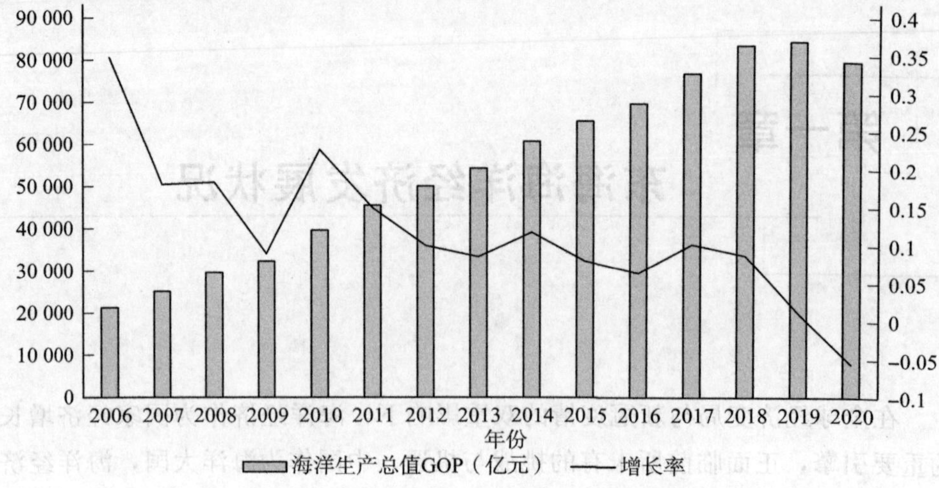

图 1-1　2006—2020 年中国海洋经济发展趋势

进步①。这些因素共同推动了海洋产业的发展和扩张，使得海洋经济规模不断扩大。此外，海洋经济产业结构的优化和高附加值产业的兴起也为海洋经济的持续增长提供了强劲动力②。

然而，2020 年在全球疫情和国际经济政治环境变化的影响下，我国海洋经济发展受到了严重冲击。这是近年来首次出现负增长，海洋生产总值（GOP）下降到 79 549.8 亿元，降幅达 5.63%。具体原因包括新冠疫情对全球经济活动造成了巨大影响，海洋经济相关产业如航运、旅游和水产品市场受到了显著冲击③。疫情导致全球供应链中断，国际贸易受阻，海洋经济首当其冲④；中美贸易摩擦加剧以及其他地缘政治紧张局势，对海洋经济产生了不利影响⑤。这些变化增加了市场的不确定性，影响了投资者和企业的信心和决

① 汪克亮，蒋晓敏．中国海洋经济高质量发展的时空差异及影响因素研究［J］．海洋开发与管理，2024，41（3）：121-132．

② Guo J，Yuan X，Song W. Driving forces on the development of China's marine economy：efficiency and spatial perspective［J］．Ocean & Coastal Management，2022，224：106192．

③ Li Fuzhu，et al. The evolution of China's marine economic policy and the labor productivity growth momentum of marine economy and its three economic industries［J］．Marine Policy，2021，134：104777．

④ Su Chi-Wei，Yu Song，Muhammad Umar. Financial aspects of marine economic growth：From the perspective of coastal provinces and regions in China［J］．Ocean & Coastal Management，2021，204：105550．

⑤ Sun Caizhi，et al. The high-quality development level assessment of marine economy in China based on a "2+6+4" framework［J］．Ocean & Coastal Management，2023，244：106822．

策。国内经济增速放缓，影响了海洋产业的需求和投资。特别是一些传统海洋产业在需求下降和成本上升的双重压力下，面临较大挑战[①]；部分海域在2020年经历了台风、洪水等自然灾害，对海洋基础设施和相关产业造成了直接损害[②]。

（二）东海经济变化情况

1. 东海经济产出变化

如图1-2所示，2006—2019年，中国东海经济总产值呈现出稳步上升的趋势，从2006年的8 875亿元增长至2019年的37 731.1亿元，年均增长率约为11.2%，这一增长得益于海洋资源开发、技术进步以及市场需求增加等多重因素。国家对海洋经济的政策支持、基础设施的不断完善，以及海洋科技的进步，使得海洋资源得到了更加有效的开发和利用。沿海地区的基础设施建设，包括港口、海洋工程和物流设施的不断完善，提升了海洋经济的承载能力。同时，海洋科技的进步，如海洋探测技术、海洋工程技术的应用，推动了资源开发效率的提高和产业的技术升级。

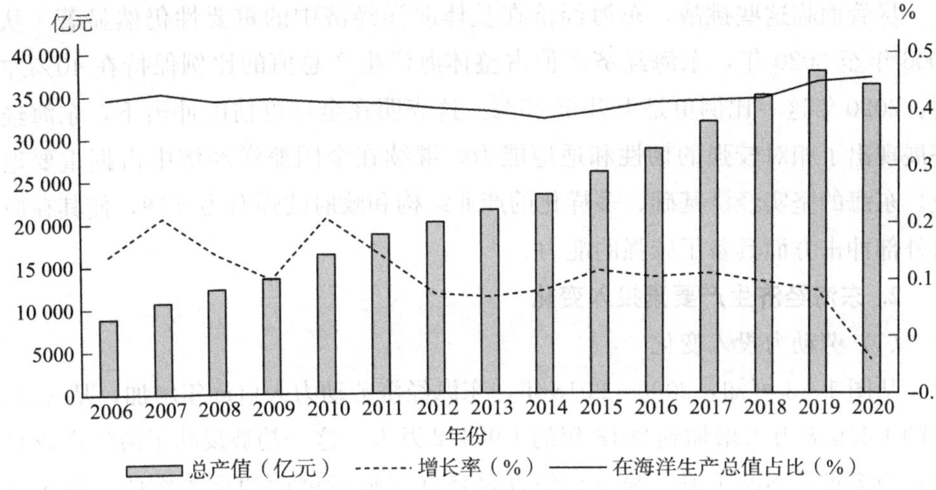

图1-2　2006—2020年东海经济产出投入变化

然而，自2010年起，东海经济的增速逐渐放缓。尽管2013年增长率达到

① Jiang Xu-Zhao, Tie-Ying Liu, Chi-Wei Su. China's marine economy and regional development [J]. Marine Policy, 2014, 50: 227-237.

② Ma Renfeng, Bo Hou, Wenzhong Zhang. Could marine industry promote the coordinated development of coastal provinces in China? [J]. Sustainability, 2019, 11 (4): 1053.

7.03%，之后增速趋于稳定。这种放缓主要缘于渔业和海洋运输业的发展速度减缓、市场趋于饱和以及资源过度开发所带来的环境压力等原因。渔业方面，由于过度捕捞和资源枯竭，渔业产量增长受到限制，导致该产业增速放缓①。海洋运输业随着市场趋于饱和和国际竞争的加剧，其增长速度也有所放缓。此外，随着海洋经济的持续发展，市场逐渐趋于饱和，新的市场需求增长点相对有限。资源过度开发带来的环境问题，如海洋污染和生态破坏，也对海洋经济的可持续发展构成了制约。

2020 年，全球疫情对东海经济产生了重大影响，导致产值下降至 36 178.3 亿元。全球疫情导致的供应链中断、海洋运输受限和旅游业停滞，对海洋经济造成了严重冲击。疫情期间，全球多个港口受影响采取封锁措施，导致航运业运力下降和运输成本上升②。旅游限制措施导致海洋旅游业几乎停滞，严重影响了该产业的收入。原材料和产品的跨国流动受阻，影响了海洋产业链的稳定性和连贯性。这一年度的产值下降标志着疫情对海洋经济的深远影响，突显了区域经济面对全球突发事件的脆弱性③。

尽管面临这些挑战，东海经济在整体海洋经济中的重要性仍然显著。从 2006 年至 2020 年，东海经济产值占整体海洋生产总值的比例保持在 40%左右，2020 年这一比例更是上升至 45%。这表明在全球疫情的冲击下，东海经济展现出了相对较强的韧性和适应能力，继续在全国海洋经济中占据重要地位。东海的坚实经济基础、多样化的产业结构和政府的强有力支持，使其在应对外部冲击方面具备了较强的能力。

2. 东海经济生产要素投入变化

(1) 劳动力投入变化

从图 1-3 可知，2006—2018 年，东海经济劳动力人口逐年增加，从 2006 年的 1 459.8 万人增加到 2018 年的 1 984.2 万人，这一趋势反映了海洋产业对劳动力需求的不断上升，显示出海洋经济在区域发展中的重要地位。海洋渔

---

① Yu Huijuan, Liling. Analysis of the spatiotemporal differences in the quality of marine economic growth in China [J]. Journal of Coastal Research, 2021, 37 (3): 589-600.

② Zhang R, Gao Q, Gao K. Impact of marine industrial agglomeration on the high-quality development of the marine economy——A case study of China's coastal areas [J]. Ecological Indicators, 2024, 158: 111410.

③ Liu P, Zhu B, Yang M. Has marine technology innovation promoted the high-quality development of the marine economy? ——Evidence from coastal regions in China [J]. Ocean & Coastal Management, 2021, 209: 105695.

业、海洋运输业、海洋旅游业等传统行业的扩展，以及新兴海洋生物科技和海洋装备制造业的发展，都对劳动力产生了巨大的吸引力。然而，自 2019 年起，海洋劳动力人口开始减少，2020 年下降至 1 799.4 万人，这一变化揭示了多个层面的挑战。

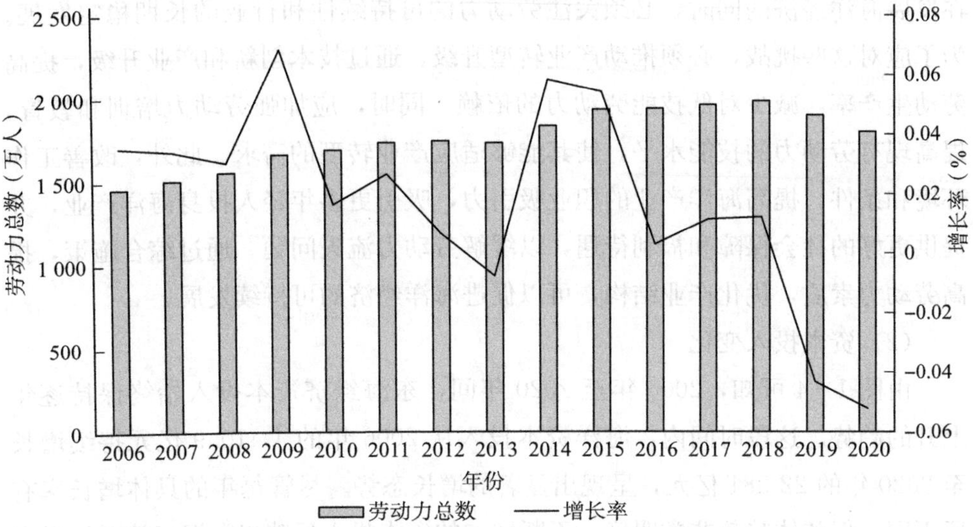

图 1－3　2006—2020 年东海经济劳动力投入变化

首先，人口老龄化问题逐渐显现，随着社会老龄化进程的加快，体力劳动密集型的海洋产业受到明显冲击[①]。人口老龄化不仅减少了适龄劳动人口的数量，还增加了社会保障和医疗服务的压力。其次，全球气候变化对海洋环境的影响深远，导致渔场生态环境恶化和鱼类资源减少，使得传统渔业劳动力面临困境。极端天气事件频发，进一步威胁了海洋产业的生产活动，加剧了劳动力短缺问题。最后，传统渔场由于过度捕捞和资源枯竭，渔获量逐年下降，迫使渔业从业人员减少，许多人转向其他行业寻找出路。

同时，海洋产业结构的调整和升级也对劳动力需求产生了影响[②]。一些传统行业被高科技和高附加值产业所取代，这种转型要求劳动力具备更高的技能和专业知识。然而，劳动力市场的培训和教育系统尚未完全跟上产业发展的步

① Sun J，Miao J，Mu H，Xu J，Zhai N. Sustainable development in marine economy：Assessing carrying capacity of Shandong province in China [J]. Ocean & Coastal Management，2022，216：105981.

② 刘会，张丽雅，朱学峰，等. 中国海洋经济发展现状及对策 [J]. 合作经济与科技，2024，(18)：16－19.

伐，导致技能型劳动力短缺①。外部经济压力如国际贸易摩擦和经济不确定性的增加，也使得海洋产业面临巨大挑战。企业在经济压力下可能减少雇佣劳动力，进一步导致劳动力人口的减少②。

这一趋势揭示了海洋产业在面对环境变化和经济压力时的脆弱性，强调了在发展海洋经济的同时，必须关注劳动力的可持续性和行业的长期稳定发展。为了应对这些挑战，必须推动产业转型升级，通过技术创新和产业升级，提高劳动生产率，减少对低技能劳动力的依赖。同时，应加强劳动力培训和教育，提高现有劳动力的技能水平，使其能够适应产业转型的需求。此外，改善工作环境和条件，提高海洋产业的职业吸引力，吸引更多年轻人投身海洋产业，并提供更好的社会保障和福利待遇，以缓解劳动力流失问题。通过综合施策，提高劳动力素质，优化产业结构，可以促进海洋经济的可持续发展。

（2）资本投入变化

由图 1-4 可知，2006 年至 2020 年间，东海经济资本投入始终保持逐年上升的趋势。这段时间内，海洋资本投入从 2006 年的 4 410.9 亿元持续增长至 2020 年的 22 381 亿元，呈现出显著的增长态势。尽管每年的具体增长率有所不同，但整体趋势非常明确，不断增加的资本投入反映出东海经济对海洋产业的高度重视以及对其未来发展的信心。

首先，科技进步是推动海洋资本投入增加的重要因素之一。随着海洋科技的不断进步，东海经济对高新技术在海洋资源开发、环境保护和产业升级中的应用需求逐渐增加。科技进步不仅提升了渔业的生产效率和产品质量，还推动了海洋装备制造业、海洋生物科技等新兴产业的发展。这些新兴产业需要大量的资本投入来进行研发和生产，从而促进了整体资本投入的增长。

其次，基础设施的改善也是资本投入增加的关键因素之一。东海在港口建设、海洋运输网络和海洋工程设施等方面进行了大量投资，这不仅改善了区域内的基础设施条件，也为海洋经济的发展奠定了坚实的基础。完善的基础设施不仅吸引了更多的资本投入，也提高了海洋产业的竞争力和效率。

最后，科研投入的增加进一步推动了海洋资本的持续增长。东海加大了对海洋科研的投入力度，通过设立研究机构、支持科研项目和推动产学研结合，

① 余颖博，张效莉，宋维玲．海洋经济区域差异统计测度及潜在产出分析［J］．调研世界，2023，(5)：44-55.

② Chen L，Qin Y，Zhao S，et al. Geology of the East China Sea［M］. BRILL，2023.

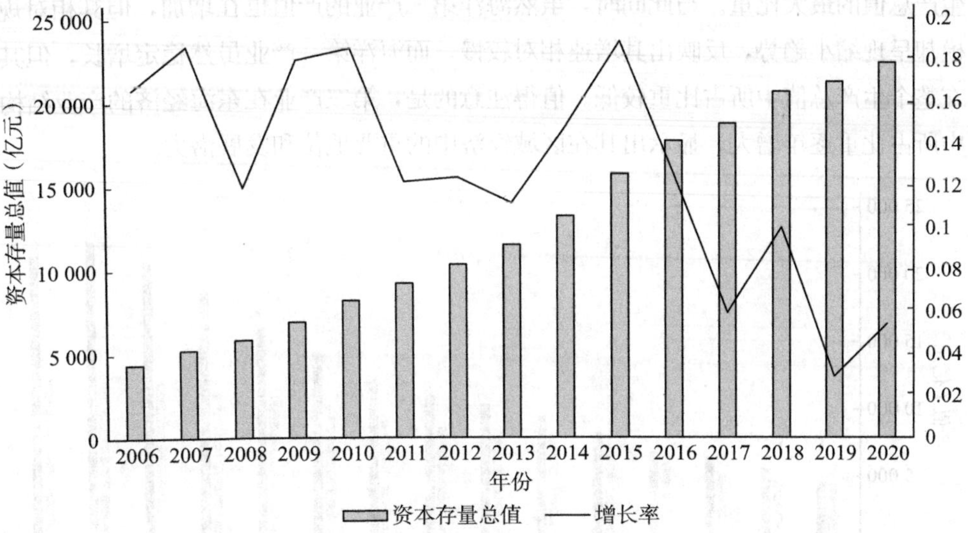

图 1-4 2006—2020 年东海经济资本投入变化

促进了海洋科学技术的进步。这种投入不仅提升了区域内的技术水平，还增强了海洋产业的创新能力和可持续发展能力。

政策和金融支持也是推动资本投入增加的重要因素。国家和地方政府在政策层面上对东海经济的发展给予了大力支持，包括出台一系列优惠政策、提供财政补贴和税收优惠等。这些政策措施为资本投入提供了良好的政策环境和资金支持。此外，金融机构也加大了对海洋产业的信贷支持力度，通过多种融资渠道，为海洋企业提供了充足的资金保障。

2006—2020 年，东海经济资本投入的持续增长反映了多方面的综合影响。科技进步、基础设施改善、科研投入增加以及政策和金融支持等因素共同作用，不仅提升了海洋产业的生产效率和产品质量，还促进了行业的可持续发展。未来，随着科技进步的增速和政策支持的持续加强，东海经济有望继续保持稳步增长的态势，为区域经济发展做出更大的贡献。

第二节 海洋产业现状

（一）东海经济产业结构分析

根据图 1-5 所呈现的数据，2006—2019 年，东海经济的三大产业产值均呈现稳步增长的态势。特别是第三产业，其产值在这段时间内持续增长，并占据了海洋生产总值的最大比重。与此同时，虽然海洋第二产业的产值也在增加，但其相对规模却呈现缩小趋势，反映出其增速相对较慢。而海洋第一产业虽然稳定增长，但其在整个生产总值中所占比重较低。值得注意的是，第三产业在东海经济的产业结构中所占比重逐年增大，显示出其在区域经济中的重要地位和发展潜力。

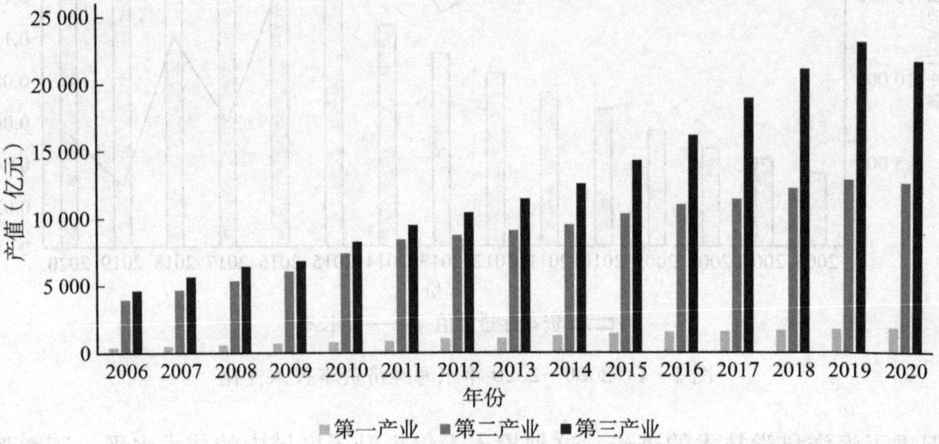

图 1－5　东海经济产业结构

尤其值得关注的是，2019 年海洋第三产业的产值占据了绝大部分的海洋生产总值，这表明了东海经济已经逐渐形成了以服务业为主导的产业结构。这一趋势可能与现代经济发展的特点密切相关，即随着经济不断发展，服务业在整个经济结构中的比重逐渐增加。可能是由于该地区具有发达的港口和海运业，以及依托海洋资源开发的相关服务业的蓬勃发展。因此，海洋第三产业在该区域的产业结构中扮演着至关重要的角色，对整个经济的稳定和发展起着关键作用。

然而，2020 年的各种外界冲突和不确定性因素对东海的各产业产值都带来了下降的影响。这一情况可能导致产业结构的临时性变化，但长期来看，海洋第三产业在东海经济的主导地位可能仍然稳固。因此，可以认为东海经济的产业结构基本合理，但仍需要密切关注各产业的发展动态，以制定相应的政策措施，促进产业结构的优化和升级，实现经济可持续发展的目标。

（二）东海经济三大产业劳动投入分析

1. 海洋第一产业劳动投入

东海经济第一产业主要包括海洋捕捞和海水养殖等传统产业。这些行业通常对劳动力的依赖较高，但由于技术水平相对较低，劳动生产率不高。由图 1－6

可知，2006—2009 年第一产业劳动力人口处于上升的阶段，从 295.1 万人增加到 350.5 万人。2010—2020 年，第一产业劳动力人口处于波动下降阶段，在 2020 年达到最低的 221.8 万人，相比 2019 年下降了 7.6%。

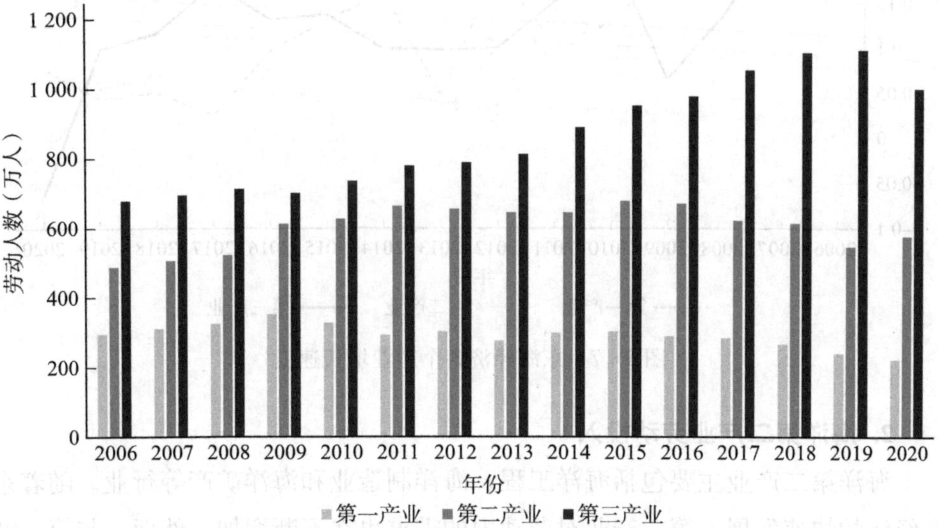

图 1－6　东海经济三大产业劳动投入变化情况

随着现代化技术的引入和产业结构的调整，第一产业的劳动力需求逐渐减少，更多的劳动力被转移到其他产业中。近年来，尽管第一产业的总产值逐年增加，但劳动力投入的增长速度却较为缓慢，甚至呈现出一定的下降趋势。这主要是因为机械化和现代化养殖技术的普及，提高了劳动生产率，减少了对人力资源的依赖。

由图 1－7 可知，第一产业增长率波动较大。首先，东海经济第一产业，特别是渔业和水产养殖业，受季节变化影响较大。渔业的收获季节通常集中在一年的特定时段，而水产养殖的生产也受季节性影响，例如海水温度、潮汐等因素。因此，在渔业和水产养殖业中，劳动率可能在不同季节发生较大的波动，这反映出劳动力在不同季节中的灵活运用。

其次，对于东海经济第一产业来说，政策调整和市场需求变化也可能导致劳动率波动。政府可能会通过调整渔业和水产养殖业的渔期、禁渔期或生产配额等措施来管理海洋资源的利用，这些政策调整可能会影响劳动力的使用和劳动率的波动。此外，市场需求的变化也会影响劳动率，例如对某种水产品需求量的增加或减少，可能会导致相应产业中的劳动力需求和使用发生波动。

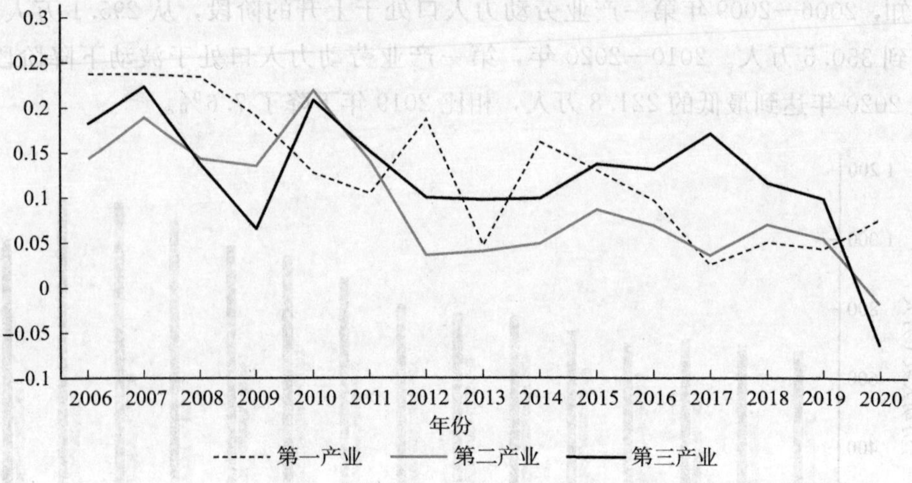

图 1-7　东海经济各个产业增长速度

2. 海洋第二产业劳动投入

海洋第二产业主要包括海洋工程、海洋制造业和海洋矿产等行业。随着东海经济的快速发展，第二产业对劳动力的需求也在不断增加。然而，与第一产业相比，第二产业对高技能劳动力的需求更为迫切。由图 1-7 可知，2006—2020 年，东部海洋第二产业的就业人数总体呈增长趋势，但波动明显。就业人数从 2006 年的 487.1 万人增加到 2020 年的 577 万人，增速在 2009 年达到高峰（17.68%），2019 年则降至低谷（−10.79%）（图 1-8）。

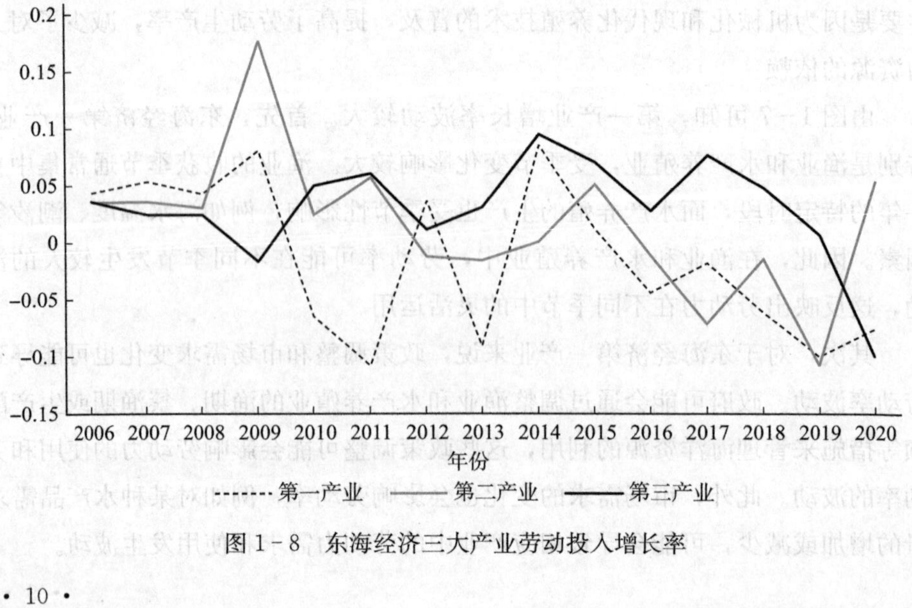

图 1-8　东海经济三大产业劳动投入增长率

近年来，随着科技进步和产业升级，第二产业中的自动化和智能化水平不断提高，传统的劳动密集型岗位逐渐减少，高技术含量和高附加值的岗位逐渐增多。这一趋势导致了对高技能劳动力的需求上升，但总体的劳动投入增速相对平缓。

3. 海洋第三产业劳动投入

由图1-7、图1-8可知，2006—2020年，东海经济第三产业的就业人数总体呈增长趋势，从2006年的677.6万人增加到2020年的1 000.6万人，但其间有波动。显著增长阶段包括2010年（5.01%）、2011年（6.08%）、2014年（9.47%）和2017年（7.67%），而2009年和2020年分别出现了1.65%和9.96%的下降。

海洋第三产业包括海洋交通运输、海洋旅游、海洋金融等服务行业。这些行业对劳动力的需求具有较大的弹性，且近年来呈现出显著的增长趋势，尤其是随着东海经济的产业结构调整，第三产业的比重逐年增加，吸纳了大量的劳动力。海洋旅游业和海洋交通运输业等行业的发展，不仅带动了区域经济的增长，也创造了大量的就业机会。此外，海洋金融和海洋信息服务等新兴产业的崛起，进一步推动了第三产业的劳动投入增长。

（三）东海经济三大产业资本投入分析

1. 海洋第一产业资本投入

2006—2020年，东海经济第一产业的资本存量从34.3亿元增至205.9亿元，整体呈显著增长趋势。尽管2011年略有下降（−0.93%），但多数年份增长率较高，尤其是2012年（16.79%）、2014年（30.05%）、2015年（23.92%）和2017年（24.41%）。

东海经济第一产业的资本存量从2006年的34.3亿元增至2020年的205.9亿元，尽管呈现显著增长趋势，但相比其他产业，第一产业的资本投入依然最少。这种现象主要有几个原因。

首先，海洋第一产业本身的性质决定了其资本投入相对较低。第一产业主要包括渔业和水产养殖业，这些行业传统上依赖于自然资源和劳动力，技术含量和资本密集度相对较低。相比之下，海洋第二产业（如海洋制造业、海洋工程建设）和第三产业（如海洋旅游业、海洋服务业）更依赖于高技术和大规模的基础设施建设，因此需要更多的资本投入。

其次，东海经济的结构特点也影响了资本的分配。东海地区是中国经济最发达的区域之一，这里不仅有丰富的海洋资源，还集中了大量的高新技术产业和服务业。这些高附加值产业通常能够吸引更多的资本投资，而相对来说，海洋第一产业在资本竞争中处于劣势。投资者更倾向于将资金投入回报率更高的产业，而不是传统的渔业和养殖业。

最后，东海经济第一产业面临的环境和资源约束也是限制资本投入的重要因素。过度捕捞和海洋污染等问题导致渔业资源减少，水产养殖也受到生态环境的影响。资源的不可持续利用和环境恶化使得第一产业的投资风险增大，资本的流入因此受到限制。

2. 海洋第二产业资本投入

2006—2020 年，东海经济第二产业的资本存量投入显著增加，从 2 245.52 亿元增至 14 305.99 亿元，是三大产业中资本存量投入最大的一部分。各年份的增长率显示出稳定且强劲的投资力度，尤其是 2007 年（22.78%）、2009 年（31.61%）、2010 年（20.24%）、2014 年（17.25%）和 2015 年（20.56%），这些高增长年份凸显了对第二产业的重视和持续支持。

海洋第二产业的本质决定了其在海洋经济中的重要地位。第二产业主要包括海洋制造业、海洋工程建设、海洋能源开发等领域，这些产业在海洋经济中扮演着重要的支撑和推动作用。海洋制造业是海洋装备、船舶、海洋工程设施等的制造和加工，直接服务于海洋资源开发和利用；海洋工程建设则包括港口建设、海岸防护工程等，为海洋经济的发展提供了基础设施支持；海洋能源开发涵盖了海上风电、海洋生物能源等，是未来海洋经济的重要发展方向。由于这些产业与海洋资源的直接关联性和高技术含量，吸引了大量资本的投入。

另外，政府对东海经济第二产业的支持力度也是资本投入增长的重要因素。随着海洋经济的战略地位日益提升，政府出台了一系列支持东海经济产业发展的政策和措施。这些政策包括财政补贴、税收优惠、科研资金支持等，为东海经济第二产业提供了良好的政策环境和资金保障。政府对东海经济产业的重视和支持，促进了资本的流入和产业的快速发展①。

3. 海洋第三产业资本投入

2006—2020 年，东海经济第三产业的资本存量从 2 131.075 亿元增长到 7 869.036 亿元，尽管 2020 年有所下降（—3.13%）。总体来看，资本存量呈现持续增长趋势，尤其在 2007 年（14.52%）、2010 年（16.33%）、2015 年

① Teh L S L, Cashion T, Cheung W W L, et al. Taking stock: A Large Marine Ecosystem perspective of socioeconomic and ecological trends in East China Sea fisheries [J]. Reviews in Fish Biology and Fisheries, 2020, 30 (2): 269-292.

(16.07%)和2017年(14.05%)的增长率较高，反映了对第三产业的持续投入和重视。这种增长推动了第三产业的快速发展，增强了其在经济中的地位和对区域发展的贡献，即使在个别年份(如2020年)出现波动，整体趋势仍显示出稳健的投资和发展潜力。消费升级和人口结构变化也推动了服务业的发展，进而促进了东海经济资本存量的增长。政府对于东海经济创新产业的支持和投资，以及市场对于高附加值服务业的需求增加。

东海经济三大产业资本投入变动状况见图1-9和图1-10。

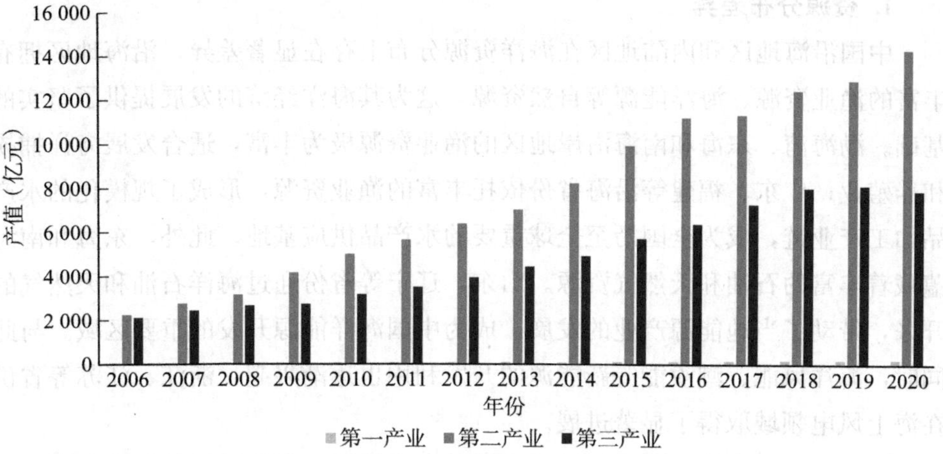

图1-9 东海经济三大产业资本投入变化

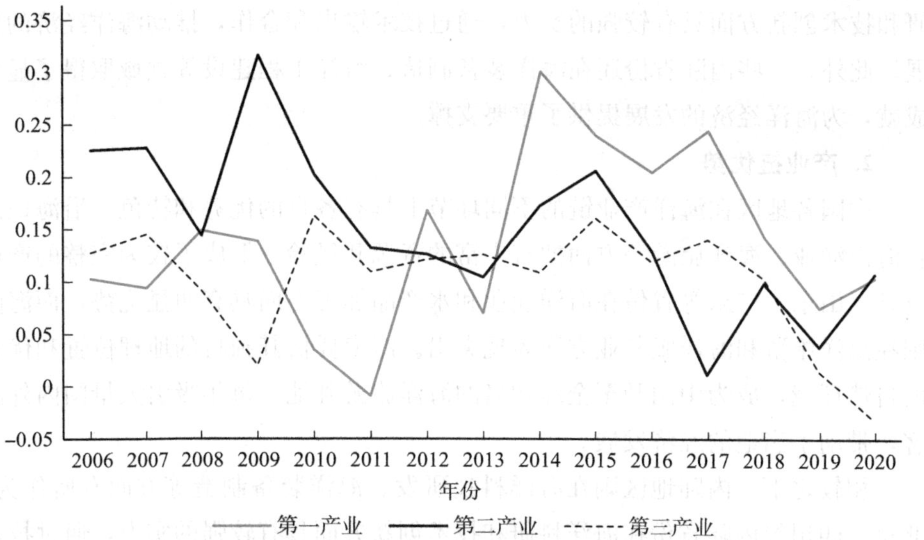

图1-10 东海经济三大产业资本投入增长率

第三节 地区差异

海洋经济的发展在中国各地区之间存在显著差异，这种差异不仅体现在资源分布和产业结构上，也反映在经济效益和发展路径上。以下将从资源分布、产业链优势、政府政策、地区间效率差异、合作与协作等方面探讨东海海洋经济的地区差异。

1. 资源分布差异

中国沿海地区和内陆地区在海洋资源分布上存在显著差异。沿海地区拥有丰富的渔业资源、海洋能源等自然资源，这为其海洋经济的发展提供了坚实的基础。渤海湾、东海和南海沿岸地区的渔业资源极为丰富，适合发展海洋捕捞和养殖业；广东、福建等沿海省份依托丰富的渔业资源，形成了规模化的水产品加工产业链，成为全国乃至全球重要的水产品供应基地。此外，东海和南海蕴藏着丰富的石油和天然气资源。山东、辽宁等省份通过海洋石油和天然气的开采，带动了当地能源产业的发展，成为中国海洋能源开发的重要区域。与此同时，海洋风能、潮汐能等新能源的开发利用也逐渐兴起，浙江、江苏等省份在海上风电领域取得了显著进展。

相比之下，内陆地区由于缺乏直接的海洋资源，只能通过其他途径参与海洋经济，如海洋科技研发和海洋装备制造等。北京、四川等内陆省份在海洋科研和技术创新方面具有较强的实力，通过技术输出和合作，推动海洋经济的发展。此外，一些内陆省份还在海洋装备制造、海洋工程建设等领域取得了显著成就，为海洋经济的发展提供了重要支撑。

2. 产业链优势

中国各地区在海洋产业链的不同环节上具有各自的优势和特色。沿海地区在海洋渔业、海洋旅游等方面拥有丰富的资源和经验，形成了较为完整的产业链条。山东、广东等省份在海洋渔业和水产品加工方面具有明显优势，而海南则在海洋旅游和海洋服务业方面表现突出。海南凭借其独特的地理位置和优越的自然环境，成为中国乃至全球知名的海洋旅游胜地，每年吸引大量国内外游客，带动了当地的经济发展。

相较之下，内陆地区则在海洋科技研发、海洋装备制造等方面有所作为。北京、四川等内陆省份在海洋科研和技术创新方面具有较强的实力，通过技术输出和合作，推动海洋经济的发展。天津、重庆等地通过发展海洋装备制造业，生产高端海洋工程装备和船舶，成为国家重要的海洋装备制造基地。这些内陆地区通过技术创新和产业升级，在海洋经济发展中发挥了重要作用。

3. 政策支持

中国政府通过建立海洋经济合作平台、推动政策协调和加强技术交流等方式，积极促进地区间的合作与交流。中国政府提出了“海洋强国”战略，通过加强沿海省份与内陆省份的合作，推动海洋经济的跨地区发展。同时，中国还积极推动“一带一路”倡议，加强与沿海国家和地区的海洋经济合作，共同开发利用海洋资源，实现互利共赢。

根据《国家中长期科学和技术发展规划纲要（2006—2020 年）》以及《国家海洋经济发展“十三五”规划》，中国在2006—2020 年期间实施了一系列政策和措施，以促进海洋经济的发展。这些政策包括：

• 2006 年：发布《国家中长期科学和技术发展规划纲要（2006—2020 年）》，强调海洋科技的创新和发展。

• 2011 年：发布《全国海洋经济发展“十二五”规划》，明确了海洋经济发展的目标和任务。

• 2016 年：发布《全国海洋经济发展“十三五”规划》，提出要建设海洋强国，推动海洋经济的高质量发展。

• 2017 年：发布《海洋工程科学技术发展战略（2035）》，提出了到 2035 年中国海洋工程科学技术的发展目标和策略。

以上这些政策的实施有效地推动了中国海洋经济的发展，特别是在沿海地区，通过政策支持和资金投入，沿海地区的海洋经济得到了快速发展。广东省通过实施海洋经济专项资金，支持海洋渔业、海洋旅游和海洋科技创新，取得了显著成效。山东省则通过政策引导和资金支持，推动海洋生物医药和海洋高端装备制造的发展，形成了具有竞争力的海洋经济产业集群。

4. 地区间效率差异

从全要素生产率（TFP）的角度来看，不同省份的海洋经济发展效率存在显著差异。根据数据分析，海洋经济全要素生产率高于全国平均水平的省份包括天津市、上海市、江苏省、山东省和广东省。其中，上海市的表现尤为突出，其海洋经济全要素生产率显著领先于其他省份。2006 年，上海市的海洋经济全要素生产率高达 8.392 6，而同期海南省仅为 2.515 6，上海市是海南省的 3.34 倍。这一数据揭示了在相同的资本和劳动力投入下，上海市的海洋经济增加值显著高于海南省，意味着若将海南省的海洋生产要素转移到上海市，产出将增加223%。

此外，尽管浙江省在陆地经济全要素生产率方面显著高于全国平均水平，但在海洋经济全要素生产率上的表现却不尽如人意。除2020年因新冠疫情略高于全国平均水平外，样本期间内大部分时间浙江省的海洋经济全要素生产率均低于全国平均水平。与浙江省地理相近的福建省也存在类似情况，海洋经济全要素生产率仅在2017年高于全国平均水平，其余时间均低于全国平均水平。

差异来源的可能原因为：第一是投入要素质量差异。尽管资本投入以价值计算，但劳动力要素的异质性未在模型中体现。如果上海市涉海劳动力质量显著高于海南省，本报告的方法可能高估两地的生产率差异。第二是市场分割和技术扩散。我国各地区存在一定程度的市场分割，限制了技术扩散。较为先进的涉海生产技术可能会优先在经济发达地区推广，而经济相对落后地区则较晚得到这些技术，导致地区间全要素生产率存在巨大差异。第三是要素配置效率。在技术水平相近的条件下，经济发达地区的要素配置效率更高。意味着这些地区的涉海企业或区域间要素流动更自由，高效率部门能获得更多生产要素，从而在技术水平相近的前提下表现出更高的全要素生产率。

5. 合作与协作

中国在海洋经济发展中注重地区间的合作与交流，通过资源整合和产业协作，推动海洋经济的跨地区发展。一方面，沿海地区可以通过与内陆地区合作，共享其在海洋科技研发和海洋装备制造方面的优势，提升整体海洋经济的竞争力；另一方面，内陆地区则可以通过参与海洋经济的发展，拓展其经济发展空间，实现产业的多元化和高质量发展。

首先，中国沿海地区和内陆地区在海洋资源分布上存在显著差异。沿海地区拥有丰富的渔业资源、海洋能源等自然资源，为其海洋经济的发展提供了坚实的基础。而内陆地区则通过海洋科技研发和海洋装备制造等途径参与海洋经济发展，发挥其在技术创新和产业升级方面的优势。其次，各地区在海洋产业链的不同环节具有各自的优势和特色。沿海地区在海洋渔业、海洋旅游等方面拥有丰富的资源和经验，形成了较为完整的产业链条。而内陆地区则在海洋科技研发、海洋装备制造等方面见长，通过技术输出和合作，推动海洋经济的发展。最后，中国政府通过建立海洋经济合作平台、推动政策协调和加强技术交流等方式，积极促进地区间的合作与交流。通过实施《国家中长期科学和技术发展规划纲要（2006—2020年）》和《全国海洋经济发展“十三五”规划》，有效地推动了中国海洋经济的发展，特别是在沿海地区，通过政策支持和资金投入，沿海地区的海洋经济得到了快速发展。从全要素生产率（TFP）的角度来看，不同省份的海洋经济发展效率存在显著差异。海洋经济全要素生产率高于全国平均水平的省份包括天津市、上海市、江苏省、山东省和广东省。其中，上海市的表现尤为突出，其海洋经济全要素生产率显著领先于其他省份。此外，浙江省和福建省在海洋经济全要素生产率上的表现相对较弱，这也反映了各省份在资源配置和技术扩散方面的差异。中国在海洋经济发展中注重地区间的合作与交流，通过资源整合和产业协作，推动海洋经济的跨地区发展。

政府在推动地区间合作与协作方面也发挥了重要作用。通过建立海洋经济合作平台，促进沿海与内陆地区的资源共享和产业互补。中国政府还通过政策协调和技术交流等方式，积极促进地区间的合作与交流。广东省与四川省在海洋科技和装备制造方面开展合作，共同推动海洋经济的发展。

总体来看，中国海洋经济的发展在不同地区间存在显著差异，这种差异主要体现在资源分布、产业链优势、政府政策支持以及生产效率等方面。通过加强地区间的合作与交流，充分发挥各地区的优势，优化资源配置和产业协作，可以有效推动中国海洋经济的高质量发展，实现经济效益和社会效益的双赢。

第二章 东海海洋经济发展效率评估

著名经济学家，诺贝尔奖得主保罗·克鲁格曼曾经说过："生产率并不是一切，但长期来看生产率几乎意味着一切。"要素投入的增加虽能在短期内促进经济的快速增长，但受到生产要素边际报酬递减的规律制约，传统依靠要素投入累积以拉动经济增长的方式是不可持续的。因此，要保持海洋经济的长期、可持续发展，必须从提升全要素生产率着手。基于上述理由，本章将重点分析我国沿海各地区海洋经济与陆地经济的全要素生产率，通过时间趋势分析以及跨区域比较分析，发现东海地区海洋经济高质量发展的亮点与不足，在今后的发展中需要进一步挖掘亮点、弥补不足，最终实现海洋经济与陆地经济协调发展，促进整体经济高质量发展。在进行全要素生产率的分析之前，首先对本节估计地区海洋经济全要素生产率的方法做简单的介绍。受到数据可得性的限制，无法得到最新的涉海企业相关投入产出数据，因而我们采用地区层面的数据进行估计。

第一节 研究方法及数据介绍

（一）研究方法

目前，文献中估计全要素生产率的方法多种多样，但是为学界广泛接受的是采用计量经济学的方法估计生产函数，但需要指出的是，在以全要素生产率作为残差项进行估计时，由于企业或者地区在进行投入要素选择时，多数依据其自身全要素生产率的大小，决定其生产规模和投入要素的多少，因而会导致整个估计模型存在内生性的问题。随着计量经济理论研究的深入，在传统的OLS方法基础上，TFP测算的参数方法在不断演变和发展，以最大限度缓解内生性问题带来的不利影响。为缓解内生性问题，逐步演化出工具变量法（IV）、广义矩估计（GMM）[①]，以及基于微观数据的半参数方法，如 OP[②] 和 LP[③] 方法，后续为缓解 OP 和 LP 方法存在的函数相依问题，又扩展出 ACF[④] 等半参数方法。

鉴于本章以省级面板数据为分析对象，考虑到涉海数据异常匮乏，使得工具变量的寻找变得困难重重，并且半参数估计方法需要构建高次多项式，对样本量要求很高。本报告综合考虑数据可得性以及方法的合理性与适用性，仅使用随机前沿模型对不同省份海洋经济全要素生产率进行估计，该模型假设异质性部分与解释变量不相关，根据异质性部分分布的不同形式，演化出技术效率不变随机前沿模型，例如正态-半正态模型[⑤]、正态-截尾正态模型[⑥]和技术效率时变衰减模型[⑦⑧]。时变衰减模型虽然放松了技术效率不变的假设，但是异质性不随时间而变、异质性和非效率没有分离，以及异质性和解释变量不相关的假设可能会导致投入弹性系数（尤其资本弹性系数）的向下偏差，进而导致 TFPG 测算结果的向上偏差[⑨⑩]。最近的研究集中于将不随时间而变的异质性与随时间而变的非效率项分离开来，演化出“真实”随机效应模型（TRE）

---

① Blundell R，Bond S. Initial conditions and moment restrictions in dynamic panel data models [J]. Journal of Econometrics，1998，87（1）：115 - 143.

② Olley G S，Pakes A. The dynamics of productivity in the telecommunications equipment industry [J]. Econometrica，1996，64（6）：1263 - 1297.

③ Levinsohn J，Petrin A. Estimating production functions using inputs to control for unobservables [J]. The Review of Economic Studies，2003，70（2）：317 - 341.

④ Ackerberg D，Caves K，Frazer G. Identification properties of recent production function estimators [J]. Econometrica，2015，83（6）：2411 - 2451.

⑤ Pitt M M，Lee L F. The measurement and sources of technical inefficiency in the Indonesian weaving industry [J]. Journal of Development Economics，1981，9（1）：43 - 64.

⑥ Battese G E，Coelli T J. A model for technical inefficiency effects in a stochastic frontier production function for panel data [J]. Empirical Economics，1995，20（2）：325 - 332.

⑦ Battese G E，Coelli T J. Prediction of firm - level technical efficiencies with a generalized frontier production function and panel data [J]. Journal of Econometrics，1988，38（3）：387 - 399.

⑧ Battese G E，Coelli T J. Frontier production functions，technical efficiency and panel data：With application to paddy farmers in India [J]. Journal of Productivity Analysis，1992，3（1 - 2）：153 - 169.

⑨ Van Biesebroeck J. Robustness of productivity estimates [J]. Journal of Industrial Economics，2007，55（3）：529 - 569.

⑩ Van Biesebroeck J. The sensitivity of productivity estimates：Revisiting three important debates [J]. Journal of Business & Economic Statistics，2008，26（3）：311 - 328.

和“真实”固定效应模型（TFE）①②③④。

下面将对随机前沿模型做简单的介绍，由于本文重点考察海洋经济全要素生产率，考虑到数据的可得性，样本共包含我国沿海地区 11 个省份的强平衡面板数据，因而在生产函数的选择方面，本报告选择简单的柯布-道格拉斯生产函数：

$$Y_{it}=A_{it}K_{it}^{\alpha}L_{it}^{\beta} \tag{2-1}$$

其中，i 表示沿海地区各省份，t 表示时间，研究的初始年份（2006 年）设为 1。Y_{it} 表示第 i 个省份第 t 年的产出（用地区海洋总产值表示），K_{it} 和 L_{it} 分别表示第 i 个省份第 t 年的资本存量和劳动力投入。A_{it} 为在希克斯中性技术假设下，第 i 个省份第 t 年的全要素生产率的水平值（TFP_{it}）。对于生产技术，本报告不做规模报酬不变的约束，但式（2-1）隐含着沿海地区各省份之间生产技术相同的假设。对式（2-1）两边同时取自然对数，可将其转化为线性形式的计量模型：

$$y_{it}=c+\alpha k_{it}+\beta l_{it}+\varepsilon_{it} \tag{2-2}$$

其中，y_{it}、k_{it} 和 l_{it} 分别为 Y_{it}、K_{it} 和 L_{it} 的对数形式。若所有横截面个体都拥有一样回归方程，可以把所有数据放在一起，进行混合截面最小二乘估计。但是，混合截面回归模型忽略了横截面个体间不可观测或被遗漏的异质性。若存在个体效应，假设该个体效应不随时间变化，则残差项 ε_{it} 可以进一步分解为 v_{it} 和 u_i 两个部分：

$$y_{it}=c+\alpha k_{it}+\beta l_{it}+u_i+v_{it} \tag{2-3}$$

其中，v_{it} 为随机干扰项，u_i 为不随时间变化的省份固定效应。根据 u_i 与解释变量是否相关可进一步区分为固定效应模型和随机效应模型。若 u_i 与解释

① Greene W. Fixed and random effects in stochastic frontier models [J]. Journal of Productivity Analysis, 2005, 23 (1): 7-32.

② Farsi M, Filippini M, Kuenzle M. Cost efficiency in regional bus companies: An application of alternative stochastic frontier models [J]. Journal of Transport Economics and Policy, 2006, 40 (1): 95-118.

③ Filippini M, Hrovatin N, Zorić J. Cost efficiency of Slovenian water distribution utilities: An application of stochastic frontier methods [J]. Journal of Productivity Analysis, 2008, 29 (2): 169-182.

④ 使用这些模型的主要目的是使测算的技术效率更合理一些，本章的主题不在于测算技术效率，仅选取 TFE 一种模型。由于分行业横截面数目不大，我们使用简单的 BF（brute force）方法来回归 TFE。

变量相关，则导致最小二乘估计的不一致[①]，需要用固定效应模型将 u_i 消除。若 u_i 与解释变量不相关，则需要用随机效应模型进行估计。在随机效应模型框架下，进一步对 u_i（或 u_{it}）的分布做具体假设，可以演化为不同的随机前沿模型。

（二）数据来源及处理过程

本书所研究对象包括了 2006—2020 年中国沿海 11 个省份，并将各省份的地区生产总值区分为陆地经济和海洋经济两个部门。海洋经济部门的生产总值和涉海就业人数数据来自于《中国海洋统计年鉴》，陆地部门的生产总值和就业人数来自《中国统计年鉴》所报告的整体数据扣除相关海洋部门数据后得到。其中生产总值数据采用历年 GDP 平减指数进行了平减，平减指数也来自于《中国统计年鉴》。遗憾的是，海洋部门的固定资产投资情况并未在《中国海洋统计年鉴》中报告。为解决海洋经济资本投入数据不可得的问题，本书参考张军等（2004）提出的永续盘存法，核算得到整体经济的资本存量数据，$K_{it}=K_{it-1}(1-\delta)+I_{it}/P_{it}$，其中 I_{it} 为省份 i 在年份 t 的实际固定资本形成总额，P 为固定资产投资价格指数，折旧率 δ 取值 9.6%。初期资本存量采用张军等（2004）[②] 所报告的 2000 年相关数据，并与其所报告的 1952—2000 年数据相衔接。那么海洋部门资本存量就可以用海洋部门生产总值占整体生产总值的比重与整体资本存量的乘积得到。这种处理方式在核算海洋经济与陆地经济的资本存量时，假设海洋经济的资本产出比与陆地经济的资本产出比相同，这个假设与现实情况可能存在一定的差距，遗憾的是目前鲜有文献对海洋经济中的资本投入量进行严谨的估计，因而本报告也只能利用有限的数据对海洋经济资本投入量进行大致估计。

（三）生产函数估计结果分析

在具体实施生产函数的估计时，本书先利用固定效应模型（FE）和随机效应模型（RE）进行估计，各投入要素产出弹性的估计结果如表 2-1 列（1）和列（2）所示。在得到相关估计结果后，基于 Hausman 检验显示应采用固

---

① Easterly W, Levine R. It's not factor accumulation: Stylized facts and growth models [J]. *The World Bank Economic Review*, 2001, 15 (2): 177-219.

② 张军，吴桂英，张吉鹏．中国省际物质资本存量估算：1952—2000 [J]. 经济研究，2004, 39,（10）：35-44.

定效应模型。而考虑到可能存在的内生性问题，进一步利用资本和劳动投入的滞后项作为工具变量，在好的工具变量难以获得的前提下，以最大限度缓解内生性导致的估计偏误问题，基于固定效应模型的工具变量法（FMM）结果如列（3）所示，基于随机效应模型的工具变量法（RMM）结果如列（4）所示。同时，本报告也同时利用估计宏观地区全要素生产率较为常用的随机前沿模型对生产函数进行估计，其中不变技术效率（SFA1）回归结果如列（5）所示，时变技术效率（SFA2）回归结果如列（6）所示，并且根据系数 η 的回归结果①，应采用时变技术效率模型下的估计结果。接下来本章利用基于固定效应模型的工具变量法（FMM）与时变随机前沿方法（SFA2）所得结果的均值（其中 $\alpha=0.47$，$\beta=0.39$）为基准计算各沿海省份海洋经济全要素生产率。一个有趣的现象是不论采用何种计量模型对生产函数进行估计，投入要素的产出弹性估计值均表明生产技术展现出规模报酬递减的特征，如表 2-1 的第 3 行所示，任意模型估计得到的 $\alpha+\beta$ 值均小于 1。考虑到本报告采用的资本存量并非真实统计数据，而是假设资本产出比例固定不变估算得到，可能导致对于资本存量的产出弹性估计不准确。为此，我们同时采用 Brandt et al.（2010）② 基于生产要素报酬份额测算得到的产出弹性 $\alpha=0.45$，$\beta=0.55$ 作为基准产出弹性的稳健性检验。

表 2-1　生产函数产出弹性估计结果

	(1) FE	(2) RE	(3) FMM	(4) RMM	(5) SFA1	(6) SFA2
lnk	0.473 5*** (0.040)	0.352 4*** (0.037)	0.466 3*** (0.047)	0.333 7*** (0.043)	0.368 4*** (0.035)	0.472 4*** (0.043)
lnl	0.424 7*** (0.051)	0.278 8*** (0.060)	0.449 4*** (0.063)	0.320 5*** (0.084)	0.340 6*** (0.062)	0.337 8*** (0.039)
$\alpha+\beta$	0.898 2	0.631 2	0.915 7	0.654 2	0.709 0	0.810 2

① 设随机效应模型下的对数化生产函数为 $y'_{it}=c+\alpha k'_{it}+\beta l'_{it}+v_{it}-\xi_i+\lambda_t$，其中，$\xi_i\geqslant 0$ 为无效率项，存在两种情形：(1) $\xi_i\sim N^+(\mu,\sigma_u^2)$，且 ξ_i 与 v_{it} 相互独立，并独立于解释变量。该模型为技术效率不随时间变化的随机效应模型（SFA1）。(2) $\xi_{it}=e^{-\eta(t-T_i)}u_i$，$\xi_i\sim N^+(\mu,\sigma_u^2)$，$\mu>0$，$T_i$ 为个体 i 的时间维度，该模型为技术效率随时间变化的时变衰减模型（SFA2）。

② Brandt L，Rawski T G，et al. China's Great Economic Transformation [C]. Cambridge：Cambridge University Press，2010：683-728.

（续）

	(1) FE	(2) RE	(3) FMM	(4) RMM	(5) SFA1	(6) SFA2
Cons	3.626 3***	1.353 6***	3.558 4***	1.282 5***	3.450 9***	2.365 8***
	(0.535)	(0.396)	(0.685)	(0.443)	(0.616)	(0.474)
Hausman	44.71***					
u					−0.522 4	−0.408 2
					(2.203)	(1.816)
η						−0.015 9***
						(0.005)
N	154	154	143	143	154	154

注：括号内为标准误，***，**，*分别表示显著性水平为1%，5%以及10%。数据来源于《中国统计年鉴》以及《中国海洋统计年鉴》。

第二节　总体效率评估

总体效率评估的目的是全面了解和分析各地区海洋经济和陆地经济的发展状况，通过对全要素生产率（TFP）的评估，揭示各地区在利用资本和劳动等生产要素方面的效率差异。这不仅有助于识别技术进步和管理效率的提升对经济增长的贡献，也为制定针对性的政策措施提供了重要依据。通过对全要素生产率的评估，可以识别出哪些地区在技术进步和管理效率方面表现突出，为其他地区提供了借鉴和学习的机会，推动整体技术水平和管理效率的提升。同时，了解各地区的全要素生产率，有助于优化资源配置，高效地区可以成为资源配置的重点，推动资源向高效地区集中，从而提高整体经济效益。

通过评估全要素生产率，可以为政府制定政策措施提供依据。针对低效地区，可以制定扶持政策，推动技术进步和管理效率的提升；针对高效地区，可以进一步优化政策环境，激发其发展潜力。通过对各地区全要素生产率的评估，可以发现区域间的发展差异，推动区域协调发展。通过资源整合和产业协作，实现区域间的互补和共赢，提升整体经济的竞争力和可持续发展能力。

（一）各省份海洋经济总体效率

利用估计得到的C-D生产函数的要素产出弹性，进一步测算各省份海洋经济和陆地经济的全要素生产率，结果如表2-2所示。从该表最后一行可以发现，自2006年以来，我国海洋经济全要素生产率呈现出逐年攀升的发展趋势，说明海洋经济在样本期内技术进步十分明显，全国平均全要素生产率的最高峰出现在2019年新冠疫情发生之前，而受到疫情的冲击，2020年的全要素生产率相较2019年出现了大幅下降的情况。

表2-2 各省份海洋经济全要素生产率

省份	2006年	2008年	2011年	2014年	2017年	2019年	2020年
天津	5.179 6	5.527 4	6.746 4	7.269 6	6.830 4	8.467 9	7.301 6
河北	5.990 5	5.966 9	5.216 2	5.797 4	6.061 6	6.692 8	6.094 4
辽宁	4.383 6	4.519 3	4.865 1	4.671 4	4.184 0	4.935 8	4.795 3
上海	8.392 6	8.660 5	8.774 9	9.227 4	10.199 3	10.612 9	9.640 0
江苏	5.102 4	5.966 8	7.558 8	8.140 8	8.402 1	8.779 7	8.968 7
浙江	4.426 9	4.859 9	5.660 5	5.945 0	6.235 5	6.712 5	6.691 4
福建	4.279 7	4.814 2	5.275 3	5.789 3	6.705 5	6.674 3	6.175 0
山东	6.038 3	6.553 1	7.285 2	8.103 3	8.841 4	9.065 2	8.796 6
广东	5.963 1	6.450 7	7.340 3	8.109 6	8.584 4	8.177 8	7.682 0
广西	2.975 4	2.944 7	2.859 9	3.217 8	3.627 1	3.979 7	3.932 7
海南	2.515 6	2.723 3	2.949 2	2.932 0	3.226 8	3.345 3	3.324 5
平均值	**5.022 5**	**5.362 4**	**5.866 5**	**6.291 2**	**6.627 1**	**7.040 4**	**6.672 9**

注：数据来源于《中国统计年鉴》以及《中国海洋统计年鉴》。

如表2-2所示，近年来我国海洋经济生产效率有显著提高，特别是2006—2019年，全国海洋经济全要素生产率平均值从5.022 5增长到7.040 4，增长了40.18%。这体现出我国海洋经济的增长并非仅仅依赖于资本和劳动力的增加，更重要的是技术进步和创新等要素的推动。具体到各省份，天津、江苏、广东和山东的全要素生产率在这段时间内保持了较高的水平，而其中以天津和江苏的增长最为明显，说明这些地区海洋经济的快速发展更多的是依靠生产效率的提高，特别是技术创新的推动。

然而，2020年受新冠疫情的影响，各省份海洋经济全要素生产率普遍出现了下滑。如上海的全要素生产率由2019年的10.612 9下滑到了9.640 0，而广东则由8.177 8降至7.682 0。这充分说明了疫情冲击对我国海洋经济的影响，生产效率的下滑将会对海洋经济的发展产生一定阻碍。然而，从全局来看，我国海洋经济全要素生产率的增长趋势在总体上还是积极的，特别是与全球其他地区相比，我国海洋经济全要素生产率的增长还是十分显著的。面向未来，我们需要将更多精力投入到提高海洋经济的生产效率，尤其是重视技术创新和优化产品结构，以推动海洋经济的持续、健康发展。

总体来看，不考虑疫情的影响，14 年间全国海洋经济全要素生产率累计提高了 40.18%。这一增长幅度意味着与 2006 年基准年份相比，使用相同的资本和劳动要素投入，在 2019 年可以多产出 40%的海洋 GDP。这一显著增长反映了技术进步和管理效率提升对海洋经济的积极影响。具体来看，东海地区通过不断优化生产要素配置、引进先进技术和提升管理水平，实现了全要素生产率的持续增长。

上述累计增长幅度换算成年均复合增长率将高达 2.64%。《中国海洋统计年鉴》数据表明，同时期沿海 11 个省份海洋经济等权平均年增长率约为 9.35%。全要素生产率的提高可以解释同时期海洋经济增长的 28.34%，即超过 1/4 的海洋经济增长是由全要素生产率的提高所带动。这表明，全要素生产率的快速提高已经成为促进海洋经济快速发展的重要动力。然而，2020 年的新冠疫情对全球经济造成了巨大冲击，东海地区的海洋经济也未能幸免。具体数据分析显示，2020 年东海地区海洋经济全要素生产率相比 2019 年下降了约 5.22%。这一下降主要是由于疫情导致的全球供应链中断、市场需求萎缩以及生产活动受限等因素。尽管如此，东海地区在面对这一外部冲击时，仍表现出了一定韧性，显示出其在技术进步和管理效率方面的积累具有一定的抗风险能力。在详细分析中，我们发现东海地区海洋经济全要素生产率在不同年份之间存在一定波动。例如 2013 年和 2017 年间，东海地区全要素生产率增长有所放缓，主要原因是全球经济环境的变化和内部管理效率的波动。这些波动反映出东海地区在面对外部环境变化时，仍需进一步提升其抗风险能力和管理水平。

（二）各省份陆地经济总体效率

从陆地经济的全要素生产率来看，样本期间内沿海地区 11 省份的陆地全要素生产率也在样本期间内出现了大幅上升的发展趋势。并且在受到新冠疫情冲击之后，仍然保持了正增长。陆地经济全要素生产率从 2006 年的 5.098 4 上升到 2020 年的 7.053 7，累计增长幅度达到了 38.35%，略低于海洋经济的 40.18%，考虑到陆地经济规模远大于海洋经济，该增长幅度也非常可观。该增长幅度意味着与 2006 年基准年份相比，使用相同的资本和劳动要素投入，在 2020 年可以多产出 38.35%的陆地经济 GDP，考虑到我国陆地经济规模庞大，这一增长率为陆地经济的发展提供了强大的动力。同时，上述累计增长幅度换算成年均复合增长率将达到 2.19%，根据《中国统计年鉴》以及《中国海洋统计年鉴》的数据表明，同时期沿海 11 个省份陆地经济增加值等权平均年增长率约为 8.76%，陆地经济全要素生产率的提高可以解释同时期陆地经济增加值增长率的 25%，即 1/4 的陆地经济增长是由全要素生产率的提高所带动，表明我国全要素生产率的快速提高同样已经成为促进陆地经济快速发展的重要动力。

从表 2-3 的数据可以看出，我国陆地经济全要素生产率在样本期间内的提高也是十分显著的。其中，广东、上海和江苏的全要素生产率表现尤为突出，这与这些地区作为我国经济发展的核心地带是一致的。同时，海南、广西和福建等地的全要素生产率虽然相对较低，但在这个时间周期中，它们的增长速度也是相当快的，这一方面显示了这些地区经济发展的活力，同时也间接反映出改革开放和对外开放政策的效果。此外，我们还可以发现一个有趣的现象，那就是在新冠疫情的冲击下，虽然全国范围内的全要素生产率都出现了下滑，但相比海洋经济，陆地经济全要素生产率的下滑程度相对较小。这可能是由于陆地经济的规模和复杂性，使其在疫情冲击下的抵抗力更强。

表 2-3　各省份陆地经济全要素生产率

年份/省份	2006 年	2008 年	2011 年	2014 年	2017 年	2019 年	2020 年
天津	5.364 5	5.936 4	6.363 3	6.382 3	7.489 8	5.692 1	7.544 5
河北	4.544 3	4.864 3	5.305 4	5.328 6	5.615 1	5.861 4	6.315 8
辽宁	5.039 7	5.473 1	5.890 7	5.887 2	4.975 5	6.449 3	6.528 6
上海	6.030 4	6.890 8	7.905 1	8.233 8	8.872 9	8.766 5	8.997 7
江苏	6.095 3	6.759 9	7.619 7	8.371 6	8.853 9	9.589 4	9.521 0
浙江	5.764 1	5.943 2	6.625 1	7.205 4	7.208 0	8.008 0	8.064 4
福建	4.580 9	4.926 7	5.196 2	5.533 5	5.715 5	5.467 3	6.256 9
山东	5.303 7	5.764 0	6.348 9	6.801 1	7.461 0	7.673 5	8.132 8
广东	7.156 7	7.729 5	8.166 9	8.219 8	8.472 8	8.393 4	8.380 4
广西	3.405 0	3.683 4	3.767 5	3.883 2	4.080 9	4.335 1	4.636 9
海南	2.797 6	3.188 2	3.596 3	3.348 3	3.390 6	3.016 0	3.212 1
平均值	**5.098 4**	**5.560 0**	**6.071 4**	**6.290 4**	**6.557 8**	**6.659 3**	**7.053 7**

注：数据来源于《中国统计年鉴》以及《中国海洋统计年鉴》。

厘清这些数据后，我们可以得出一个结论，那就是无论是海洋经济还是陆地经济，全要素生产率的提高都对经济的增长起到了关键的推动作用。在当今经济全球化和竞争日趋激烈的大背景下，我国海洋经济和陆地经济如何维持全要素生产率的稳定增长，将会是今后推动经济持续高质量发展的一个重要课题。因此，今后我们在推动经济持续、快速发展的过程中，一方面需要不断提升全要素生产率，另一方面也要注意抵抗外部冲击，如新冠疫情等，确保经济的稳定增长。同时，对于不同地区，我们也要制定出符合其实际情况的发展策略，挖掘其内在潜力，推动其实现更高效、更有质量的发展。

（三）不同海区总体效率评估

东海地区包括上海、江苏、浙江和福建四个省份。总体来看，东海地区海洋经济全要素生产率在样本期内表现较为出色。上海市和江苏省的海洋经济全要素生产率显著高于全国平均水平，显示出其在技术进步和管理效率方面的领先地位。上海市的全要素生产率在2019年达到最高峰为10.612 9，而2020年受疫情影响有所下降为9.640 0。江苏省也表现优异，2019年达到8.779 7，2020年略升至8.968 7。相比之下，浙江省和福建省的海洋经济全要素生产率在大多数年份中低于全国平均水平，显示出其在技术和管理方面的不足。在陆地经济全要素生产率方面，东海地区除福建省外，其余省份均高于全国沿海地区平均水平。上海市和江苏省再次表现突出，显示出其在陆地经济领域的强大竞争力和高效的资源利用能力。浙江省在陆地经济全要素生产率方面也表现良好，但其海洋经济全要素生产率相对较低，表明其在海洋经济领域仍需进一步提升。

渤海地区包括天津、河北和辽宁三个省份。渤海地区海洋经济全要素生产率在样本期内表现出一定的波动。天津市海洋经济全要素生产率在2019年达到最高峰为8.467 9，2020年略降至7.301 6。河北省和辽宁省全要素生产率在样本期内表现相对较低，尤其是辽宁省，2019年为4.935 8，2020年为4.795 3，显示出在技术进步和管理效率方面的不足。在陆地经济全要素生产率方面，渤海地区表现较为稳定。天津市和河北省陆地经济全要素生产率均高于全国平均水平，显示出其在陆地经济领域的较高效率。辽宁省陆地经济全要素生产率也表现良好，尽管在海洋经济方面相对较弱，但其陆地经济仍具有较强的竞争力。

南海地区包括广东、广西和海南三个省份。南海地区海洋经济全要素生产率在样本期内表现出较大的差异。广东省海洋经济全要素生产率较高，2019年达到8.177 8，2020年略降至7.682 0，显示出其在海洋经济领域的强大竞争力。广西和海南省海洋经济全要素生产率相对较低，尤其是海南省，2019

年为 3.345 3，2020 年为 3.324 5，显示出在技术和管理方面的不足。在陆地经济全要素生产率方面，南海地区同样表现出较大的差异。广东省陆地经济全要素生产率较高，2019 年为 8.393 4，2020 年略降至 8.380 4，显示出其在陆地经济领域的强大竞争力。广西和海南省陆地经济全要素生产率相对较低，尤其是海南省，2019 年为 3.016 0，2020 年为 3.212 1，显示出在技术和管理方面的不足。

总体来看，东海地区在海洋经济和陆地经济全要素生产率方面表现较为出色，尤其是上海市和江苏省，显示出其在技术进步和管理效率方面的领先地位。渤海地区的天津市在海洋经济和陆地经济方面表现良好，但河北省和辽宁省在海洋经济方面相对较弱。南海地区的广东省在海洋经济和陆地经济方面表现优异，但广西和海南省在全要素生产率方面仍需进一步提升。未来，各地区应继续加强技术创新和管理优化，以提升整体经济的质量和效率。

本节内容主要从全要素生产率的视角分析了东海地区海洋经济以及陆地经济在实现高质量发展的过程中存在的优势以及面临的问题，为进一步提高我国海洋经济发展质量提供更多的经验证据。分析结果表明：第一，海洋经济全要素生产率增长趋势十分显著，且不同地区虽然水平差异明显，但是在增长率上保持了较高的一致性。自 2006 年以来，东海地区海洋经济全要素生产率累计提高了 40.18%，年均复合增长率达 2.64%，显示出技术进步和管理效率提升对海洋经济发展的积极影响。第二，与陆地经济全要素生产率相比，海洋经济全要素生产率对于海洋经济增加值增长的促进作用相对较低，且随着时间的变化波动较大，可持续性相对陆地较差。尽管海洋经济全要素生产率在 2019 年达到最高峰，但 2020 年受新冠疫情冲击显著下降，反映出海洋经济在面对外部冲击时的脆弱性。第三，从区域变化来看，以全要素生产率增长以及贡献度为评判标准，东海海洋经济发展是全国三大区域中质量最高的，大幅领先于其他海域海洋经济的发展，但同时也应该看到，在东海地区内部，不同地区之间的发展也是喜忧参半，上海和江苏在全要素生产率方面表现亮眼，而浙江和福建则需要再接再厉，进一步提升海洋经济发展质量。

第三节　地区间效率评估

就地区而言，海洋经济具有重要意义。首先，中国沿海地区和内陆地区的海洋资源分布不均，沿海地区拥有丰富的渔业资源、海洋能源等，而内陆地区则相对匮乏。这导致了沿海地区与内陆地区在海洋经济发展上的差异化路径，沿海地区更多地侧重于海洋经济的发展，而内陆地区则倾向于发展其他产业。其次，中国各地区在海洋产业链的不同环节具有各自的优势和特色。例如，沿海地区在海洋渔业、海洋旅游等方面拥有丰富的资源和经验，而内陆地区则在海洋科技研发、海洋装备制造等方面见长。这为地区之间的合作与协作提供了广阔的空间，通过资源共享和产业互补，可以实现海洋经济产业链的优化和提升。最后，中国政府通过建立海洋经济合作平台、推动政策协调和加强技术交流等方式，积极促进地区之间的合作与交流。例如，中国政府提出了“海洋强国”战略，通过加强沿海省份与内陆省份的合作，推动海洋经济的跨地区发展。同时，中国还积极推动“一带一路”倡议，加强与沿海国家和地区的海洋经济合作，共同开发利用海洋资源，实现互利共赢。

中国在海洋经济发展中注重地区之间的合作与交流，通过资源整合和产业协作，推动海洋经济的跨地区发展，实现经济效益和社会效益的双赢。接下来，本节将通过对中国不同地区间效率进行对比，直观展现海洋经济的影响。

（一）各省份间效率对比及趋势分析

从不同省份角度分析，根据表 2-2 的数据显示，在样本期内，海洋经济全要素生产率高于全国平均水平的省份包括天津市、上海市、江苏省、山东省和广东省。值得特别关注的是，上海市的表现尤为突出，显著领先其他省份。以 2006 年为例，上海市海洋经济全要素生产率高达 8.392 6，而同期海南省仅为 2.515 6，上海市是海南省的 3.34 倍。这一数据揭示了在相同的资本和劳动力投入下，上海市的海洋经济增加值是海南省的 3.34 倍，这意味着若将海南省的海洋生产要素转移到上海市，产出将增加 223%。与此相对比，在陆地经济全要素生产率方面（如上海、江苏、浙江和广东普遍较高），天津、上海、江苏和山东明显处于第一梯队，而辽宁、广西和海南则相对较低。这一结论凸显了各省份之间在海洋经济全要素生产率方面的明显差异，为进一步探究其背后的原因提供了重要线索。

需要特别注意的是，虽然浙江省在陆地经济全要素生产率方面显著高于全国平均水平，但在海洋经济全要素生产率方面的表现却不尽如人意。除 2020 年略高于全国平均水平外，样本期间内大部分时间海洋经济全要素生产率均低于全国平均水平。与浙江省地理相近的福建省也存在类似情况，海洋经济全要素生产率仅在 2017 年高于全国平均水平，其余时间均低于全国平均水平。这表明浙江省和福建省需要在海洋经济的建设和发展上投入更多精力，以提高其海洋经济全要素生产率，使之与其陆地经济发展水平相匹配。

上述事实反映了我国沿海各省份之间全要素生产率的巨大差异。导致这些差异的原因可能有以下几个方面：首先，本章在估计生产函数时未考虑投入要素的质量。尽管资本投入以价值计算，如果资本市场有效，资本质量差异会体现在价格上，但劳动力要素的异质性未在模型中体现。如果上海市涉海劳动力质量显著高于海南省，本章的方法可能会高估两地的生产率差异。其次，我国各地区存在一定程度的市场分割，限制了技术扩散。较为先进的涉海生产技术可能会优先在经济发达地区推广，而经济相对落后地区则较晚得到这些技术，导致地区之间全要素生产率存在巨大差异。最后，在技术水平相近的条件下，经济发达地区的要素配置效率更高。这意味着这些地区的涉海企业或区域之间要素流动更加自由，高效率部门能获得更多生产要素，从而在技术水平相近的前提下表现出更高的全要素生产率。关于要素配置效率对海洋经济高质量发展的影响，本书将在下一节详细讨论。

从海洋经济和陆地经济的比较来看，2006 年除河北省、上海市和山东省外，其余 8 省份的陆地经济全要素生产率均高于海洋经济全要素生产率。然而，得益于海洋经济部门全要素生产率更快地增长（海洋经济部门年均增长率为 2.64%，陆地经济部门为 2.19%），从 2014 年开始，这一情况有所逆转。截至 2019 年，大部分省份的海洋生产率高于陆地生产率，且差距逐年扩大。这表明相对于陆地经济，我国海洋经济的快速发展已成为推动生产率增长的重要动力。在陆地经济发展亮点相对匮乏的情况下，可以大力发展海洋经济，挖掘其新的增长极。

需要注意的是，受 2020 年新冠疫情影响，海洋经济相对于陆地经济遭受了更为严重的冲击。这一冲击不仅体现在海洋经济增长率上，也体现在全要素生产率上。2020 年各地区等权平均海洋经济增长率为−6.14%，而陆地经济增加值仍保持了 5.45%的正增长。上述结果表明，陆地经济的韧性相对较高，能够较好应对负向冲击。反观海洋经济，由于起步较晚、产业结构单一、规模较小，当遭遇不利冲击时，对整体发展影响更大。

全要素生产率的变化也反映了这一点。2020 年，海洋经济全要素生产率相对于 2019 年下降了 5.22%，结合 2020 年各地区平均海洋经济增长率为−6.14%，表明海洋经济在疫情冲击下主要是全要素生产率大幅下降，导致增加值下降，全要素生产率下降解释了海洋经济增加值下降幅度的 85%。这表明，在负向冲击下，依赖海洋经济寻找新的增长极不太现实。由于海洋经济相对于陆地经济存在结构单调、规模小等不利因素，如果韧性较高的陆地经济已显现出增长乏力的趋势，海洋经济更不可能成为新的增长引擎。

然而，这也显示出海洋经济的发展潜力巨大。未来可以将部分工作重心转向海洋经济，促进其高端化、多元化发展，挖掘新的经济增长点，使其成为整体经济的新引擎。

（二）不同海区间效率比较分析

我国的三大海区覆盖了多个省份。东海海区包括浙江省、江苏省、福建省和上海市，南海海区涵盖广东省、海南省、广西壮族自治区，而黄渤海海区则涉及辽宁省、河北省、天津市、山东省及江苏省北部。这些地区在我国的海洋经济发展中扮演着重要角色，各海区沿海省份在海洋资源利用和经济发展方面各具特色。

从表 2-2 的结果来看，东海三省一市的海洋全要素生产率表现喜忧参半。上海市和江苏省在海洋全要素生产率上远高于全国平均水平，而浙江省和福建省在样本期内的大多数年份中则低于全国平均水平。相比之下，除福建省外，其余省份的陆地全要素生产率均高于全国沿海地区平均水平。东海三省一市在全要素生产率方面整体表现较为出色。

因此，在本小节的后续分析中，将重点考察不同区域海洋全要素生产率和陆地全要素生产率的变化趋势（图 2-1 和图 2-2），并进一步剖析不同地区全要素生产率对经济增长的贡献程度及其随时间的变化趋势（表 2-4 和表 2-5）。

从图 2-1 可以观察到以下几个典型特征：首先，从海洋经济全要素生产率水平来看，东海地区显著高于黄渤海和南海地区，而且无论哪个区域，海洋经济全要素生产率在样本期内都表现出显著的增长趋势，各区域的增长速度大致同步。这表明，尽管全要素生产率较低的南海地区，其增长率与东海地区相当，图中的三条曲线斜率几乎相同。这一结果意味着，在解释各地区海洋经济全要素生产率差异时，认为海洋相关技术在地区间扩散缓慢的猜想可能不成立。其次，随着时间推移，东海、黄渤海和南海地区的海洋经济全要素生产率差异没有显著的发散或收敛趋势。尽管不同区域的全要素生产率水平不同，但技术扩散使各区域的全要素生产率增长率保持高度一致。换句话说，技术扩散促进了各地区全要素生产率的同步提升，但并未缩小地区间的差异，南海地区并未展现出向东海地区靠近的趋势。最后，各地区海洋经济全要素生产率的变化趋势反映出，单靠技术扩散障碍可能无法充分解释不同地区之间的差异及其变化趋势。然而，结合本小节和上一小节的分析可以得出，各地区海洋经济全要素生产率的差异很可能与海洋生产资源的错配有很大关系。生产要素错配导致的全要素生产率差异不会随着技术扩散的容易化而消除。因此，本章的后续分析将重点考察不同地区的资源配置效率。

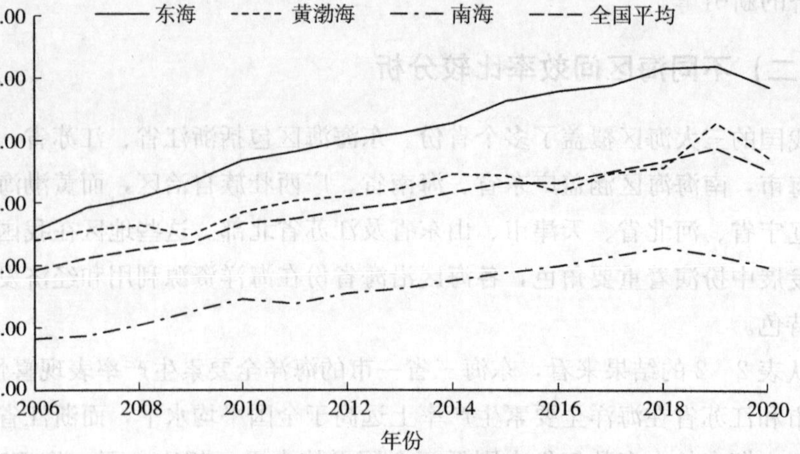

图 2-1　各区域海洋经济全要素生产率

陆地经济全要素生产率的变化趋势与海洋经济全要素生产率存在显著差异。从图 2-2 可以看出，南海地区的陆地经济全要素生产率在样本期内几乎保持平稳，没有显著的上升趋势；相反，东海地区的陆地经济全要素生产率呈现出明显的增长趋势，导致三大区域之间陆地经济全要素生产率的增长呈现发散趋势。与海洋经济全要素生产率的“共同进步”趋势不同，陆地经济全要素生产率在三大区域之间表现出“强者恒强”的发展态势，区域间的生产率差距不断扩大。这一现象为欠发达地区的发展提供了新的思路。这些地区可以利用海洋经济全要素生产率同步增长的优势，增加对海洋经济的投入，以促使整体经济呈现收敛的发展趋势，从而促进区域间的协调发展，实现不同地区的共同富裕。

（三）海洋经济全要素生产率对经济增长贡献度分析

本小节从全要素生产率对经济增长贡献度的视角分析海洋经济的发展质量。由于生产要素投入数量增加时，边际产出会逐步递减，即边际报酬递减规律，而全要素生产率的提升不会带来边际报酬递减的问题。因此，如果经济增

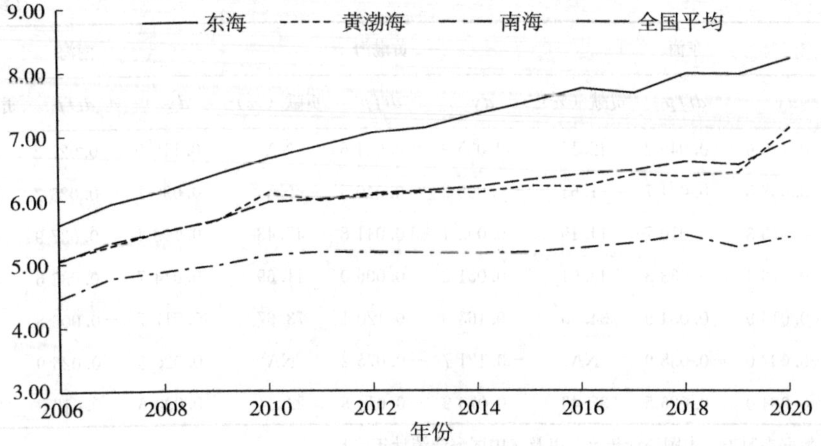

图 2-2　各区域陆地经济全要素生产率

长更多地依靠全要素生产率的提高，经济的可持续发展能力就会更强。基于上述理由，本小节从全要素生产率对经济增长贡献度的角度分析了不同区域海洋经济发展的质量。本小节将整体经济增长分为海洋经济和陆地经济，估算结果分别列示于表 2-4 和表 2-5。表 2-4 展示了三大区域海洋经济全要素生产率变化率、海洋经济增长率以及海洋经济全要素生产率对海洋经济增长率的贡献度三个指标。表 2-5 则列示了三大区域陆地经济全要素生产率变化率、陆地经济增长率以及陆地经济全要素生产率对陆地经济增长率的贡献度三个指标。

表 2-4　各区域海洋经济全要素生产率增长率及其贡献度

年份	东海			黄渤海			南海		
	dy	*dtfp*	贡献（%）	*dy*	*dtfp*	贡献（%）	*dy*	*dtfp*	贡献（%）
2007	0.187 0	0.071 7	38.34	0.125 0	0.027 9	22.32	0.084 9	0.017 9	21.05
2008	0.100 5	0.028 0	27.89	0.081 1	0.015 4	19.05	0.113 5	0.031 3	27.57
2009	0.141 0	0.052 7	37.39	0.000 1	−0.035 7	NA	0.135 3	0.047 6	35.20
2010	0.132 7	0.049 2	37.10	0.176 7	0.062 3	35.25	0.136 2	0.036 7	26.96
2011	0.083 6	0.021 4	25.64	0.127 8	0.034 5	27.00	0.050 1	−0.024 5	NA
2012	0.078 9	0.022 4	28.33	0.083 2	0.008 6	10.28	0.154 4	0.033 8	21.92
2013	0.064 1	0.018 0	28.01	0.098 1	0.019 1	19.46	0.123 7	0.022 1	17.85
2014	0.081 0	0.026 3	32.43	0.129 1	0.033 9	26.24	0.095 1	0.014 7	15.44

（续）

年份	东海			黄渤海			南海		
	dy	*dtfp*	贡献（%）	*dy*	*dtfp*	贡献（%）	*dy*	*dtfp*	贡献（%）
2015	0.116 6	0.049 2	42.15	0.035 9	−0.011 6	NA	0.110 0	0.027 2	24.73
2016	0.068 8	0.021 7	31.61	−0.006 2	−0.040 5	NA	0.090 1	0.025 7	28.57
2017	0.075 3	0.010 7	14.19	0.092 1	0.041 8	45.43	0.103 4	0.037 9	36.61
2018	0.076 4	0.033 3	43.61	0.051 2	0.006 0	11.69	0.074 7	0.033 6	44.94
2019	0.013 9	0.004 9	34.95	0.163 0	0.120 1	73.67	0.017 7	−0.006 8	NA
2020	−0.032 0	−0.038 9	NA	−0.121 7	−0.075 2	NA	−0.020 3	−0.026 9	NA
平均	0.084 9	0.026 5	32.43	0.073 9	0.014 8	29.04	0.090 6	0.019 3	27.35

注：数据来源于《中国统计年鉴》以及《中国海洋统计年鉴》。

其中 *dy* 为海洋经济增加值增长水平，*dtfp* 为海洋经济全要素生产率增长水平，贡献表示全要素生产率增长能够解释海洋经济增加值增长的百分比。若出现海洋经济增加值或者是海洋经济全要素生产率增长为负的情况，则将贡献定义为空缺 NA。

从表 2－4 的结果可以看出，各区域全要素生产率的增长对海洋经济增长具有显著作用，平均贡献度均超过 1/4。尤其是东海地区，其全要素生产率的增长可以解释海洋经济增加值增长的 32.43%，接近 1/3。从全要素生产率的增长率来看，东海地区在三大区域中最高，年均增长率达到 2.65%；南海地区次之，全要素生产率年均增长 1.93%；而黄渤海地区的全要素生产率增长率最低，仅为 1.48%。各区域全要素生产率对海洋经济增长贡献度的变化趋势并未展现出明显的规律，不同年份间波动较大。这表明，生产技术的提升对海洋经济发展的促进作用不稳定且不持续。未来，需要更多的努力实现稳定的技术进步，着力提高全要素生产率对海洋经济增长贡献的稳定性，从而提升海洋经济增长的质量和效益。

表 2－5 列示了全要素生产率增长对陆地经济增长的贡献度。分析结果显示，除南海地区出现逆转外，东海和黄渤海地区的陆地经济全要素生产率对经济增长的贡献均大于海洋经济。在各大区域中，全要素生产率的增长对陆地经济增长也起到了积极的促进作用。除南海地区较低外，平均贡献度均超过 30%。东海地区表现最为出色，其全要素生产率增长对陆地经济增加值增长的贡献度超过 36%。具体来看，东海地区在全要素生产率增长率方面也居于首位，年均增长率达到 2.67%；黄渤海地区次之，年均增长率为 2.42%，与东海地区相差无几；而南海地区的陆地全要素生产率增长率最低，仅为 1.44%，显著落后于东海和黄渤海地区。各区域全要素生产率对陆地经济增长贡献度的

变化趋势显示，与海洋经济全要素生产率贡献度的变化形成鲜明对比。除极个别年份出现小幅度下降外，在大多数年份均保持稳定。这表明，生产技术的提升对陆地经济发展的促进作用相对于海洋经济更加稳定且持续。这一发现从侧面解释了陆地经济在遭遇负向冲击时，较海洋经济具有更强的韧性和抵御风险的能力。陆地经济由于其较长的发展历史和成熟的产业结构，能够在面对不利经济环境时表现出较高的稳定性和适应性。而海洋经济则由于起步相对较晚，产业结构不够丰富，面对外部冲击时显得更为脆弱。因此，提升海洋经济全要素生产率的稳定性和可持续性、减少其波动性，是未来提高海洋经济抗风险能力的关键。总之，东海和黄渤海地区在全要素生产率对陆地经济增长的贡献方面表现优异，尤其是东海地区，不仅在增长率上领跑，还在贡献度上显著领先。这为其他地区提供了一个借鉴范例，表明在促进全要素生产率提升和经济增长之间存在紧密的关联，需要继续深化技术创新和资源优化配置，以实现更高质量的经济发展。

表 2-5 各区域陆地经济全要素生产率增长率及其贡献度

年份	东海			黄渤海			南海		
	dy	*dtfp*	贡献（%）	*dy*	*dtfp*	贡献（%）	*dy*	*dtfp*	贡献（%）
2007	0.140 4	0.053 5	38.11	0.133 4	0.042 7	31.97	0.145 9	0.070 4	48.27
2008	0.108 0	0.031 6	29.23	0.132 9	0.041 1	30.94	0.102 6	0.025 0	24.37
2009	0.107 5	0.038 4	35.71	0.129 5	0.026 7	20.62	0.106 7	0.024 3	22.77
2010	0.110 5	0.039 6	35.81	0.115 3	0.070 8	61.42	0.135 2	0.034 4	25.47
2011	0.102 1	0.026 8	26.21	0.123 2	−0.015 9	NA	0.118 2	0.007 3	6.17
2012	0.092 2	0.028 8	31.27	0.106 2	0.013 5	12.71	0.082 2	−0.002 7	NA
2013	0.090 8	0.013 9	15.33	0.090 2	0.006 8	7.57	0.084 5	−0.007 4	NA
2014	0.082 0	0.027 7	33.78	0.066 3	−0.001 4	NA	0.081 7	−0.001 5	NA
2015	0.066 8	0.021 8	32.57	0.074 5	0.016 8	22.55	0.068 3	0.001 1	1.57
2016	0.074 1	0.026 4	35.70	0.033 3	−0.011 5	NA	0.066 0	0.012 1	18.29
2017	0.037 5	−0.007 3	NA	0.053 0	0.028 9	54.55	0.078 8	0.017 7	22.45
2018	0.082 3	0.039 8	48.41	0.005 1	−0.006 8	NA	0.076 1	0.029 9	39.22
2019	0.090 5	−0.007 7	NA	0.089 6	0.020 8	23.16	0.037 0	−0.051 9	NA
2020	0.053 0	0.040 2	75.79	0.065 9	0.106 7	NA	0.041 2	0.042 9	NA
平均	0.088 4	0.026 7	36.49	0.087 0	0.024 2	29.50	0.087 5	0.014 4	23.18

注：数据来源于《中国统计年鉴》以及《中国海洋统计年鉴》。

其中 *dy* 为海洋经济增加值增长水平，*dtfp* 为海洋经济全要素生产率增长水平，贡献表示全要素生产率增长能够解释海洋经济增加值增长的百分比。若出现海洋经济增加值或者是海洋经济全要素生产率增长为负的情况，则将贡献定义为空缺 NA。

本节内容主要从全要素生产率的视角出发，分析了东海地区海洋经济和陆地经济在实现高质量发展过程中所具备的优势和面临的挑战，旨在为进一步提升我国海洋经济发展质量提供更多的实证依据。具体分析结果如下：第一，海洋经济全要素生产率增长趋势显著，尽管各地区之间存在明显的水平差异，但在增长率方面保持了较高的一致性。这一现象表明，技术扩散和生产效率提升在全国范围内较为普遍，即使起点不同，各地区在提升生产率方面都有明显进步。第二，与陆地经济全要素生产率相比，海洋经济全要素生产率对海洋经济增加值增长的促进作用相对较低，且随着时间的推移表现出较大的波动性。陆地经济全要素生产率的增长较为稳定，对经济增长的推动作用更加持久和可靠，而海洋经济则在可持续性方面相对较差，这反映出海洋经济在面对外部冲击时的韧性较弱，需要进一步加强技术创新和制度建设以提升其稳定性。第三，从区域变化来看，以全要素生产率增长和其对经济增长的贡献度作为评判标准，东海地区的海洋经济发展质量在全国三大区域中最高，大幅领先于其他地区。然而，东海地区内部也存在明显的差异。上海和江苏在全要素生产率方面表现尤为出色，带动了整个区域的发展水平；相反，浙江和福建则相对落后，海洋经济全要素生产率在多数年份低于全国平均水平。为此，浙江和福建需要进一步加大对海洋经济的投入，加强技术创新和效率提升，以缩小与区域内先进地区的差距。综合以上分析，本节强调了东海地区在海洋经济和陆地经济全要素生产率提升方面的显著成就，同时也指出了存在的不足。未来，需要针对各区域的具体情况，制定更加有针对性的政策措施，促进区域协调发展，提升整体海洋经济的质量和效益，为我国经济的可持续发展提供坚实保障。

第四节　产业间效率评估

在当今时代，海洋经济在与第一、二、三产业之间的紧密关系正日益凸显，这一关系不仅仅是经济结构的调整，更是国家战略布局的重要组成部分。首先，海洋经济与第一产业的联系在当前国家粮食安全和产业升级的背景下显得尤为重要。海洋渔业、海洋养殖等活动为农产品的多样化和生产能力提供了重要支撑，进一步增强了国家的农业综合实力。其次，海洋经济与第二产业的紧密联系不仅表现在海洋资源的开发利用上，更体现在海洋工程建设等领域。随着国家“一带一路”倡议的深入推进，海洋工程建设将为我国工业发展提供新的增长点和市场空间，进一步促进了工业结构的优化和升级。最后，海洋经济与第三产业的互动与融合也日益加深。海洋旅游业、海洋科研服务等新兴服务业的崛起，为海洋经济注入了新的活力，同时也为服务业的转型升级提供了新的契机。这一发展趋势在当前国家提出的“双循环”发展格局中尤为重要，将为我国经济的持续增长和可持续发展注入新的动力。

海洋经济与第一、二、三产业的密切关系已经成为当前经济发展的重要特征，这一关系不仅仅是经济结构的调整，更是国家战略布局的重要组成部分。随着国家海洋经济战略的深入实施和产业结构的不断优化，相信海洋经济将为我国经济发展注入新的活力和动力。

(一) 各产业间效率对比

分产业来看，同样如表 2-6 所示，样本期内海洋经济全要素生产率(TFP) 在不同产业之间存在显著差异。需要说明的是，表 2-6 中的样本仅包括沿海省份，为上海、天津、山东、广东、广西、江苏、河北、浙江、海南、福建和辽宁。其中，第三产业表现尤为突出，大幅领先于第一产业和第二产业。例如，2013 年第三产业的海洋经济全要素生产率水平达到 6.099 0，而同一时期第一产业和第二产业的海洋经济全要素生产率分别为 5.296 4 和 5.946 3。第三产业的全要素生产率明显高于第一产业和第二产业，显示出第三产业在利用相同的资本和劳动力投入时，能够产生更高的海洋经济增加值。

表 2-6　海洋部门沿海各省份不同产业全要素生产率

年份	第一产业	第二产业	第三产业
	TFP	TFP	TFP
2007	3.231 1	4.616 6	4.070 0
2008	3.646 2	5.125 4	4.354 3
2009	3.696 4	4.879 4	4.780 4
2010	4.114 9	5.556 1	5.240 3
2011	4.716 1	6.019 4	5.678 8
2012	4.969 6	6.017 2	5.927 0
2013	5.296 4	5.946 3	6.099 0
2014	5.272 3	5.846 7	6.245 2
2015	5.342 2	5.639 0	6.463 4
2016	5.516 8	5.566 8	6.793 2

（续）

年份	第一产业	第二产业	第三产业
	TFP	TFP	TFP
2017	5.296 6	5.797 8	7.150 5
2018	5.559 0	6.061 7	7.427 4
2019	6.071 329	5.947 927	7.648 51
2020	6.827 308	5.563 79	7.831 589
平均	**4.968 3**	**5.613 1**	**6.122 1**

具体来说，2013 年第三产业的海洋经济全要素生产率为第一产业的 1.15 倍，第二产业的 1.02 倍。这意味着，若是将第一产业或第二产业用于海洋生产的要素转移到第三产业，则能够显著提高海洋经济产出。例如，将第二产业的要素配置到第三产业，可以使得产出增加 2%。更直观地说，第三产业在提高海洋经济全要素生产率方面具有更高的潜力和效率。与产业之间陆地经济全要素生产率水平排序（通常第三产业较高）相一致的是，海洋经济全要素生产率也表现出第三产业显著领先的特点。值得特别注意的是，虽然第一产业在海洋经济全要素生产率方面长期低于第三产业，但其增长速度相对较快，从 2007 年的 3.231 1 增加到 2013 年的 5.296 4，增幅达 64%，显示出第一产业在海洋经济领域的巨大提升潜力。

该结果意味着我国海洋经济在不同产业之间的全要素生产率存在巨大差异。导致上述结果的原因可能有以下几个方面：首先，各产业之间的技术水平和技术创新能力存在显著差异。第三产业由于更多地涉及服务业、信息技术等高附加值领域，其技术创新和应用水平相对更高，因而表现出更高的全要素生产率。其次，产业结构调整和要素配置效率的差异也起到重要作用。第三产业在资源配置和市场化程度方面具有优势，能够更高效地利用资源，实现更高的生产效率。最后，不同产业对劳动力质量和技能要求的差异也可能影响全要素生产率水平。第三产业往往需要高素质、高技能的劳动力，从而在投入相同的劳动力和资本后，能够实现更高的产出。

（二）各产业间效率变化趋势

图 2-3 展示了 2007—2020 年间海洋部门沿海各省份不同产业的全要素生产率（TFP）变化趋势，可以看出各产业在生产效率上有着显著差异与变化趋势。第一产业的全要素生产率在样本期间内呈现出显著的增长趋势，从 2007

年的 3.231 062 上升至 2020 年的 6.827 308，几乎翻倍。这一增长趋势可以分为两个阶段：2007—2010 年和 2010—2020 年。第一阶段，第一产业的 TFP 增长较为缓慢；第二阶段，自 2010 年起，增长速度明显加快，特别是在 2016 年之后，第一产业的 TFP 出现了快速提升。这可能与该产业技术进步、管理效率提升和政策支持有关，推动了生产效率的持续提升。尽管总体趋势向好，第一产业的 TFP 在个别年份仍有小幅波动，例如 2013 年和 2017 年期间增长有所放缓，但总体上保持了稳定的上升态势。第二产业的全要素生产率在样本期间内也显示出增长趋势，但增长幅度相对较小，从 2007 年的 4.616 565 上升至 2020 年的 5.563 79。2008 年和 2011 年是两个显著的增长点，TFP 分别达到 5.125 41 和 6.019 398。然而，在随后的几年里增长趋于平稳，甚至在 2012 年略有下降。2013—2018 年，第二产业的 TFP 变化较为平缓，显示出该产业在这些年份的生产效率提升较为稳定。尽管第二产业的 TFP 在样本期间内波动较为频繁，但整体趋势仍然是向上的。第三产业的全要素生产率最高且增长最为显著，从 2007 年的 4.069 996 迅速上升至 2020 年的 7.831 589。2009—2011 年，第三产业的 TFP 有一个快速增长期，随后在 2012—2014 年间增速放缓，但从 2015 年开始再次加速增长，尤其是在 2017 年之后，第三产业的 TFP 增长更加明显。2018 年的 TFP 达到 7.427 431，为历史最高点，显示出该产业在这一年取得了显著的生产效率提升。第三产业的 TFP 在样本期内总体呈现稳步上升的态势，但在 2016—2020 年间有较为明显的年度波动。

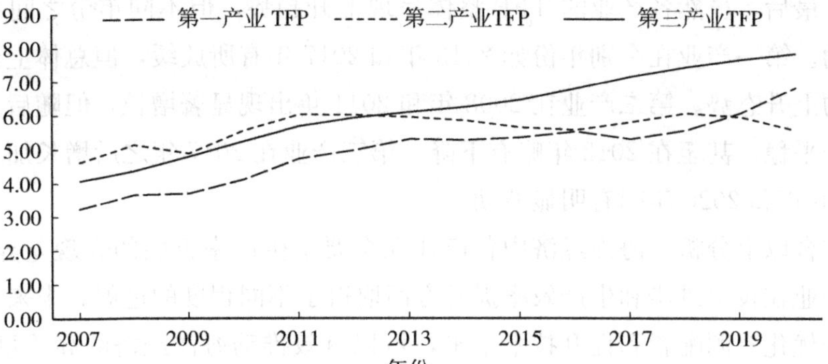

图 2-3　海洋部门沿海各省份不同产业全要素生产率

综合来说，三大产业的全要素生产率均呈现出稳步提升的趋势，这表明各产业在技术进步和生产效率方面取得了显著进展。就第一产业而言，尽管起点较低，它的 TFP 增长速度最快，表明该产业在技术改进和资源优化方面的努力得到了有效的体现。第二产业的 TFP 增长相对平稳，显示出其在生产效率方面的持续提升，但其增速相较于第一产业和第三产业略显缓慢。第三产业的 TFP 最高，增长最为显著，尤其是在 2017 年后的快速提升，表明该产业在技术进步和高效管理方面有显著优势。

综上所述，海洋经济中各产业在全要素生产率方面的表现差异显著。今后通过进一步优化资源配置和提升技术水平，可以有效推动海洋经济的高质量发展。不仅有助于提高生产效率，还能够增强海洋经济在整体经济中的重要性和竞争力。

本节内容主要从全要素生产率（TFP）的视角出发，分析了海洋经济在不同产业之间的效率表现及其变化趋势，旨在为进一步提升我国海洋经济发展质量提供实证依据。具体分析结果如下：首先，海洋经济全要素生产率在第一产业、第二产业和第三产业之间存在显著差异。第三产业的 TFP 最高，表现尤为突出，显示出其在技术进步和高效管理方面的显著优势。相比之下，第一产业和第二产业的 TFP 尽管也呈现增长趋势，但其增长幅度和水平明显低于第三产业。其次，三大产业的 TFP 增长趋势各有特点。第一产业的增长速度最快，特别是在 2010 年之后，其 TFP 提升显著，可能与技术进步、管理效率提升和政策支持有关。第二产业的 TFP 增长相对平稳，显示出其在生产效率方面的持续提升，但其增速相较第一产业和第三产业略显缓慢。第三产业则在 2017 年之后增长最为显著，反映出其在高附加值服务业、信息技术等领域的优势。最后，虽然各产业的 TFP 整体呈现上升趋势，但不同年份之间存在一定波动。第一产业在个别年份如 2013 年和 2017 年有所放缓，但总体上保持了稳定的上升态势。第二产业在 2008 年和 2011 年出现显著增长，但随后几年增长趋于平稳，甚至在 2012 年略有下降。第三产业在 2017 年之后增长加速，但在 2016 年和 2020 年间有明显波动。

综合以上分析，海洋经济中各产业在全要素生产率方面的表现差异显著，且各产业在技术进步和生产效率提升方面取得了不同程度的进展。未来，通过进一步优化资源配置和提升技术水平，可以有效推动海洋经济的高质量发展。这不仅有助于提高生产效率，还能够增强海洋经济在整体经济中的重要性和竞争力。本节强调了海洋经济在不同产业间全要素生产率提升方面的显著成就，同时也指出了存在的差异与不足。未来，需要针对各产业的具体情况，制定更加有针对性的政策措施，促进各产业协调发展，提升整体海洋经济的质量和效益，为我国经济的可持续发展提供坚实保障。

第三章　东海海洋经济发展的资源配置效率评估

研究海陆部门之间的资源配置效率，探索海洋经济与陆地经济的协调发展路径，具有重要的理论和现实意义①。因此，本章将从资源配置角度出发，以东海地区为主要分析对象，探讨其资源配置的现状和挑战，判断其资源投入的未来方向和理想路径。具体而言，本章将涵盖以下几个方面的内容：第一，分别测算东海地区三省一市海陆间资源配置效率，了解各省份海洋部门与经济部门的资源投入现状。第二，测算东海地区三省一市之间的资源配置效率，并将总体资源错配进一步细分为劳动错配与资本错配。为进一步验证海洋经济资源错配的严重性，在此将其与同期陆地经济资源错配程度进行对比。第三，测算东海地区三省一市的行业间资源配置效率，评估其潜在的经济增长空间。在进行上述分析时，将同时与全国沿海地区 11 个省份、渤海地区 4 个省份、南海地区 3 个省份分别对比，以明确东海地区海陆资源配置效率在全国的定位。本章旨在为东海地区资源配置的优化提供全面而深入的分析，通过对现状的细致评估和对未来路径的科学探讨，提出具体的优化策略和政策建议，助力东海地区实现高效、可持续发展。

第一节　测算模型与数据来源

（一）现实背景

随着陆地资源的不断减少甚至枯竭，海洋在国家经济发展格局和对外开放

① 王泽宇，卢函，孙才志．中国海洋资源开发与海洋经济增长关系［J］．经济地理，2017，37 (11)：117－126.

中的作用愈发重要，开发海洋资源、发展蓝色经济已日益成为世界各国竞争的焦点。习近平总书记特别强调，要从国家发展全局的战略高度思考海洋问题，围绕海洋强国目标，推进海洋事业发展。在现有的海洋经济研究中，主要聚焦于海洋生态、海洋创新、海洋产业体系等海洋经济部门自身的发展。值得注意的是，尽管海洋经济部门的发展至关重要，但在海洋经济对整体经济贡献率不断攀升的同时，陆海之间发展不平衡的问题依然严峻。受传统的“重陆轻海”思想影响，与陆地经济相比，各地对海洋经济发展的重视程度仍较低，海洋经济目前面临着生产要素投入不足的现状。据《中国海洋统计年鉴》和《中国统计年鉴》数据，2022年中国海洋领域发明专利的授权量占整体发明专利授权量的比例已达20.85%，创新能力突出。但海洋领域的科研经费、科研活动从业人数占整体的比例均不足10%。如果能够实现经济资源在海洋和陆地部门之间的优化配置，整个经济体的总产出和生产率都将会显著提高。因此，在海洋经济高速发展的背景下，如何强化区域陆海统筹、平衡海陆间资源配置、实现海洋资源的合理保护与充分利用，对中国实现从“海洋大国”向“海洋强国”的转变至关重要。

东海濒临中国东部的上海、浙江、福建和江苏一市三省。东海地区拥有包括上海港和宁波—舟山港在内的优良港口航道资源，位于全国前列的舟山渔场等渔业资源，特色鲜明的海岸与海岛旅游资源，储量丰富的陆架盆地油气资源，生态价值极高的潮滩湿地资源以及开发前景广阔的海洋能资源。进入21世纪，随着浙江海洋经济建设示范区（2011）、浙江舟山群岛新区（2011）、福建海峡蓝色经济试验区（2012）、中国（上海）自由贸易试验区（2013）等国家级海洋发展战略的实施，东海地区各省份海岸带开发与海洋经济发展面临新的机遇。习近平总书记指出，要加强陆海统筹、山海互济，强化港产城整体布局，加强海洋生态保护，全面建设海洋强省。无论是在国家层面还是各省份政府，合理统筹东海地区经济资源的陆海分配，不仅能够提升东海经济的整体竞争力，还能确保海洋资源的合理保护与利用，推动东海区域实现可持续发展目标，为中国建设海洋强国奠定坚实基础。

海陆统筹强调对海陆两大子系统的产业、空间、人、资源、环境等各类要素的统一优化与再配置，以实现海陆协调发展。近年来，海陆统筹理念逐渐引起学术界的关注，并在国家政策中得到体现。为破解海陆发展不协调的问题，1996年《中国海洋21世纪议程》首次提出海陆一体化，为海陆统筹理念的提出奠定了基础。这一战略的提出标志着中国在可持续发展和国土空间治理方面的一次重要尝试。随着时间的推移，海陆统筹的重要性愈发凸显。2010年，"海陆统筹"被首次写入国家"十二五"规划，标志着这一理念开始在国家层面上得到认可和重视。2012年，党的十八大正式将"海洋强国"上升为国家战略，进一步强化了海洋在国家发展中的战略地位，海陆统筹作为实现这一战略的重要手段也因此受到更多关注和推进。2017年，党的十九大报告提出"坚持陆海统筹，加快海洋强国建设"，明确海陆统筹在国家经济社会发展全局中的地位和作用。这一时期，海陆统筹不仅被视为国家发展的一项重要策略，还被赋予了新的内涵和使命，要求在经济、社会、生态等多个方面实现更加协调的发展。2019年，国土空间规划工作全面开展，标志着中国在统筹国土空间开发方面进入了新的阶段。海陆统筹作为支撑沿海地区海陆高效协同发展的空间战略，逐渐被赋予更多的任务和使命。

总体来看，海陆统筹从提出到实践，再到成为国家战略的一部分，经历了从理念到政策、再到具体实施的转变。如今，海陆统筹不仅包括在基础设施、产业布局、生态保护等方面的统筹规划，还涉及推动沿海地区与内陆地区的联动发展，不仅强调资源的合理开发与利用，更注重通过优化资源配置来提升整体经济效率。这一战略旨在打破传统的陆海分割发展模式，倡导一种更加综合和协调的资源管理方式，即资源配置的优化。

资源配置优化指的是将生产要素（如劳动和资本）从低效率部门向高效率部门转化，以此实现整体生产率提升的过程①。如今，资源配置已成为近年来的研究热点，已有大量研究从不同所有制部门之间、不同行业之间、不同地区之间的资源配置问题展开研究，深入分析了中国未来经济的增长方向②。美中不足的是，这些研究均是以陆地部门为研究对象，鲜有研究对海洋部门以及海陆部门之间的配置效率展开分析。然而，海洋经济作为国家经济的重要组成部

---

① Hsieh C T, Klenow P J. Misallocation and manufacturing TFP in China and India [J]. The Quarterly Journal of Economics, 2009, 124 (4): 1403-1448.

Hopenhayn H A. Firms, misallocation, and aggregate productivity: A review [J]. Annual Review of Economics, 2014, 6 (1): 735-770.

② Brandt L, Tombe T, Zhu X. Factor market distortions across time, space and sectors in China [J]. Review of Economic Dynamics, 2013, 16 (1): 39-58.

文东伟．资源错配、全要素生产率与中国制造业的增长潜力［J］．经济学（季刊），2019，18（2）：617-638.

Jin L, Liu X, Tang S H K. High-technology zones, misallocation of resources among cities and aggregate productivity: Evidence from China [J]. Applied Economics, 2022, 54 (24): 2778-2794.

分，其发展潜力和战略意义不可忽视。近年来，海洋部门在国家政策的支持下得到了快速发展，但这些支持措施往往侧重于扩大整体资源投入规模。然而，单纯依靠增加资源投入规模来推动海洋经济发展并非长久之计。实际上，无需增加资源投入规模，只要能实现海洋部门与陆地部门之间的资源配置优化，就可以带来显著的经济效益。通过优化海陆资源配置比例、不同省份之间的资源配置效率，就可以在不增加总资源投入的情况下，实现总产值的增加。这不仅有助于缓解资源紧张的局面，还能促进海洋经济与陆地经济的协调发展，提升整体经济的可持续性和竞争力。

（二）三层架构模型的基本设置

本章主要分析了海陆间、东海三省一市之间、三次产业之间的资源配置效率。从研究目的可以看到，本章主要集中于部门之间的配置效率问题。在测算海陆之间资源配置效率和地区之间资源配置效率时，依据下文可以看到，本章进一步比较了不同地区海陆之间的资源配置效率，存在着部门嵌套性，经济整体分为海陆两个部门，而海陆部门各自的内部又可分为不同的地区，即分为三个层级，为此本章主要参考了Brandt et al.（2013）模型[①]设置思路。

以三个层级的资源配置效率测算模型为基础，首先假定经济整体产出是各个省份产出的CES函数，$Y=\left(\sum_{i=1}^{N}\theta_i Y_i^{\sigma}\right)^{\frac{1}{\sigma}}$；各省份产出又是海洋经济$Y_{io}$与陆地经济$Y_{ic}$的CES函数，$Y_i=(\theta_{io}Y_{io}^{\phi}+\theta_{ic}Y_{ic}^{\phi})^{\frac{1}{\phi}}$。同时，国家、省份、海陆又是资本$K$或劳动投入$L$以及TFP（用符号$A$表示）的C-D函数，与Brandt模型不同，本章参考Jin et al.（2022）的分析假定CD生产函数是规模报酬可变[②]，$Y=AK^{\alpha}L^{\beta}$，$Y_i=A_iK_i^{\alpha}L_i^{\beta}$，$Y_{ij}=A_{ij}K_{ij}^{\alpha}L_{ij}^{\beta}$。假定每个省份的劳动和资本要素投入总量等于该省份内部海洋经济和陆地经济相关要素投入的加总，即：$L_i=L_{io}+L_{ic}$，$K_i=K_{io}+K_{ic}$。同时，总生产要素是省份相关要素投入的加总，即：$L=\sum_{i=1}^{N}L_i$，$K=\sum_{i=1}^{N}K_i$，进而可得要素投入比例：

① Brandt L, Tombe T, Zhu X. Factor market distortions across time, space and sectors in China [J]. Review of Economic Dynamics, 2013, 16 (1): 39-58.

② Jin L, Liu X, Tang S H K. High-technology zones, misallocation of resources among cities and aggregate productivity: Evidence from China [J]. Applied Economics, 2022, 54 (24): 2778-2794.

$$\begin{cases} l_i = L_i/L,\ k_i = K_i/K \\ l_{ij} = L_{ij}/L_i,\ k_{ij} = K_{ij}/K_i \\ \sum_{i=1}^{N} l_i = 1,\ \sum_{i=1}^{N} k_i = 1 \\ l_{io} + l_{ic} = 1,\ k_{io} + k_{ic} = 1 \end{cases} \tag{3-1}$$

在如此的模型设置下可得海陆经济部门、各省份及总体 TFP 为：

$$\begin{cases} A_{ij} = Y_{ij}/K_{ij}^{\alpha} L_{ij}^{\beta} \\ A_i = (\theta_{io} Y_{io}^{\phi} + \theta_{ic} Y_{ic}^{\phi})^{\frac{1}{\phi}} / K_i^{\alpha} L_i^{\beta} = [\theta_{io}(A_{io} k_{io}^{\alpha} l_{io}^{\beta})^{\phi} + \theta_{ic}(A_{ic} k_{ic}^{\alpha} l_{ic}^{\beta})^{\phi}]^{\frac{1}{\phi}} \\ A = \left(\sum_{i=1}^{N} \theta_i Y_i^{\sigma}\right)^{\frac{1}{\sigma}} / K^{\alpha} L^{\beta} = \left[\sum_{i=1}^{N} \theta_i (A_i k_i^{\alpha} l_i^{\beta})^{\sigma}\right]^{\frac{1}{\sigma}} \end{cases}$$

$$i=1,\ \cdots\cdots,\ N;\ j=o,\ c \tag{3-2}$$

在分析三次产业间配置效率时，主要分析了海洋部门资源在三次产业间的配置效率，因此这里主要分为两个层级。对于两个层级的资源配置效率测算模型，首先，假定海洋部门整体产出是三次产业产出的 CES 函数，$Y = \left(\sum_{i=1}^{N} \theta_i Y_i^{\sigma}\right)^{\frac{1}{\sigma}}$，其中 N 等于 3。同时，整体产出、产业产出也是资本 K 或劳动投入 L 以及 TFP（用符号 A 表示）的 C－D 函数，$Y=AK^{\alpha}L^{\beta}$，$Y_i=A_iK_i^{\alpha}L_i^{\beta}$。其次，假定海洋部门总生产要素是三次产业相关要素投入的加总，$L=\sum_{i=1}^{N} L_i$，$K=\sum_{i=1}^{N} K_i$，进而可得要素投入比例，$l_i=L_i/L$，$k_i=K_i/K$，$\sum_{i=1}^{N} k_i=1$，$\sum_{i=1}^{N} l_i=1$。在如此的模型设置下可得各产业及海洋部门整体 TFP。

为得到要素错配程度，本章划分出两种状态，一是资源错配状态，也就是实际状态；二是资源配置有效状态。为了刻画资源错配状态，设置价格楔子 $\tau_{K_{ij}}$、$\tau_{L_{ij}}$，那么资本、劳动的实际价格为 $r\tau_{K_{ij}}$、$\omega\tau_{L_{ij}}$。而为刻画资源配置有效状态，则可将价格楔子 $\tau_{K_{ij}}$、$\tau_{L_{ij}}$ 取值为 1，此时资本、劳动的价格为 r、ω。进一步由式（3－2）可以看到，要想得到资源错配程度，计算不同状态下的要素投入比例最为关键。接下来，本章将详细介绍要素投入比例的计算方法。

（三）要素投入比例计算方法

由上文模型设置可以看到，两层架构模型仅是三层模型的特例（去掉第三层，即为两层架构模型），因此这里主要以三层架构模型为例。由总产出利润最大化问题，$\max\limits_{Y_i}\left\{P\left(\sum\limits_{i=1}^{N}\theta_i Y_i^{\sigma}\right)^{\frac{1}{\sigma}}-\sum\limits_{i=1}^{N}P_iY_i\right\}$，得到一阶条件为：

$$\begin{cases}\theta_i P\left(\dfrac{Y_i}{Y}\right)^{\sigma-1}=P_i\\ P=\left(\sum\limits_{i=1}^{N}\theta_i^{\frac{1}{1-\sigma}}P_i^{\frac{\sigma}{\sigma-1}}\right)^{\frac{\sigma-1}{\sigma}}\end{cases}\quad i=1,\ \cdots\cdots,\ N \qquad (3-3)$$

由省份产出的利润最大化问题，$\max\limits_{Y_{ij}}\{P_i(\theta_{io}Y_{io}^{\phi}+\theta_{ic}Y_{ic}^{\phi})^{\frac{1}{\phi}}-P_{io}Y_{io}-P_{ic}Y_{ic}\}$，得到一阶条件：

$$\begin{cases}\theta_{ij}P_i\left(\dfrac{Y_{ij}}{Y_i}\right)^{\phi-1}=P_{ij}\\ P_i=(\theta_{io}^{\frac{1}{1-\phi}}P_{io}^{\frac{\phi}{\phi-1}}+\theta_{ic}^{\frac{1}{1-\phi}}P_{ic}^{\frac{\phi}{\phi-1}})^{\frac{\phi-1}{\phi}}\end{cases}\quad i=1,\ \cdots\cdots,\ N;\ j=o,\ c \qquad (3-4)$$

由海陆经济产出的利润最大化问题，$\max\limits_{K_{ij},L_{ij}}\{P_{ij}A_{ij}K_{ij}^{\alpha}L_{ij}^{\beta}-r\tau_{K_{ij}}K_{ij}-\omega\tau_{L_{ij}}L_{ij}\}$，得到一阶条件，

$$\begin{cases}\dfrac{K_{ij}}{L_{ij}}=\dfrac{\alpha\omega\tau_{L_{ij}}}{\beta r\tau_{K_{ij}}}\\ L_{ij}=\left[P_{ij}A_{ij}\left(\dfrac{\alpha}{r\tau_{K_{ij}}}\right)^{\alpha}\left(\dfrac{\beta}{\omega\tau_{L_{ij}}}\right)^{1-\alpha}\right]^{\frac{1}{1-\alpha-\beta}}\\ K_{ij}=\left[P_{ij}A_{ij}\left(\dfrac{\alpha}{r\tau_{K_{ij}}}\right)^{1-\beta}\left(\dfrac{\beta}{\omega\tau_{L_{ij}}}\right)^{\beta}\right]^{\frac{1}{1-\alpha-\beta}}\end{cases}\quad i=1,\ \cdots\cdots,\ N;\ j=o,\ c \qquad (3-5)$$

不仅如此，鉴于$\dfrac{1}{1-\phi}$也为海陆经济产出的需求价格弹性①，$Y_{ij}=P_{ij}^{\frac{1}{\phi-1}}$。那么结合海陆经济产出的一阶条件可得：

$$P_{ij}=\left[A_{ij}\left(\dfrac{\alpha}{r\tau_{K_{ij}}}\right)^{\alpha}\left(\dfrac{\beta}{\omega\tau_{L_{ij}}}\right)^{\beta}\right]^{\frac{\phi-1}{1-(\alpha+\beta)\phi}}\quad i=1,\ \cdots\cdots,\ N;\ j=o,\ c \qquad (3-6)$$

进一步结合式（3-1）及一阶条件，可得到海陆经济的要素投入比例，并将要素投入比例代入式（3-2）中，并得到各省份的生产率。

---

① Dixit A K, Stiglitz J E. Monopolistic competition and optimum product diversity [J]. The American Economic Review, 1977, 67 (3): 297-308.

$$\begin{cases} l_{ij}=\dfrac{\theta_{ij}^{\frac{1}{(1-\phi)(\alpha+\beta)}}\overline{A_{ij}}^{\frac{\phi}{1-\phi}}\tau_{L_{ij}}^{-1}}{\theta_{io}^{\frac{1}{(1-\phi)(\alpha+\beta)}}\overline{A_{io}}^{\frac{\phi}{1-\phi}}\tau_{L_{io}}^{-1}+\theta_{ic}^{\frac{1}{(1-\phi)(\alpha+\beta)}}\overline{A_{ic}}^{\frac{\phi}{1-\phi}}\tau_{L_{ic}}^{-1}} \\ k_{ij}=\dfrac{\theta_{ij}^{\frac{1}{(1-\phi)(\alpha+\beta)}}\overline{A_{ij}}^{\frac{\phi}{1-\phi}}\tau_{K_{ij}}^{-1}}{\theta_{io}^{\frac{1}{(1-\phi)(\alpha+\beta)}}\overline{A_{io}}^{\frac{\phi}{1-\phi}}\tau_{K_{io}}^{-1}+\theta_{ic}^{\frac{1}{(1-\phi)(\alpha+\beta)}}\overline{A_{ic}}^{\frac{\phi}{1-\phi}}\tau_{K_{ic}}^{-1}} \\ A_i=\overline{A_i}\tau_i \end{cases} \tag{3-7}$$

其中 $\overline{A_i}=(\overline{A_{io}}^{\frac{\phi}{1-\phi}}+\overline{A_{ic}}^{\frac{\phi}{1-\phi}})^{\frac{1-(\alpha+\beta)\phi}{\phi}}$，$\overline{A_{ij}}=[A_{ij}\tau_{K_{ij}}^{-\alpha}\tau_{L_{ij}}^{-\beta}]^{\frac{1-\phi}{1-(\alpha+\beta)\phi}}$。并且 $\tau_i=\tau_{K_i}^{\alpha}\tau_{L_i}^{\beta}$，省份间资本价格楔子为 $\tau_{K_i}=\left[\dfrac{\theta_{ij}^{\frac{1}{(1-\phi)(\alpha+\beta)}}\overline{A_{io}}^{\frac{\phi}{1-\phi}}\tau_{K_{io}}^{-1}+\theta_{ij}^{\frac{1}{(1-\phi)(\alpha+\beta)}}\overline{A_{ic}}^{\frac{\phi}{1-\phi}}\tau_{K_{ic}}^{-1}}{\theta_{ij}^{\frac{1}{(1-\phi)}}\overline{A_{io}}^{\frac{\phi}{1-\phi}}+\theta_{ij}^{\frac{1}{(1-\phi)}}\overline{A_{ic}}^{\frac{\phi}{1-\phi}}}\right]^{-1}$，劳动价格楔子为 $\tau_{L_i}=\left[\dfrac{\theta_{ij}^{\frac{1}{(1-\phi)(\alpha+\beta)}}\overline{A_{io}}^{\frac{\phi}{1-\phi}}\tau_{L_{io}}^{-1}+\theta_{ij}^{\frac{1}{(1-\phi)(\alpha+\beta)}}\overline{A_{ic}}^{\frac{\phi}{1-\phi}}\tau_{L_{ic}}^{-1}}{\theta_{ij}^{\frac{1}{(1-\phi)}}\overline{A_{io}}^{\frac{\phi}{1-\phi}}+\theta_{ij}^{\frac{1}{(1-\phi)}}\overline{A_{ic}}^{\frac{\phi}{1-\phi}}}\right]^{-1}$。

进一步结合式（3-2）和 $\sum_{i=1}^{N}l_i=1$ 可得，各省份劳动、资本投入比例，以及相应总体 TFP，

$$\begin{cases} l_i=\dfrac{\theta_i^{\frac{1}{(1-\sigma)(\alpha+\beta)}}\overline{A_i}^{\eta}\tau_{L_i}^{-1}}{\sum_{i=1}^{N}\theta_i^{\frac{1}{(1-\sigma)(\alpha+\beta)}}\overline{A_i}^{\eta}\tau_{L_i}^{-1}} \\ k_i=\dfrac{\theta_i^{\frac{1}{(1-\sigma)(\alpha+\beta)}}\overline{A_i}^{\eta}\tau_{K_i}^{-1}}{\sum_{i=1}^{N}\theta_i^{\frac{1}{(1-\sigma)(\alpha+\beta)}}\overline{A_i}^{\eta}\tau_{K_i}^{-1}} \\ A=\dfrac{\left(\sum_{i=1}^{N}\theta_i^{\frac{1}{1-\sigma}}\overline{A_i}^{\chi}\right)^{\frac{1}{\sigma}}}{\left[\sum_{i=1}^{N}\theta_i^{\frac{1}{(1-\sigma)(\alpha+\beta)}}\overline{A_i}^{\eta}\overline{\tau_{K_i}}^{-1}\right]^{\alpha}\left[\sum_{i=1}^{N}\theta_i^{\frac{1}{(1-\sigma)(\alpha+\beta)}}\overline{A_i}^{\eta}\overline{\tau_{L_i}}^{-1}\right]^{\beta}} \end{cases} \tag{3-8}$$

其中，$\eta=\dfrac{(\alpha+\beta)\phi(1-\sigma)-\phi+\sigma}{(1-\sigma)(\alpha+\beta)[1-(\alpha+\beta)\phi]}$，$\chi=\dfrac{\sigma(1-\phi)}{(1-\sigma)[1-(\alpha+\beta)\phi]}$

不仅如此，当资源配置完全有效时，即海陆之间以及各省份之间都配置有效时，可通过假设价格楔子 $\tau_{K_{ij}}$、$\tau_{L_{ij}}$ 取值为 1 得到，此时海陆经济的要素投入比例及各省份生产率为：

$$\begin{cases} l_{ij}^* = k_{ij}^* = \dfrac{\theta_{ij}^{\frac{1}{(1-\phi)(\alpha+\beta)}} A_{ij}^{\frac{\phi}{1-(\alpha+\beta)\phi}}}{\theta_{io}^{\frac{1}{(1-\phi)(\alpha+\beta)}} A_{io}^{\frac{\phi}{1-(\alpha+\beta)\phi}} + \theta_{ic}^{\frac{1}{(1-\phi)(\alpha+\beta)}} A_{ic}^{\frac{\phi}{1-(\alpha+\beta)\phi}}} \\ A_i^* = \left(\sum_{j=1}^{U_i} A_{ij}^{\frac{\phi}{1-(\alpha+\beta)\phi}}\right)^{\frac{1-(\alpha+\beta)\phi}{\phi}} \end{cases} \tag{3-9}$$

同时，各省份的要素投入比例及总体生产率为：

$$\begin{cases} l_i^{**} = k_i^{**} = \dfrac{\theta_i^{\frac{1}{(1-\sigma)(\alpha+\beta)}} A_i^{*\,\eta}}{\sum\limits_{i=1}^{N} \theta_i^{\frac{1}{(1-\sigma)(\alpha+\beta)}} A_i^{*\,\eta}} \\ A^* = \dfrac{\left(\sum\limits_{i=1}^{N} \theta_i^{\frac{1}{1-\sigma}} A_i^{*\,\chi}\right)^{\frac{1}{\sigma}}}{\left[\sum\limits_{i=1}^{N} \theta_i^{\frac{1}{(1-\sigma)(\alpha+\beta)}} A_i^{*\,\eta}\right]^{\alpha+\beta}} \end{cases} \tag{3-10}$$

当仅是各省份之间资源配置有效时，可通过假设各省份要素价格楔子 τ_{L_i}、τ_{K_i} 相等得到，此时各省份的要素投入比例及总体生产率为：

$$\begin{cases} l_i^* = k_i^* = \dfrac{\theta_i^{\frac{1}{(1-\sigma)(\alpha+\beta)}} A_i^{\eta}}{\sum\limits_{i=1}^{N} \theta_i^{\frac{1}{(1-\sigma)(\alpha+\beta)}} A_i^{\eta}} \\ A_{ex}^* = \dfrac{\left(\sum\limits_{i=1}^{N} \theta_i^{\frac{1}{1-\sigma}} A_i^{\chi}\right)^{\frac{1}{\sigma}}}{\left[\sum\limits_{i=1}^{N} \theta_i^{\frac{1}{(1-\sigma)(\alpha+\beta)}} A_i^{\eta}\right]^{\alpha+\beta}} \end{cases} \tag{3-11}$$

（四）资源错配程度测算与参数设置

基于上文式（3-7）和式（3-9），可以得到每个省份内部的海陆经济资源错配程度，$m_i = A_i^*/A_i - 1$；接着基于上文式（3-8）和式（3-10），可以得到所有情形（各省份之间以及海陆经济之间）下的资源错配程度 $m = A^{**}/A - 1$；基于上文式（3-8）和式（3-11），可以得到各省份之间的资源错配程度 $m^p = A^*/A - 1$；基于上文式（3-10）和式（3-11），可以得到海陆之间的资源错配程度 $m^a = A^{**}/A^* - 1$。同时，假设资本不存在错配（即设资本价格楔子 $\tau_{K_{ij}}$ 取值为 1），重复上面的模型测算过程，即可得到仅劳动的错配程度。资本错配程度的测算与之相似。

对于要素价格楔子，可根据海陆经济产出的利润最大化问题得到，$\tau_{K_{ij}} \propto \dfrac{P_{ij}Y_{ij}}{K_{ij}}$，$\tau_{L_{ij}} \propto \dfrac{P_{ij}Y_{ij}}{K_{ij}}$，$j = o$，$p$。模型中 CES 函数参数 σ、ϕ 取值为 1/3。对于

CD 生产函数中资本或劳动的产出弹性 α 和 β，仍采用前文估计结果，其中 $\alpha=0.47$，$\beta=0.39$。

（五）数据来源说明

与前文研究一致，海洋经济部门的生产总值和涉海就业人数来自《中国海洋统计年鉴》。陆地部门的生产总值和就业人数来自利用《中国统计年鉴》所报告的整体数据扣除相关海洋部门数据后得到。对于资本存量数据，$K_{it}=K_{it-1}(1-\delta)+I_{it}/P_{it}$，其中 I_{it} 为省份 i 在年份 t 的实际固定资本形成总额，P 为固定资产投资价格指数，折旧率 δ 取值 9.6%。初期资本存量采用张军等[①]所报告的 2000 年相关数据，并与其所报告的 1952—2000 年数据相衔接。遗憾的是，海洋部门的固定资产投资情况并未在《中国海洋统计年鉴》中报告。为此，海洋部门资本存量主要用海洋部门生产总值占整体生产总值的比重与整体资本存量的乘积得到[②]。这种处理方式在核算海洋经济与陆地经济的资本存量时，假设海洋经济的资本产出比与陆地经济的资本产出比相同，这个假设与现实情况可能存在一定的差距，遗憾的是目前鲜有文献对海洋经济中的资本投入量进行严谨的估计，因而本报告也只能利用有限的数据对海洋经济资本投入量进行大致估计。对于海洋部门三次产业的数据仅可从《中国海洋统计年鉴》获得相关产值数据，而三次产业的就业人数和投资数据均无法获得。为此，参考得到海洋部门资本存量的方法，海洋部门三次产业生产总值占相应整体生产总值的比重与整体三次产业就业人数和资本存量的乘积得到。

第二节　陆海之间资源配置效率分析

首先，本章测算得到了我国沿海地区的整体生产率 A，以及省份之间资源配置有效时的整体生产率 A_{ex}^{*} 和资源配置完全有效时的整体生产率 A^{*}。资源配置有效时的生产率 A_{ex}^{*}、A^{*} 确实要高于实际生产率 A，即资源错配导致了生产率的损失。同时，我国沿海地区实际生产率 A 在逐年提高，年均增长率为 2.2%。这与前文基于各省份情况得到的生产率均值较为接近，同时这也与我

① 张军，吴桂英，张吉鹏．中国省际物质资本存量估算：1952—2000［J］．经济研究，2004（10）：35-44.

② 吴清峰，唐朱昌．投资信息缺失下资本存量 K 估计的两种新方法［J］．数量经济技术经济研究，2014，31（9）：150-160.

国经济发展现实较为一致，证明本章模型设置是合理的。接着利用三个不同状态下的生产率 A、A_{ex}^{*}、A^{*}，得到陆海之间的资源错配程度 m^{a}（$m^{a}=A^{*}/A_{ex}^{*}-1$），沿海省份之间的资源错配程度 m^{b}（$m^{b}=A_{ex}^{*}/A-1$），以及二者都错配的程度 m（$m=A^{*}/A-1$）。

（一）东海地区陆海之间资源配置效率分析

东海地区三省一市（江苏、浙江、福建、上海）的陆海资源错配程度如图 3-1 所示。2006—2019 年，错配程度大致保持稳步缓慢的提升，在 1.93%～2.44%。2017 年的错配程度在本章样本期内最为严重，达到一个最高的 TFP 损失点 2.44%，之后呈现出下滑趋势，错配问题得到轻微缓解。2006—2020 年，由于资源错配整体上导致国家 TFP 年均损失了 2.12%，而且就最近的 2020 年情况来看，其导致国家 TFP 损失了 1.56%，也就是说，如果实现地域之间的资源配置优化，那么我国沿海地区的整体 TFP 将增长 1.56%。这相对于 2006—2019 年年均仅 2.16%的 TFP 增长率而言，无疑是非常重要的。

图 3-1　海陆之间资源配置效率（东海）

（二）沿海地区整体陆海之间资源配置效率分析

相比之下，沿海地区整体海陆之间的资源错配程度如图 3-2 所示，呈现出一个更明显的波动。2006—2009 年，陆海之间资源错配程度有较为明显的缓解趋势，在达到损失较低点 1.86%之后逐步上升。2019 年的错配程度在样本期内最为严重，所导致的 TFP 损失程度达到了 2.67%。8 年间，其资源错配程度平均为 2.26%，比东海三省一市的资源错配程度高出 0.14%。到 2020 年，无论是东海地区还是整体沿海地区，资源错配程度均出现了显著下降。

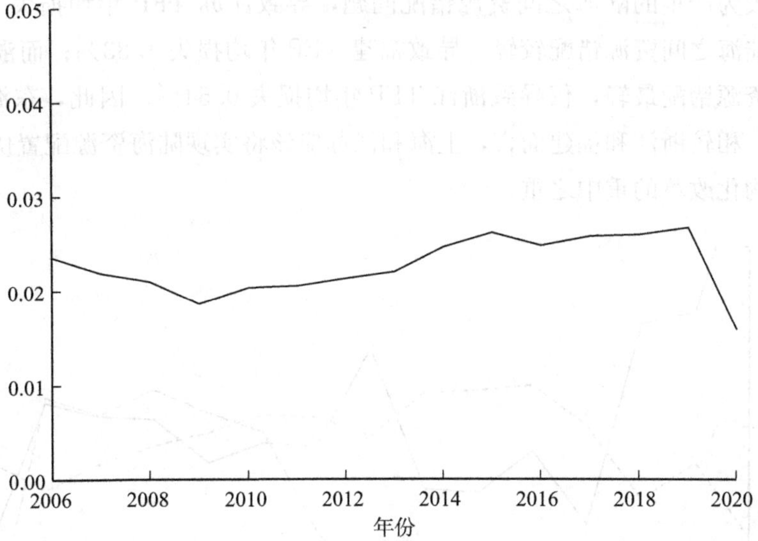

图 3-2 海陆之间资源配置效率（整体沿海）

进一步分析东海三省一市与沿海地区整体资源错配的差异，可以发现，东海三省一市的资源错配虽然有所波动，但相对稳定；而沿海地区整体资源错配则波动更大，显示出资源配置的不均衡问题更加突出。主要有以下原因：东海三省一市的经济发展水平相对较高，基础设施完善，产业结构较为成熟，产业结构更趋向于高端制造业和服务业，这些产业对资源配置的需求较为稳定。而沿海其他地区可能更多依赖传统制造业和农业，资源配置的波动性更大；东海三省一市在政策上可能获得更多的支持和关注，如创新驱动发展战略、新兴产业发展等，这些政策有助于优化资源配置。而沿海整体可能面临更多的区域间政策不平衡问题。因此，在关注东海三省一市资源配置优化的同时，还需要采取更广泛的措施来改善整个沿海地区的资源配置情况，未来的政策制定和实施也应更加关注资源配置的均衡性和优化，以提升全国的生产效率和经济增长。

（三）不同地区陆海之间资源配置效率分析

接下来进一步分析东海三省一市的陆海资源错配程度。如图 3－3 所示，东海三省一市陆海资源错配处在高度波动中，规律性较低。而从历年均值来看，上海最为严重，陆海之间资源错配导致上海 TFP 年均损失 3.14%；江苏也有着较为严重的陆海之间资源错配问题，导致江苏 TFP 年均损失 2.82%；福建的陆海之间资源错配较轻，导致福建 TFP 年均损失 1.83%；而浙江的陆海之间资源错配最轻，仅导致浙江 TFP 年均损失 0.54%。因此，东海地区 4 省份中，相较浙江和福建而言，上海和江苏应该将实现陆海资源配置优化作为未来结构化改革的重中之重。

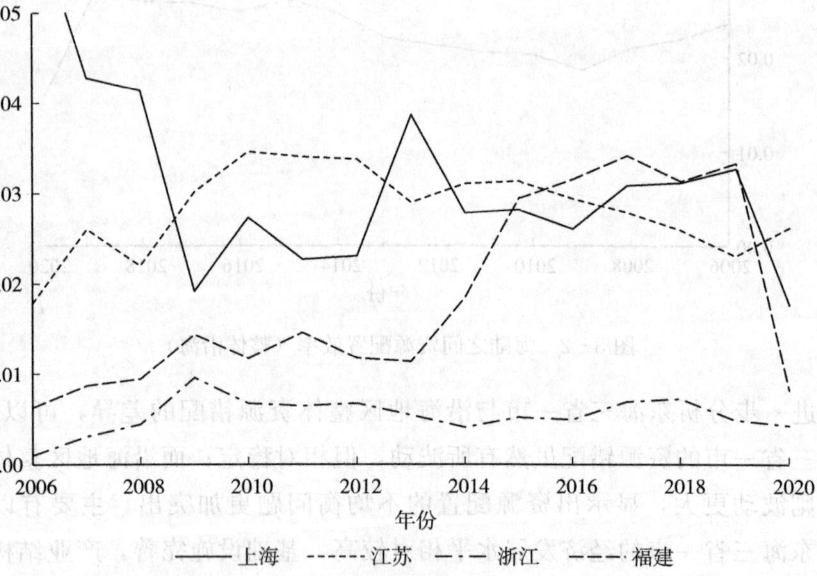

图 3－3　东海三省一市海陆之间资源错配程度

接下来为了展示东海三省一市与全国沿海其他省份之间的相对严重性比较，本章进一步测算了 2020 年沿海 11 省份各自的陆海之间资源错配程度，结果如图 3－4 所示。可以看到，河北和山东的陆海资源错配程度最高，分别导致河北和山东 TFP 损失了 3.43%和 2.89%；同时，上海、江苏的陆海资源错配也较为严重，导致 TFP 损失在 2%～2.5%；福建、广东、广西、海南的陆海之间资源错配处于中等水平，导致 TFP 的损失在 0.5%～2%；而天津、辽宁、浙江的陆海资源错配较轻微，仅导致 TFP 损失不到 0.5%。因此，在未来协调海陆资源错配时，可根据错配程度对相应省份进行针对性调节，如重点加大对河北、山东、上海、江苏的调节力度，积极调节福建、广东、广西、海南错配情况，鼓励引导辽宁、浙江错配程度继续下降，以最终实现海陆资源配置均衡。

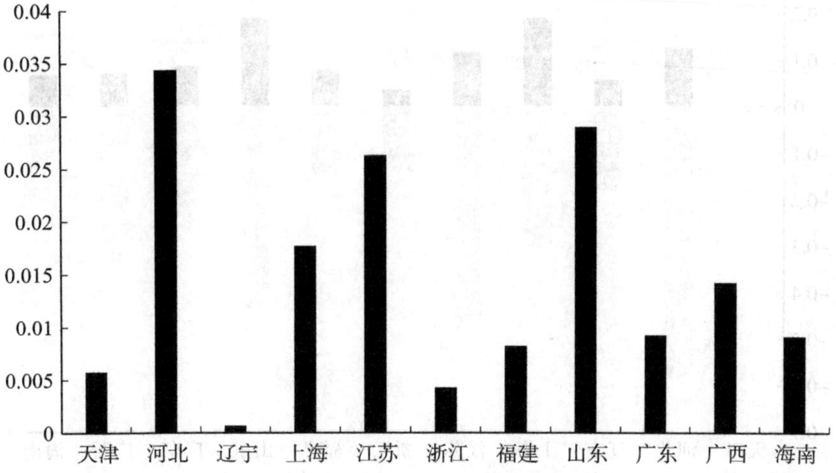

图 3-4　2020 年沿海 11 省份海陆之间错配程度

然而图 3-4 仅展示了各省份陆海之间资源错配所致全局损失情况，仍然无法依此判断是海洋资源的投入过度还是陆地资源的投入过度，而这一问题的答案对于解答我国未来资源投入是否应该由陆地向海洋转移具有一定启示作用。为解答这一问题，本章依据上文模型构建了资源投入程度指标，其值为正代表投入过度，且值越大过度程度越大；其值为负代表投入不足，值越大缺口程度越大，结果如图 3-5 所示。可以看到，东海三省一市中，相较陆地投入而言，海洋资源投入都处于不足状态，从而验证了本章的关注点，目前我国海洋资源投入持续短缺，未来资源投入的重心应该从陆地向海洋转移。并且可以看到，江苏的海洋资源投入相对于其有效状态而言有将近 50%的缺口，也就是说，江苏的海洋资源投入应该在目前投入规模的基础上再增加一倍，可见缺口规模之大。对于上海，其海洋资源投入相对于其有效状态有着近 40%的缺口，而对于浙江和福建，其缺口较小，约为 10%。同时，本章也列示了沿海 11 个省份的海洋资源投入偏离度情况。可以看到，在沿海的 11 个省份中，海洋资源投入相较陆地也都处于不足的状态。基于资源配置效率的含义，在不增加资源投入总规模的情况下，仅是实现资源在不同部门之间的转移即可带来总产值的增加，这对于未来拉动我国整体经济增长来讲，是事半功倍、至关重要的。河北和山东的海洋资源投入也极为不足，仅投入了其有效状态的一半以下；而广西也将近有40%的投入缺口；天津、辽宁、广东、海南的投入缺口相对较小。

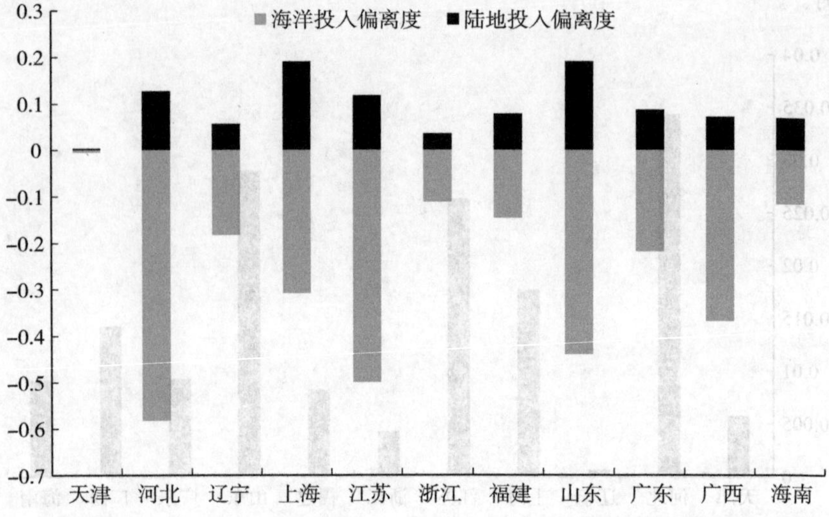

图 3-5　2020 年沿海 11 省份海陆之间劳动投入偏离程度

第三节　地区之间资源配置效率分析

（一）整体表现

为了更深入地研究地区之间的资源配置效率，在分析沿海省份之间总体资源错配的基础上进一步将其细分为省份之间的劳动错配与资本错配。其中劳动错配指的是劳动力与工作需求之间的不匹配，主要影响劳动生产率、就业率、工资水平等中短期经济增长因素；资本错配则是指资金、设备、技术等资源与实际需求之间的不匹配，主要影响投资效率、资本产出比、经济增长潜力等长期经济增长和产业结构调整因素。

图 3-6 为 2006—2020 年东海三省一市地区之间整体资源错配程度折线图。由该图可知，东海沿海省份之间总体资源错配程度在 2006—2013 年间总体呈现波动下降的趋势，尤其是在 2010 年后下降明显，并在 2013 年达到了区间最低值 1.01%。这表明在该时期内东海四省份内部不同地区之间的资源配置变得更加高效和均衡；而在此后的 7 年，该值又表现出了平缓的先上升后下降趋势，并在 2017 年达到了 1.56%。截至 2020 年，东海四省份

总体资源错配水平为 1.16%，这说明东海四个省份之间的资源错配导致 TFP 下降了 1.16%。

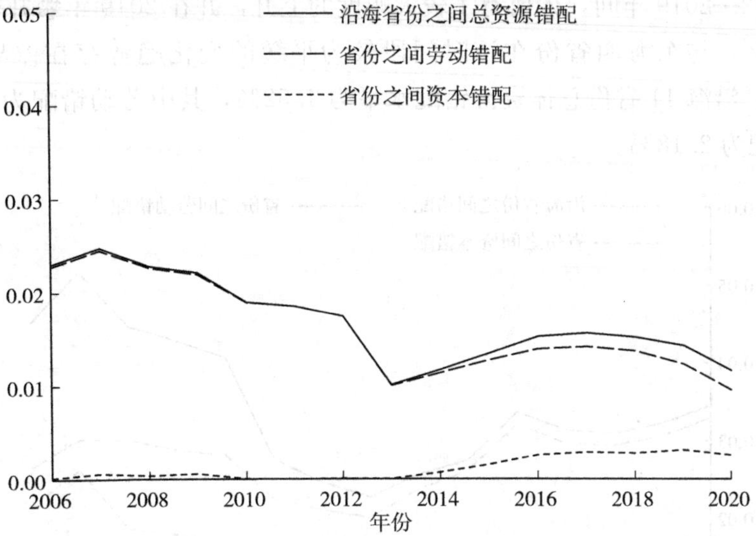

图 3-6　地区之间整体资源错配程度（东海）

通过分别分析劳动错配与资本错配趋势可以看出，2006—2013 年劳动错配程度与总资源错配程度均呈下降趋势，且变化幅度和方向高度一致，其在 2013 年的最低值 1%与总体资源错配水平基本相同，说明该时期东海四省份生产要素配置中，劳动错配是总资源错配的最主要因素；而在 2013 年后，二者存在一定分化，劳动错配程度虽也呈现先上升后下降的趋势，但其与总资源错配水平的差值较 2013 年前有所增加；2020 年该值为 0.95%，与总体资源错配水平 1.16%存在一定差异，说明劳动错配水平对总资源错配水平的影响较之前有所降低。

与此同时，资本错配程度在该期间始终保持较低水平，在整个时间段内波动较小，2016—2014 年，资本错配保持相对稳定，几乎处在 0.029%的均值水平上；而 2014 年之后，资本错配水平有了一定程度的上升，到 2020 年达到了 0.26%的水平，说明东海四省份资本错配对总体资源错配的影响可能较小，资本配置的变化较为缓慢，对整体资源配置的波动影响不大。

图 3-7 为 2006—2020 年沿海 11 个省份地区之间整体资源错配程度的折线图。在总资源错配程度方面，虽 2010 年存在一次较小幅度的上升，但其整体在 2006—2013 年间呈下降趋势，并在 2013 年达到区间最低值 2.27%，表

明在此期间沿海省份产业结构得到优化，资源从低效部门或企业流向更高效、更具增长潜力的部门或企业，TFP 得以提升，经济增长更加健康和可持续；而在 2013—2019 年间，该值有了较大幅度的上升，并在 2019 年攀升至期间峰值 5.19%，与东海四省份在该时间段较为平缓的变化趋势存在差异。截至 2020 年，沿海 11 省份总体资源错配水平为 4.52%，其中劳动错配为 2.65%、资本错配为 2.18%。

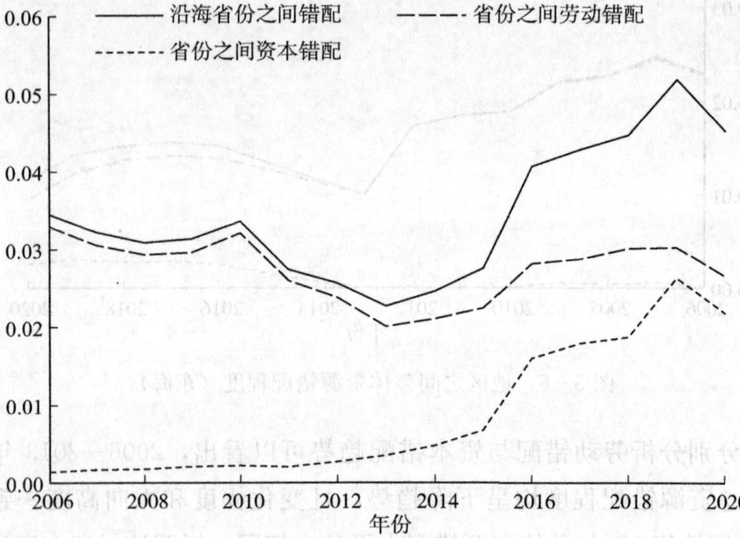

图 3-7　地区之间整体资源错配程度（整体沿海）

在劳动错配水平方面，观察到的变化趋势在 2013 年之前与总体资源错配水平的趋势较为吻合：从 2006 年开始，总体呈下降趋势，并于 2013 年达到了期间的最小值；从 2013 年开始，劳动错配水平的上升速度相较总体资源错配水平更为缓慢，从 2013 年的 2%上升至 2020 年的 2.65%。总体而言，沿海 11 省份的劳动错配水平在这 15 年的时间段内略有下降。与此同时，沿海 11 省份资本错配水平在 2013 年之前一直保持在较低水平，均值约为 0.22%；然而从 2013 年开始，资本错配水平的变化趋势与总体资源错配水平相似，在 2014—2019 年间出现了急剧上升的情况，尤其是 2016 年，最终在 2019 年达到峰值的 2.63%。

总的来说，沿海 11 省份资源错配问题在过去的几年中经历了波动。尽管在某些时期取得了优化和改善，但在另一些时期又出现了反向的趋势，这表明需要进一步关注资源配置的合理性，以确保经济发展能够持续健康地推进。

(二) 区域比较分析

基于前文分析，海洋经济待投入的资源空间较大，但同样不能盲目，需要结合各省份自身的经济状况，对生产要素进行合理配置，本章进一步测算了2006—2020年东海三省一市之间海洋经济资源的错配程度，如图3-8所示。可以看到，即使仅考虑海洋经济，东海三省一市之间同样存在严重的资源错配。就发展趋势来看，2006—2020年存在一个明显的下降趋势，直到2009年稍有回升，随后维持在较低水平上逐渐下降。劳动错配类似于总体资源错配，在2008年之前下降较快，之后尽管有波动，但总体呈现出下降趋势。资本错配在整个时间段内保持在较低水平，并且相对稳定。这表明，在此期间资源的配置效率有所提升，错配程度明显缓解。就总体程度来看，海洋经济资源配置扭曲导致TFP年均损失了4.37%，其中劳动错配为4.15%，而资本错配仅为0.15%，海洋经济的劳动错配程度比资本错配更为严重。就最近的2020年情况来看，东海三省一市之间的海洋资源错配导致TFP损失了3.01%，其中劳动错配为2.60%、资本错配为0.23%，劳动错配程度也要比资本错配更为严重。

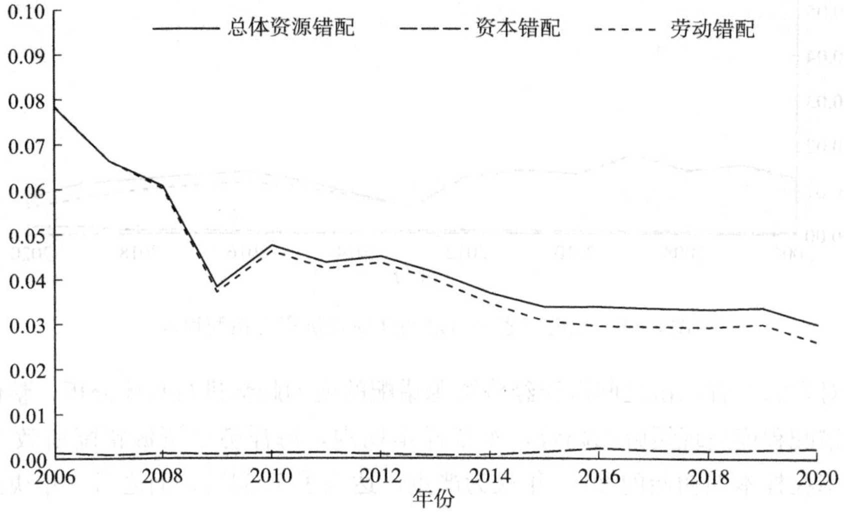

图3-8　东海三省一市之间海洋经济资源错配程度

同时，为进一步验证海洋经济资源错配的严重性，本章将其与同期陆地经济资源错配程度进行对比，可以发现，在总资源错配和劳动错配中，海洋经济错配程度远远严重于陆地经济，其中东海三省一市之间陆地经济资源错配程度如图 3-9 所示。总体来看，这三种资源的错配程度在 2006—2020 年间都没有出现大幅的变化，基本保持在一个较为稳定的水平上。以 2020 年为例，相较东海海洋总资源错配所致的 3.01% TFP 损失而言，陆地总资源错配仅导致了 0.81%的 TFP 损失，而且地区之间海洋劳动错配程度为 2.60%，而陆地劳动错配程度为 0.61%。就资本错配而言，两者则相差较小。不过值得庆幸的是，尽管从绝对值上来看，东海海洋资源错配要比陆地经济资源错配严重，但是进一步就其趋势来看，海洋经济资源错配一直处在逐年缓解的趋势中，2020 年的错配程度仅为 2006 年的 38%；而陆地经济资源错配却一直处在波动中，总体上并无较大缓解，2020 年的错配程度与 2006 年错配程度基本一致。这表明尽管海洋经济资源错配严重，但其改进和优化速度较快，而陆地经济资源错配的问题则相对更加持久和难以改善。

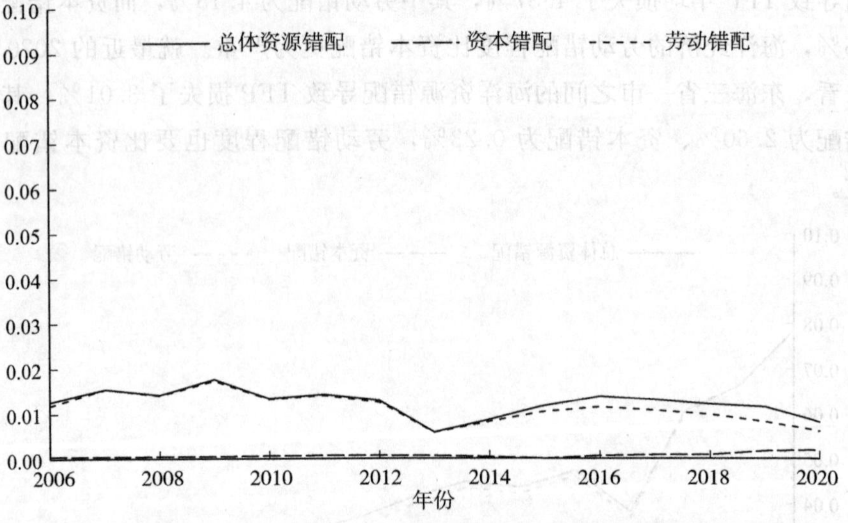

图 3-9 东海三省一市之间陆地经济资源错配程度

对东海三省一市之间海洋经济资源错配的变动趋势进行具体分析，整体上劳动错配程度呈现缓解的趋势，本章样本期内，海洋劳动资源错配所致 TFP 损失率在样本期初始的 2006 年最为严重，达到了 7.83%，而之后三年快速下降，截至 2009 年其导致 TFP 仅损失了 3.71%，年均下降速度达到了 26%。尽管 2010 年又快速反弹到 4.61%，但接下来的 10 年中，海洋劳动资源错配逐年缓解，截至 2020 年，东海三省一市之间的海洋劳动资源错配仅导致 TFP 损失了 2.60%。而陆地经济资源错配却一直处在波动中，将图 3-8 与图 3-

9 的变动趋势对比来看，海洋经济总体资源配置效率持续改善，而陆地经济总体资源配置效率相对稳定。劳动错配的变动趋势与总体资源错配趋势相似。但两者的资本错配均保持在极低水平，变化不大，表明资本资源在海洋和陆地经济中的错配程度都较低且相对稳定。从样本期最近的 2020 年来看，东海三省一市之间的海洋劳动错配要远严重于陆地劳动错配，这证明了东海地区进一步优化海洋经济资源配置的重要性、紧迫性。

本章重点分析海洋经济的合理性。同时，本章进一步对我国沿海 11 省份的海洋经济资源错配和陆地经济资源错配展开了分析，结果如图 3－10 和图 3－11 所示。图 3－10 中，沿海 11 省份之间的海洋经济资源错配导致 TFP 年均损失了 4.54%，其中劳动错配为 3.78%，而资本错配仅为 0.61%，海洋经济劳动错配程度比资本错配更为严重。图 3－11 中，沿海 11 省份之间的陆地经济资源错配导致 TFP 年均损失了 3.16%，其中劳动错配为 2.33%、资本错配为 0.62%，陆地经济劳动错配程度也要比资本错配更为严重。2020 年，相较海洋总资源错配所致的 5.65% TFP 损失而言，陆地总资源错配导致了 4.38%的 TFP 损失。这一结论与前文针对东海的分析是一致的。

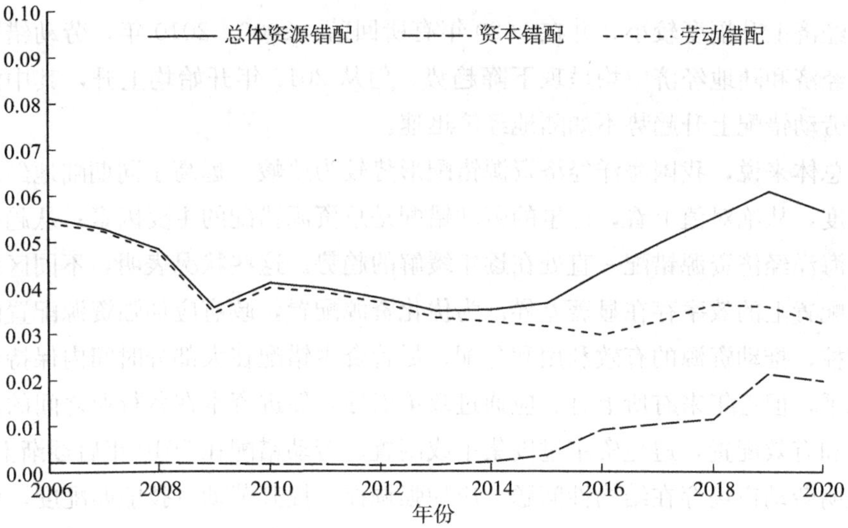

图 3－10 沿海 11 省份之间海洋经济资源错配程度

通过分析我国沿海 11 省份海洋经济资源错配和陆地经济资源错配的变动趋势，可以看出，海洋总体资源错配在 2006—2010 年显著下降，而陆地总体资源错配在这段时间内相对稳定。从 2016 年开始，两者的总体资源错配都呈

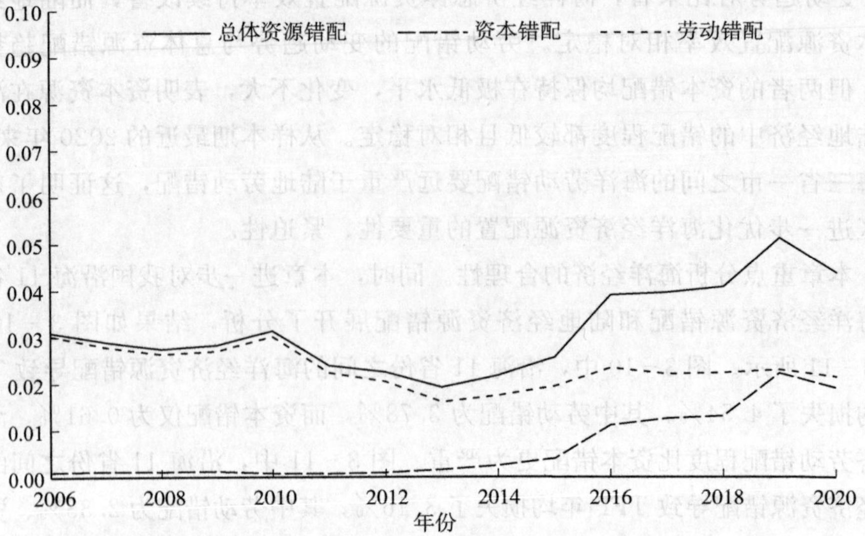

图 3-11　我国沿海 11 省份之间陆地经济资源错配程度

上升趋势，但海洋部门的上升幅度更大。在两张图中资本错配都在 2006—2010 年保持在极低水平，但从 2012 年开始，海洋经济资本错配逐渐上升，而陆地经济上升幅度较小，并在 2020 年有所回落。2006—2010 年，劳动错配在海洋经济和陆地经济中均呈现下降趋势，但从 2012 年开始均上升，其中海洋经济劳动错配上升趋势不如陆地经济迅速。

总体来说，我国海洋经济资源错配形势较为严峻，远高于同期陆地经济错配程度，从绝对值上看，严重的劳动错配是总资源错配的主要因素；从趋势上看，海洋经济资源错配一直处在逐年缓解的趋势。这些状况表明，不同区域在资源配置上的效率存在显著差异。为优化资源配置，政府应加强资源配置的政策调控，推动资源的有效利用和分配。尽管资本错配在大部分时间内保持在较低水平，但近年来有所上升。应通过政策引导，促进资本在各行业之间的合理流动和有效配置，避免资本过度集中或闲置。劳动错配在 2010 年后逐渐上升，这表明劳动市场存在结构性问题。应加强调控，提升劳动者技能匹配度，促进劳动力市场的健康发展。最后，不同区域资源错配趋势的差异提示政策制定者在制定经济政策时需考虑区域间差异，推动区域协调发展，减少区域之间的资源错配。

目前，很多研究将资源错配的关注点置于企业间、行业间或省际间，如前期针对我国制造业或服务业资源错配的分析，部分研究分区域、分行业测算了生产要素的扭曲程度，强调应优化地区与行业之间的资源流动①。部分研究将关注点置于我国省际间的资源错配，认为应建立统一的国内市场，发挥各省间的比较优势②。以上研究均大多针对陆地经济，而忽略了对海洋经济的分析，但事实上解决海洋经济的资源错配问题也非常重要与迫切。全国统一大市场要求打破地区分割与市场封锁，实现经济的有机统一性③。然而，基于上文的研究发现，海洋资源的区域市场分割问题相较陆地来说更为严重，在建设全国统一大市场时，我们不应仅仅只关注陆地经济，更应将重点放在海洋经济上。从本章测算结果看，建设海洋资源的统一大市场可能更为重要。

从前述研究结果不难看出，与陆地经济相比，我国海洋经济的资源投入明显不足，且这一错配对 TFP 带来了严重的损失。同时就海洋经济自身而言，也存在着严重的资源错配问题，其严峻程度也要远超过陆地经济。然而如前文所述，这一资源错配程度是整体性的，无法判断出不同省份的资源配置状况。每一省份都有资源分配过度或不足的问题，识别每个省份的配置状态，探讨哪些省份要素投入过多而哪些省份又相对不足，具有重要的现实意义。接下来，根据上文模型测算得出 2020 年我国沿海各省份的资源配置状况（图 3-12），以及 2006—2020 年各省份劳动与资本两要素的投入偏离度变化趋势（图 3-13 至图 3-18）。

从 2020 年我国沿海各省份劳动要素投入力度来看（图 3-12），辽宁、广西、海南的劳动投入相对过度，其中辽宁最为严重，相较有效状态的投入，劳动投入过多程度高达 165%，也就是说辽宁省的劳动投入是其有效状态的 2.65 倍；而上海、江苏、福建、山东的劳动投入相对不足，其中上海、江苏相对比较严重，相较有效状态而言，劳动投入有 57%左右的缺口，也就是说上海和江苏两地劳动投入相对其现有规模应再增加一倍以上。总体来说，在我国 11

---

① 陈永伟，胡伟民．价格扭曲、要素错配和效率损失：理论和应用［J］．经济学（季刊），2011，10（4）：1401-1422．

王文，牛泽东．资源错配对中国工业全要素生产率的多维影响研究［J］．数量经济技术经济研究，2019，36（3）：20-37．

韩剑，郑秋玲．政府干预如何导致地区资源错配：基于行业内和行业间错配的分解［J］．中国工业经济，2014（11）：69-81．

马颖，何清，李静．行业间人力资本错配及其对产出的影响［J］．中国工业经济，2018（11）：5-23．

② 孙元元，张建清．中国制造业省际间资源配置效率演化：二元边际的视角［J］．经济研究，2015，50（10）：89-103．

③ 陆铭，陈钊．分割市场的经济增长：为什么经济开放可能加剧地方保护？［J］．经济研究，2009，44（3）：42-52．

刘志彪．全国统一大市场［J］．经济研究，2022，57（5）：13-22．

个沿海省份中，天津、辽宁、广西、海南无论是劳动要素还是资本要素的投入均呈现过度状态，其中辽宁省的过度程度最为严重；而浙江的劳动要素投入虽同样过度，但资本要素投入却呈现不足；河北、山东两省则与之恰好相反，资本投入虽然过度，但劳动投入却相对不足；上海、江苏、福建、广东三省一市的资源投入均呈现不足状态。东海地区的上海、江苏、福建3省份都处于资源投入不足的状态，尽管浙江的劳动要素投入有所过度，但其程度相对较低。而地处渤海地区的天津、辽宁、河北、山东，以及地处南海地区的广西、海南，都处在资源投入相对过度的状态。因此如何协调各省份之间的生产要素配置，尤其是促进渤海和南海地区的资源投入向东海地区转移，使各地均能最大程度发挥自身优势与潜力，促进我国海洋经济进一步发展壮大，需要进一步深入探索。

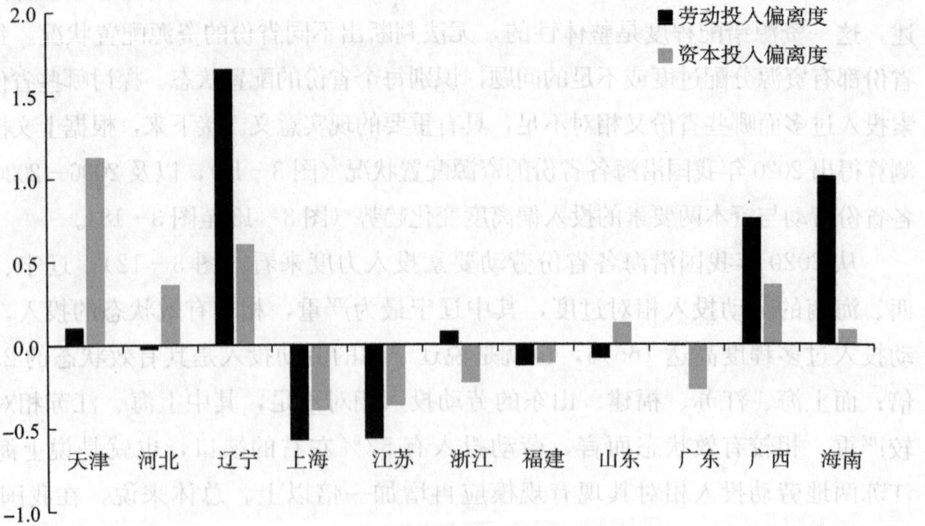

图3-12　2020年我国沿海11省份海洋经济投入偏离程度

分析近年来劳动投入偏离程度的变化趋势（图3-13至图3-15）可以看出，东海地区的劳动投入偏离度总体较低，南海地区的劳动投入偏离度较高。但多省份在一定程度上有效调节了本地的劳动要素投入，使其不断接近于最优配置状态，如东海地区的福建、浙江，渤海湾地区的天津、河北、山东，南海地区的广东。然而，辽宁、海南、广西等地连续多年劳动要素投入过度，尤其是辽宁、海南、广西三省份投入严重超过最优状态，甚至辽宁省的劳动投入程度在本已过度的情况下仍不断增加，劳动要素配置严重扭曲。与之相反，东海地区的上海、江苏等地劳动要素投入则严重不足，2020年两地缺口达到50%

以上；但上海在2006年却有75%的缺口，相对来说扭曲程度有所缓解；而江苏省的劳动缺口从2006年的20%逐年递增至2020年的50%，扭曲程度在未来或许仍会不断扩大。同时，上海与江苏在11个沿海省份的海洋经济生产总值中分别名列第三位与第六位，但这仅是这两个省份在其有效要素配置水平50%左右的情况下所取得的成果，在劳动力如此严重不足的情况下仍获得如此之高的生产力，说明增加其劳动投入对于其自身甚至整个国家的海洋经济发展具有较大的作用。值得注意的是，河北省的劳动要素扭曲程度得到了非常有效的缓解，2006年存在的55%缺口在2020年只有13%左右。相对来说，我国沿海各省份劳动扭曲程度差异较大，应进一步加大调整力度。

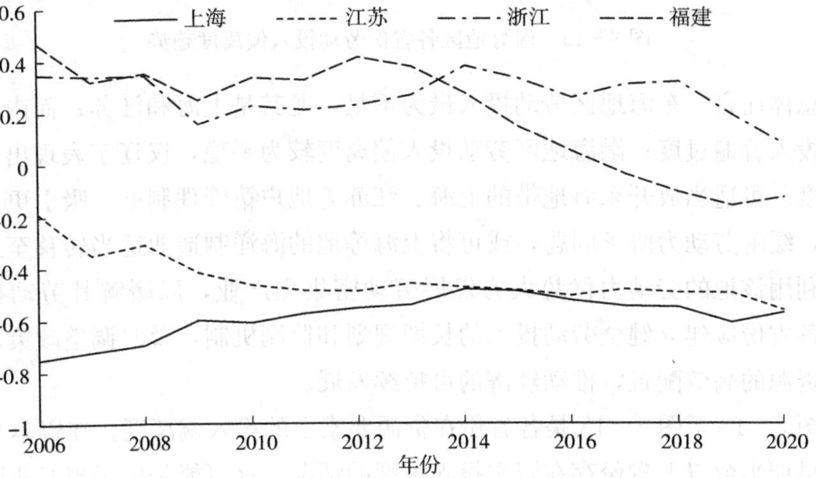

图3-13　东海地区各省份劳动投入偏离度趋势

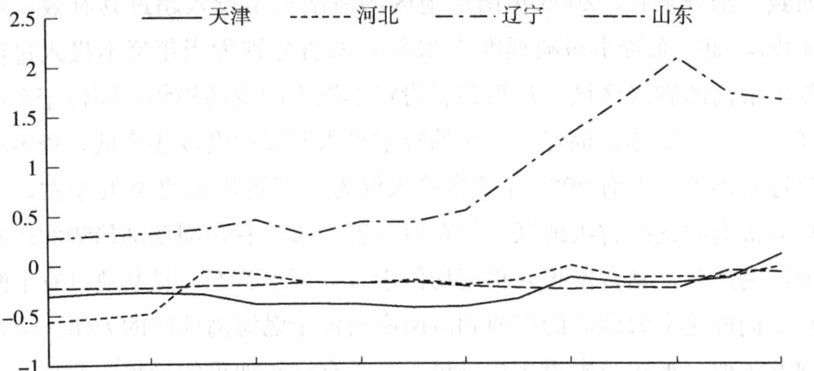

图3-14　渤海地区各省份劳动投入偏离度趋势

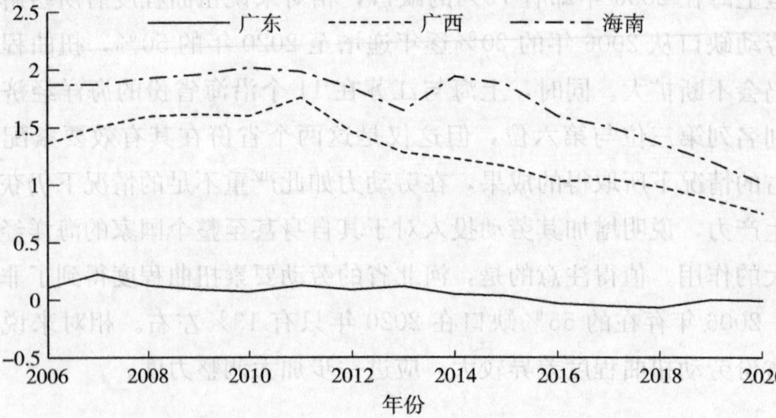

图 3-15 南海地区各省份劳动投入偏离度趋势

总体而言，东海地区劳动投入最为不足，尤其是上海和江苏；而南海地区劳动投入普遍过度；渤海地区劳动投入偏离度较为平稳，仅辽宁表现出了较高的程度。可适当放开东海地带的上海、江苏等地户籍管理制度，吸引更多人才入驻，缓解劳动力匮乏问题，或可将上海等地的海洋制造业适当转移至辽宁等地，利用该地的劳动力优势大力发展劳动密集型产业，以缓解其劳动扭曲程度。各省份应建立健全劳动投入的长期规划和监测机制，及时调整政策，确保劳动资源的高效配置，推动经济的可持续发展。

图 3-16 至图 3-18 是各省份在资源要素上的投入偏离度。在资本要素方面，早期半数以上省份存在资本投入过度的情况，这可能是由于当时我国海洋经济刚进入快速发展阶段，在相关政策的激励下，各地纷纷加大海洋经济投资力度所致。细分来看，2006 年南海地区的海南资本投入超过其有效资本投入量的 40%，而广东资本短缺程度为 23%，两省分别为当年资本投入过度（不足）程度最高的省级区域。观察各省份资本投入的变动趋势，同位于东海地区的浙江、上海、江苏、福建 4 省份的资本投入匹配程度逐年降低，资本投入不足态势逐年加重，上海 2020 年资本投入仅为其有效状态的 40%左右，为当年资本投入最为匮乏的省级地区。与东海三省一市具有相同变动趋势的还有位于南海地区的广东，其资本投入程度均低于有效配置状态，且其缺口有不断扩大的趋势。同样是南海地区的广西和海南则与位于渤海湾地区的天津、山东、辽宁、河北类似，近年资本投入均过量，且具有逐年加重的趋势，尤其是天津与辽宁，有一半以上的资本造成了浪费和闲置。值得注意的是，辽宁省的劳动要素投入同样也有两倍以上的扭曲，故可将辽宁省的过剩资本向东海经济圈倾

斜，加大这些资本缺乏地区的投资力度，缓解省际之间的资本错配程度。

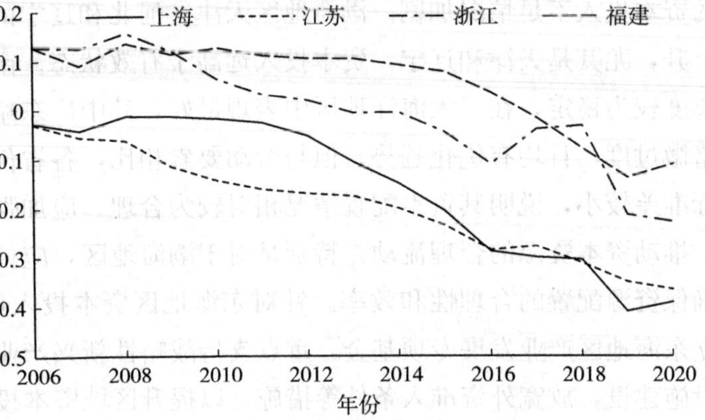

图 3－16　东海各省份资本投入偏离度趋势

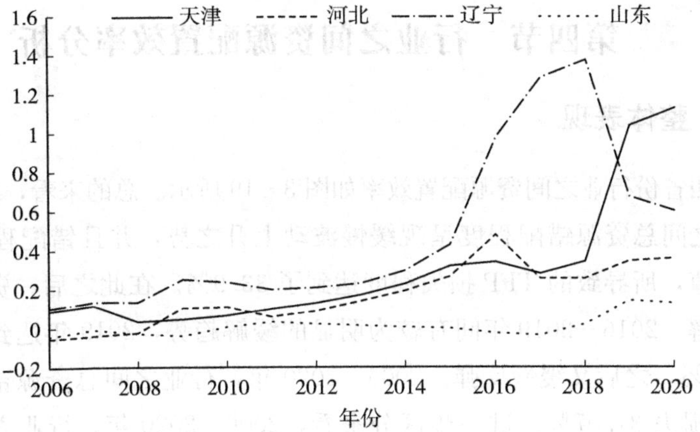

图 3－17　渤海各省份资本投入偏离度趋势

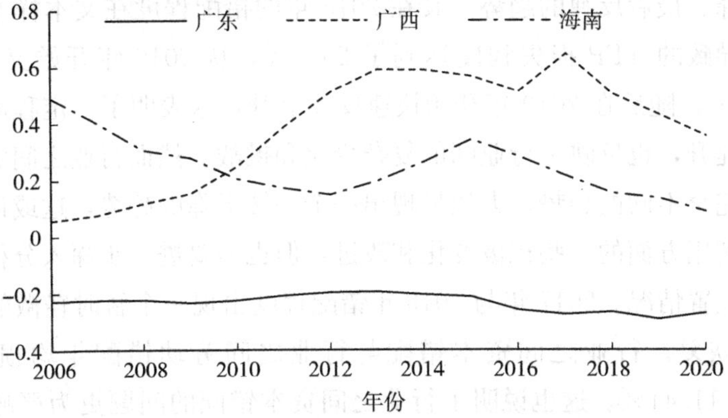

图 3－18　南海各省份资本投入偏离度趋势

总体而言，东海地区的资本投入偏离度总体呈下降趋势，上海、江苏、浙江和福建的资本投入不足情况加剧。渤海地区天津、河北和辽宁的资本投入偏离度显著上升，尤其是天津和辽宁，资本投入远高于有效状态。南海地区的资本投入偏离度较为稳定，在三大海洋地区中表现最好，其中广东略有不足，广西和海南略微过度，且均有优化趋势。但与劳动要素相比，各省份之间资本扭曲程度的标准差较小，说明其资本配置情况相对较为合理。应加强区域之间的协调发展，推动资本资源的合理流动，特别是对于渤海地区，应控制资本投入的增长，确保资源配置的合理性和效率。针对东海地区资本投入偏低的情况，应采取设立东海地区产业发展专项基金，重点支持战略性新兴产业、高技术产业和基础设施建设，放宽外资准入条件等措施，以提升区域资本投入的力度和效果。

第四节 行业之间资源配置效率分析

（一）整体表现

东海四省份行业之间资源配置效率如图 3-19 所示。总的来看，2006—2012 年，行业之间总资源错配程度呈现缓慢波动上升之势，并且错配程度在 2012 年达到峰值，所导致的 TFP 损失程度达到了 33.9%。在此之后，资源错配程度有所缓解。2016—2019 年间有较为明显的缓解趋势，2019 年达到了损失最低点 26.7%，之后又缓慢反弹。2006—2020 年，行业之间总资源错配导致的 TFP 年均损失 31.07%。进一步区分来看，2006—2020 年，行业之间资本错配与行业之间总资源错配程度有着相似的变化曲线，错配程度均呈现出先上升、后下降、最后反弹的趋势。其在 2015 年的错配程度在文本样本期内最为严重，所导致的 TFP 损失程度达到了 26.5%，从 2016 年开始又有所缓解，降至 21.2%，随后在 2019 年开始快速反弹上升，这表明了一定程度上资本配置效率的提升，也反映了行业间的复杂变化和挑战。然而行业之间的劳动错配却呈现出完全不同的趋势，大致呈现出一个平缓下降的趋势，这或许暗示着在劳动资源利用方面的一些积极变化和改进，但也需要进一步深入分析行业间劳动资源的配置情况。2017 年与 2019 年错配程度出现一个暂时轻微的上升，之后又迅速恢复。行业之间资本错配与行业之间劳动错配年均损失分别为 21.58%和 11.41%。这也说明了行业之间资本错配的问题更为严峻，因此应制定并实施针对资本错配问题的政策，引导资金流向高效率、高附加值的行业，减少资源浪费。

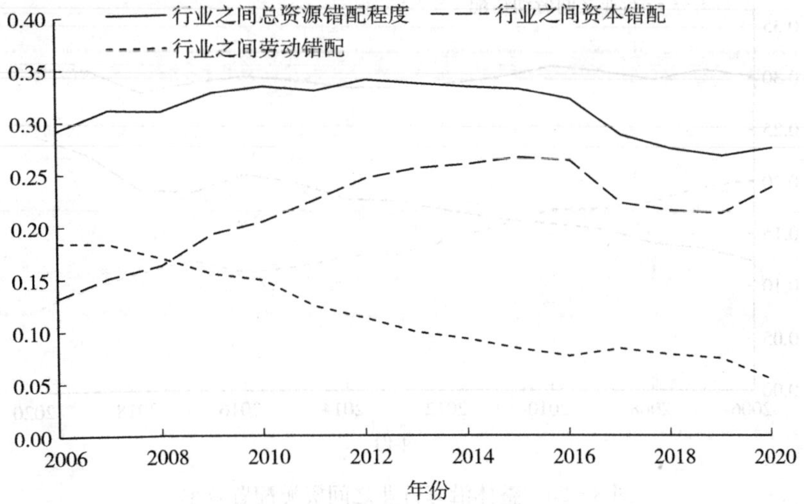

图 3-19　东海四省份行业之间资源配置效率

整体沿海行业之间资源配置效率如图 3-20 所示。总的来看，行业之间总资源错配程度呈现一个平缓的波动趋势。2006—2020 年，错配程度大致在 28.67%～30.79%来回波动。分开来看，行业之间资本错配在 2006—2016 年间呈现一个稳步上升的趋势，之后经历了轻微的恢复，从 20.75%到 19.04%，然后又大幅上升。在样本当中可以看出 2020 年达到一个峰值，行业之间资本错配导致的 TFP 损失值达到 24.58%。资本错配问题可能有以下原因：技术水平的差异导致了资本的不均衡配置、政府在不同行业中的政策支持力度不均可能导致资本的倾斜配置等。解决这一问题需要政府、企业和市场共同努力，通过加强政策引导、优化产业结构、提升市场竞争力以及加强信息披露等途径，促进资本的合理配置，推动经济的健康发展。然而行业之间劳动错配却呈现出一个完全相反的趋势，除了 2010 年、2014 年和 2017 年出现轻微的上升以外，整体呈现出一个稳定下滑的趋势。在样本中可以看出，2020 年达到 TFP 最低损失点 7.99%。图 3-19 与图 3-20 所呈现出的曲线变动趋势大致相似，均为行业之间总资源错配程度与行业之间资本错配趋势相似，并且行业之间资本错配和劳动错配趋势相反。行业之间劳动错配问题的减缓说明随着经济发展和产业结构的调整，一些行业可能出现了就业需求的变化，从而减轻了劳动错配问题。新兴产业的发展和传统产业的升级转型也为劳动力提供了更多的就业机会。

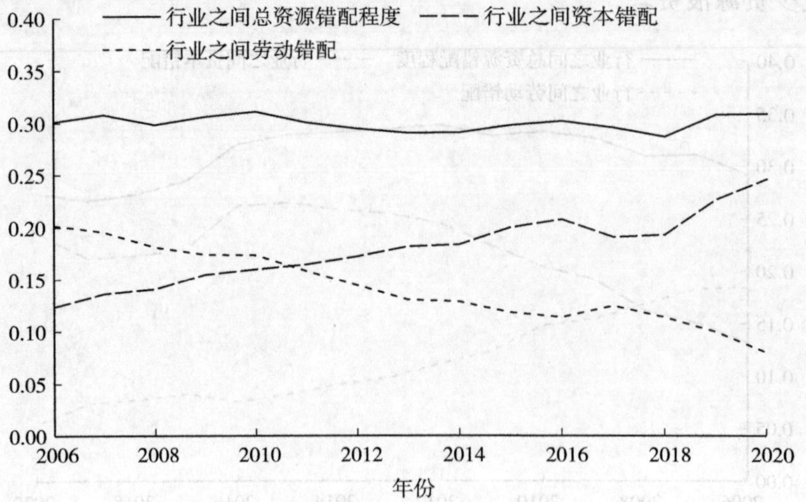

图 3－20　整体沿海行业之间资源配置效率

上海行业之间资源配置效率如图 3－21 所示。首先行业之间总资源错配程度呈现出较大幅度的波动，2009—2011 年以及 2019—2020 年间有较为明显的缓解趋势，2011 年达到了损失最低点 21.75%。2019 年的错配程度在本章样本期内最为严重，所导致的 TFP 损失程度达到了 44.56%，然后大幅度缓解，损失值降到 33.12%。行业之间的劳动错配趋势与总资源错配程度趋势相似，上升及下降时间节点均相同。在 2006—2019 年波动上升至损失最高值 36.21%，随后又大幅度缓解至 23.09%。2011 年的错配程度在样本期内最弱，TFP 损失 16.06%。行业间劳动错配导致 TFP 年均损失了 23.98%。然而上海行业之间资本错配呈现出一个非常平缓的上升趋势，2006—2020 年错配程度从 6.43%上升至 11.91%，导致 TPF 年均损失了 9.09%。由于上海是中国的金融中心，拥有高度发达的金融市场和丰富的金融资源。这使得资本可以更高效地流动和分配，不同产业之间的资本需求能够及时得到满足，从而减少资本错配的程度，因此错配问题相比另外两种资源有所减缓。上海行业之间的劳动错配与图 3－19 和图 3－20 表现出完全不同的情况，可能是由于上海作为中国经济发展的前沿城市，产业结构不断调整和升级，新兴产业和高科技行业迅速发展，而传统制造业和低附加值行业逐渐减少。这种快速变化导致部分劳动力无法及时适应新产业的需求，从而造成了行业间的劳动错配。

江苏行业之间的资源配置效率如图 3－22 所示。总体来看，江苏行业之间总资源错配程度呈现出波动上升的趋势，2006—2009 年缓慢上升至 45.86%，

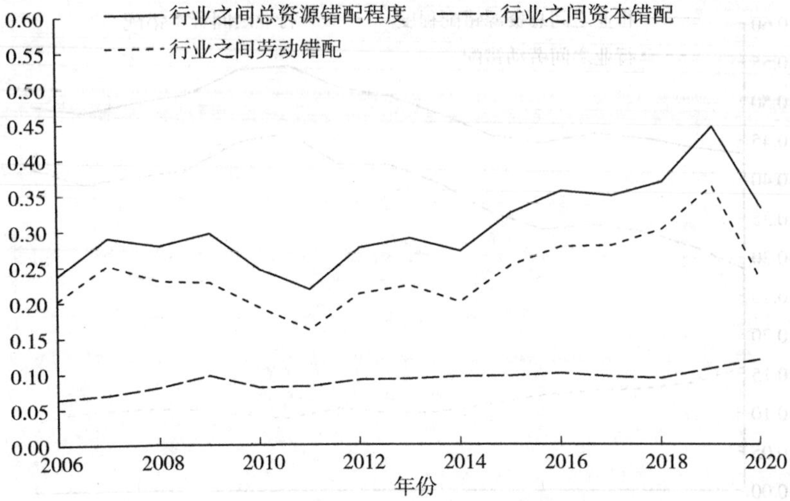

图 3-21　上海行业之间资源配置效率

之后一年又有一个轻微的缓解趋势。2010—2015 年间又开始快速反弹上升，2015 年的错配程度在样本期内最为严重，所导致的 TFP 损失程度达到了 54.61%，而从 2016 年开始又有所缓解。细分来看，行业之间的资本错配与总资源错配程度的趋势高度一致，并且在影响总资源错配程度的走势中起到了决定性的作用。2006—2020 年，江苏行业之间的资本错配导致 TFP 年均损失了 38.2%。其整体呈现出波动上升的趋势，并在 2015 年损失程度达到了峰值 45.95%。这表明资本错配是总资源错配的主要驱动力之一，对资源配置效率的影响非常显著。而行业之间劳动错配呈现出平缓下降的趋势，从 15.81%下降至 9.05%，并且只在 2014 年轻微向上波动大概 1%的幅度，年均错配程度为 11.27%，相对资本错配而言，对总资源错配的影响较小。然而，劳动错配的持续下降表明劳动力资源配置效率在不断改善，这对于提升整体经济效率具有积极意义。通过分析可以看出，尽管江苏在行业之间的劳动错配问题上有所缓解，但资本错配问题依然严重，对资源配置效率的提升构成了主要挑战。为进一步改善资源配置效率，需要针对资本错配问题采取更为有效的政策和措施，优化资本在各行业之间的配置，从而实现更高的生产率和经济效益。

浙江省行业之间资源配置效率如图 3-23 所示。2006—2020 年，浙江省行业之间总资源错配程度相对平缓上升，在 22.86%～26.77%浮动。2006—2009 年错配程度平缓上升至最高点 26.77%，之后逐渐缓解。2019 年又有一个明显的反弹至 25.62%。区分来看，行业之间的资本错配变化趋势相似，但

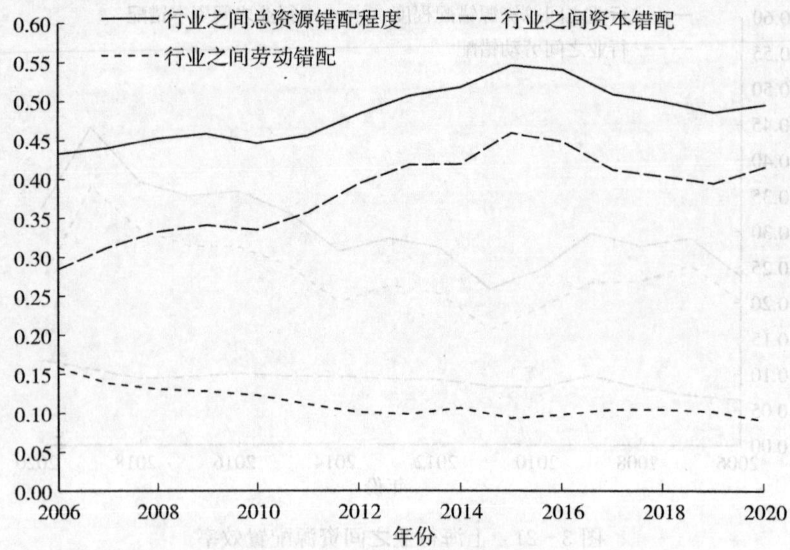

图 3-22　江苏行业之间资源配置效率

上升趋势更为明显。值得注意的是，在 2020 年资本错配达到峰值 24.9%，与总资源错配程度相差甚微。由此可知，2020 年总资源错配主要是由资本错配所引起的，资本在不同行业之间的配置问题对整体资源错配的影响尤为显著。而行业之间的劳动错配呈现出非常明显的下滑趋势，8 年间从 14.27%下降至 1.48%，年均 TFP 为 8.3%。这说明浙江省在劳动资源的配置效率上取得了显著的改善，劳动力逐渐匹配到更合适的行业和岗位中，减少了资源浪费，提升了整体经济效率，与其他省份对比，这一优势十分明显。其原因可能在于：首先，浙江省大力推动区域经济一体化和协同发展，通过加强省内各地区之间的合作，实现劳动力资源的优化配置。特别是通过推动长三角一体化发展，促进了劳动力在不同地区和行业之间的流动，提高了资源配置效率。其次，浙江省积极推动产业结构优化升级，传统制造业向高附加值、高技术含量的产业转型。新兴产业的发展吸引了大量劳动力，并提供了更多适合不同技能水平劳动者的就业机会，降低了劳动错配程度。

福建省行业之间资源配置效率如图 3-24 所示。2006—2020 年，行业之间的总资源错配程度整体呈现出先上升后下降的趋势。2006—2012 年总资源错配程度缓慢上升，2013 年最为严重，所导致的 TFP 损失程度达到了 27.23%。2013—2020 年，总资源错配程度逐步下降。资本错配程度从 2006—2020 年同样呈现出先上升后下降的趋势，其中 2013 年达到峰值约 21.9%。随

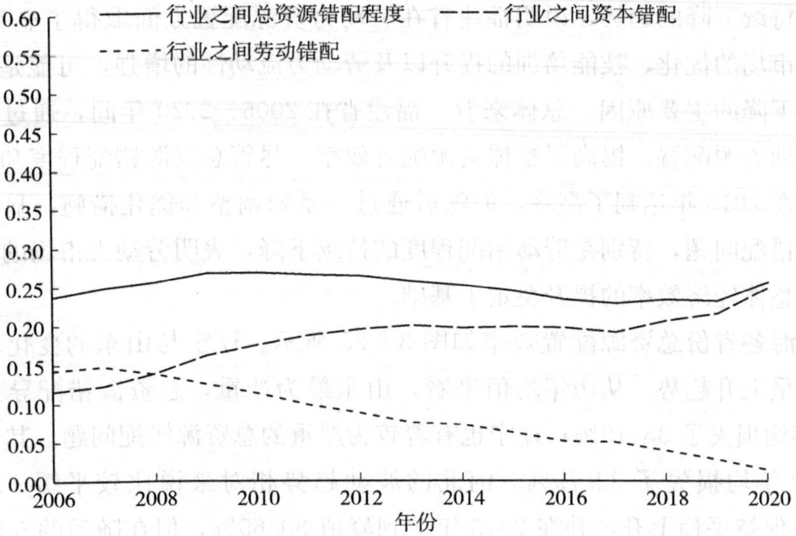

图 3-23　浙江省行业之间资源配置效率

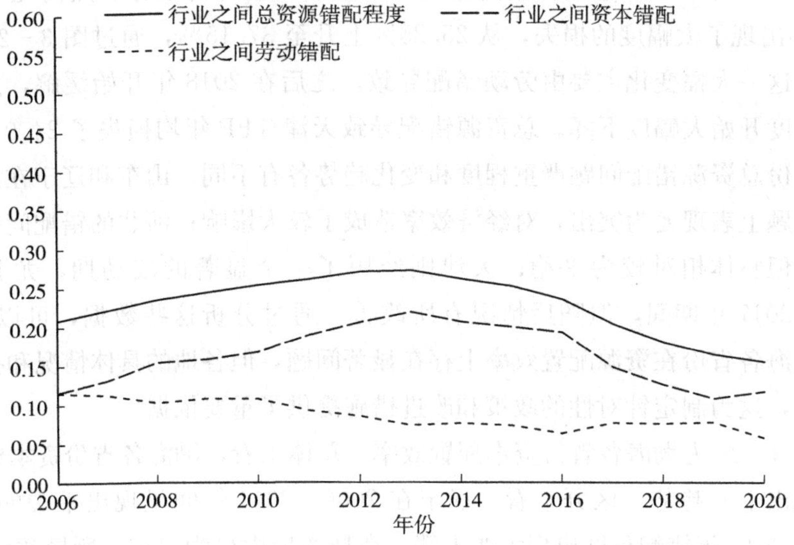

图 3-24　福建省行业之间资源配置效率

后，资本错配程度逐步下降，到 2019 年降至 10.78%左右，之后略有回升，但幅度不大。劳动错配程度呈现出一个缓慢波动下降的趋势，在 5.72%～11.53%波动。总资源错配程度的走势与资本错配程度的变化趋势较为一致，表明资本错配是影响总资源错配的主要因素之一。2013 年总资源错配程度达到峰值后，随着资本错配的缓解，总资源错配程度也逐步下降。劳动错配程度呈现出持续下降的趋势，说明福建省在劳动力资源配置方面取得了显著成效。劳动力市场的优化、技能培训的提升以及劳动力流动性的增强，可能是劳动错配程度下降的主要原因。总体来看，福建省在2006—2020年间，通过优化资本和劳动资源配置，提高了整体资源配置效率。尽管总资源错配程度和资本错配程度在2013年达到了高峰，但随后通过一系列调整和优化措施，显著改善了资源错配问题，特别是劳动错配程度的持续下降，表明劳动力市场的显著改善，为整体经济效率的提升奠定了基础。

渤海各省份总资源配置效率如图3-25所示。辽宁与山东的变化较为相似，都呈上升趋势。从历年均值来看，山东最为严重，总资源错配导致山东TFP年均损失了35.19%；辽宁也有着较为严重的总资源错配问题，其导致辽宁TFP年均损失了32.79%。河北的波动趋势相对来说比较平缓，2006—2013年保持平稳上升，并在2013年达到峰值30.65%，但在随后的5年中有所缓解，之后又反弹上升。总资源错配导致河北TFP年均损失了26.25%。2006—2016年，天津总资源错配呈现出平缓波动上升的趋势，然而在2016—2017年出现了大幅度的损失，从25.25%上升至37.15%，通过图3-27的分析可知这一大幅变化主要由劳动错配导致。之后在2018年开始缓解，总资源错配程度开始大幅度下降。总资源错配导致天津TFP年均损失了24.9%。渤海各省份总资源错配问题严重程度和变化趋势各有不同。山东和辽宁在总资源错配问题上表现尤为突出，对经济效率造成了较大影响；河北的错配问题虽有波动，但整体相对较为平稳；天津则经历了一个显著的波动期，尤其是在2016—2017年期间，但随后情况有所改善。通过分析这些数据，可以看出，尽管渤海各省份在资源配置效率上存在显著问题，但各地的具体情况和挑战有所不同，这为制定针对性的政策和改进措施提供了重要依据。

图3-26为渤海各省份资本配置效率。总体来看，渤海各省份资本错配程度呈现出上升趋势。区分来看，辽宁在2006—2014年间呈现出平缓的波动，之后到2016年错配程度出现大幅上涨，在样本期内最为严重，所导致的TFP损失程度达到了26.97%；2016—2017年开始有所缓解，之后又开始反弹上升，渤海各省份的资本错配问题导致辽宁TFP年均损失了20.47%。河北省在2006—2013年间资本错配程度平缓上升至21.17%，随后大幅度缓解；2017年资本错配程度降低至13.92%，随后又开始反弹上升；2020年的资本错配程度在样本期内最为严重，所导致的TFP损失程度达到了22.27%，TFP年均损失17.39%。这表明尽管在短期内有所改善，但资本配置的长期稳

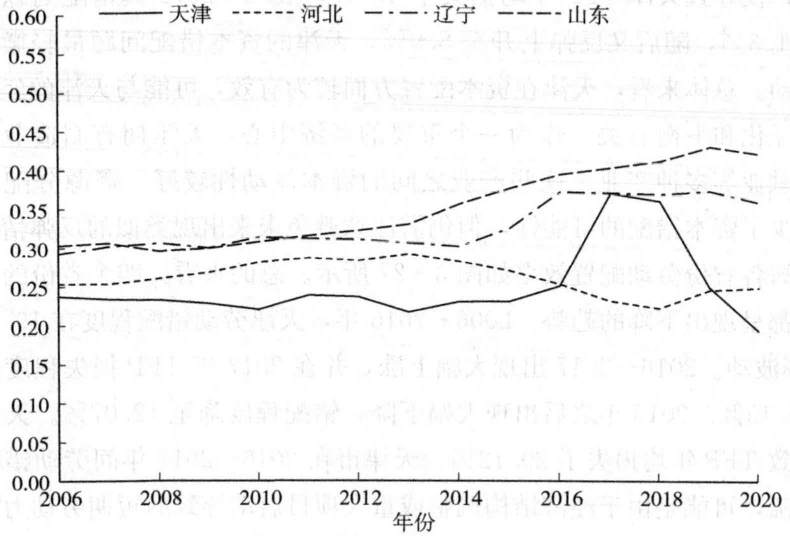

图 3-25 渤海各省份总资源配置效率

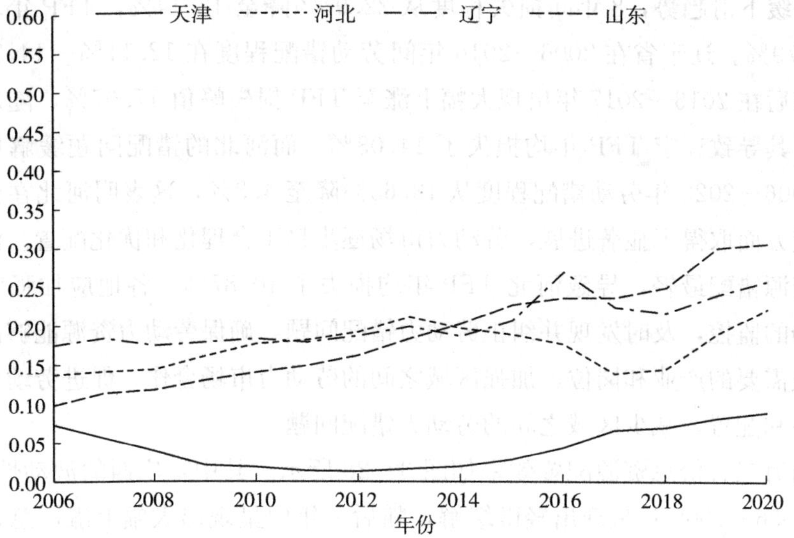

图 3-26 渤海各省份资本配置效率

定性不足，需要进一步优化。山东省资本错配程度呈现出平缓上升的趋势，并在 2017 年以后成为渤海各省份中最为严重的一个，2020 年错配程度达到了峰值 30.65%，显示出山东省在资本配置方面存在系统性的问题，可能与产业结构调整、投资方向等相关，需要引起高度重视。相比之下，天津的资本错配问题最轻，仅导致天津 TFP 年均损失了 4.4%，2006—2012 其错配问题先得到缓解至 1.3%，随后又反弹上升至 8.9%。天津的资本错配问题最轻微，但也存在波动。总体来看，天津在资本配置方面较为有效，可能与天津的经济结构相对多元化和平衡有关。作为一个重要的经济中心，天津拥有制造业、物流业、金融业等多种产业，这些产业之间的资本流动性较好、资源分配较为均衡，减少了资本错配的可能性，但仍需注意避免未来出现类似的反弹情况。

渤海各省份劳动配置效率如图 3-27 所示。总的来看，四个省份的劳动错配程度都呈现出下降的趋势。2006—2016 年，天津劳动错配程度在 19.04%～23.07%波动。2016—2017 出现大幅上涨，并在 2017 年 TFP 损失程度达到了峰值 25.13%。2018 年之后出现大幅下降，错配程度降至 12.07%。天津劳动错配导致 TFP 年均损失了 20.12%。天津市在 2016—2017 年间劳动错配程度大幅上涨，可能是由于经济结构调整或重大项目启动导致的短期劳动力市场失衡所致。然而自 2017 年起，劳动错配程度显著下降，这表明天津在调控劳动力市场、优化劳动资源配置方面取得了显著成效。山东省的波动更为平缓，整体呈平缓下滑趋势，8 年间损失程度从 22.94%降至 12.14%，TFP 年均损失了 17.79%。辽宁省在 2006—2016 年间劳动错配程度在 12.11%～14.74%波动，随后在 2016—2017 年出现大幅上涨至 TFP 损失峰值 17.07%，随后出现缓解。其导致辽宁 TFP 年均损失了 14.03%。而河北的错配问题缓解更加明显，2006—2020 年劳动错配程度从 13.65%降至 4.3%，这表明河北在劳动资源配置方面取得了显著进展，劳动力市场逐步趋于合理化和优化配置。河北的劳动资源错配最轻，导致河北 TFP 年均损失了 10.87%。各地应加强对劳动力市场的监控，及时发现并纠正劳动力错配问题，确保劳动力资源能够高效配置到最需要的产业和岗位，加强区域之间的劳动力市场合作，促进劳动力的合理流动和配置，减少区域之间的劳动力错配问题。

南海三省份总资源配置效率如图 3-28 所示。其中，广西的波动性最强。其在 2006—2009 年呈现出轻微缓解，随后一年中呈现出大幅上涨，总资源错配程度从 36.55%上涨至峰值 51.01%，这一急剧变化可能与经济结构调整、重大项目启动或外部经济环境变化有关，从后图的分析中可知，这一变化主要受劳动错配的影响。2010—2018 年广西总资源错配问题又得到了大幅缓解，降至 29.03%，表明广西在优化资源配置方面采取了有效措施。而从历年均值来看，广西也最为严重，南海各省份总资源错配导致广西 TFP 年均损失了 38.27%。而海南变动趋势则是波动上升的，2006—2020 年间在 22.83%～

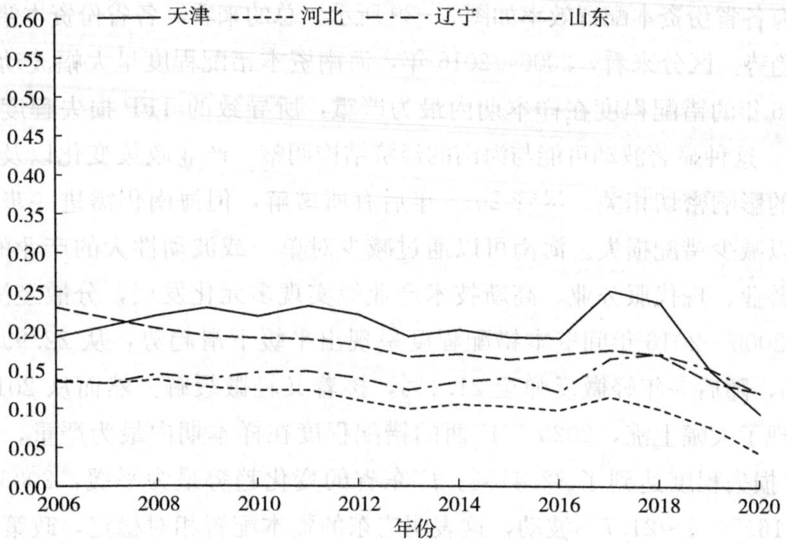

图 3-27　渤海各省份劳动配置效率

37.96%来回波动，年均 TFP 损失了 32.17%。尽管总资源错配程度在不同年份有所起伏，但总体趋势是上升的。而广东则呈现出与海南完全不同的趋势，整体呈现出下滑的趋势，错配程度从 2006 年的 42.28%下降至 2020 年的 27.55%，导致广东 TFP 年均损失了 31.64%。虽然相比广西和海南，广东的损失相对较小，但仍需进一步努力以达到最佳资源配置效率。

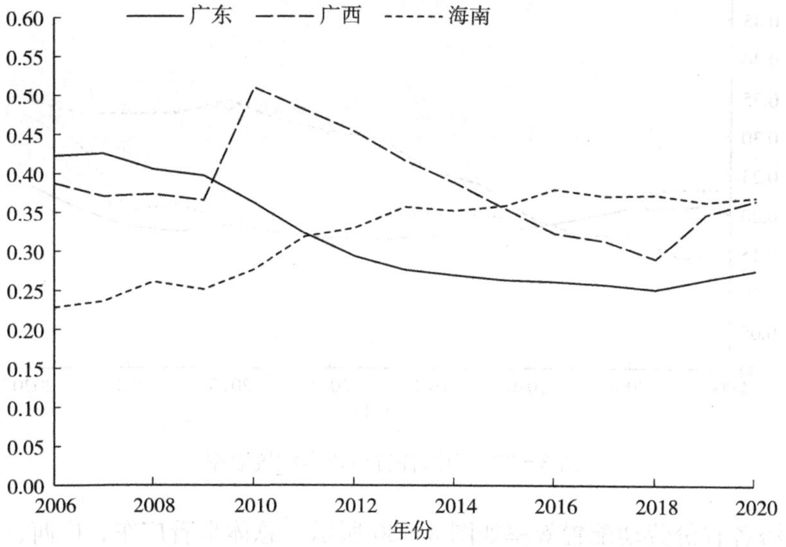

图 3-28　南海各省份总资源配置效率

南海各省份资本配置效率如图 3－29 所示。总的来看，各省份资本错配程度呈上升趋势。区分来看，2006—2016 年，海南资本错配程度呈大幅波动上涨趋势，2016 年的错配程度在样本期内最为严重，所导致的 TFP 损失程度达到了 34.45%，这种显著波动可能与海南的经济结构调整、产业政策变化以及外部经济环境的影响密切相关。尽管 2016 年后有所缓解，但海南仍需进一步优化资本配置以减少错配损失。海南可以通过减少对单一或波动性大的产业的依赖，推动旅游业、现代服务业、高新技术产业等实现多元化发展，分散经济风险。广西在 2006—2016 年间资本错配程度呈现出平缓下滑趋势，从 22.99%降至 18.78%，随后一年轻微反弹至 21.1%，接着又轻微缓解。然而从 2018 年开始又出现了大幅上涨，2020 年广西的错配程度在样本期内最为严重，所导致的 TFP 损失程度达到了 32.41%。广东省的变化趋势最为平缓，2006—2018 年间在 16.56%～21.7%波动，这表明广东的资本配置相对稳定，政策实施较为有效。之后在 2020 年上涨至样本期的峰值 23.55%，这也提示广东需要警惕潜在的资本配置问题，继续优化资源配置以保持经济效率，并且广东的资本错配相较于广西和海南来说较轻，导致广东 TFP 年均损失了 18.88%。广东应继续推动资本市场的发展，保持资本配置的平稳高效，避免大幅波动。

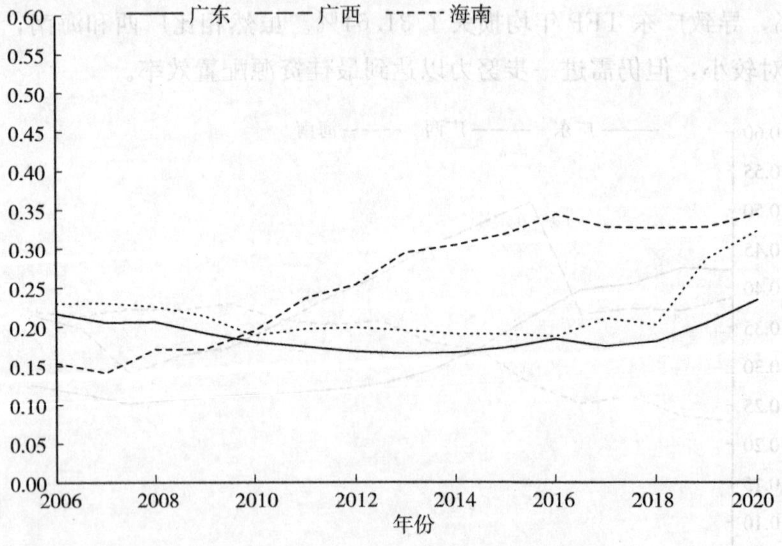

图 3－29　南海各省份资本配置效率

南海各省份劳动配置效率如图 3－30 所示。总体来看广东、广西、海南三省份劳动错配程度都呈现出下降趋势。广西的波动幅度最大，也在南海各省份总资源错配走势中起到了显著的作用。2006—2009 年，劳动错配程度轻微波动，之后在 2009—2010 年，劳动错配程度开始大幅上涨，从 16.86%上涨至峰值 32.36%。2010 年之后劳动错配程度大幅度持续下降，到 2020 年降至 5.63%。南海各省份劳动错配导致广西 TFP 年均损失了 17.85%。广东省与海南省波动趋势相似，总体上都呈下降趋势。但是广东省的下滑幅度更大，从 2006 年的 21.87%下降至 2020 年的 5.8%；而海南省则是从 2006 年的 8.59%下降至 2020 年的 3.4%。从历年均值来看，广东在南海三省份之中劳动错配较轻，导致广东 TFP 年均损失了 14.62%；而海南在南海三省份之中劳动错配最轻，仅导致海南 TFP 年均损失了 6.79%。尽管有一定的劳动错配问题，广东的 TFP 年均损失相对较低，表明其经济体系在劳动资源配置方面相对高效。海南应继续保持和提升在劳动资源配置方面的优势，进一步优化经济结构，提升整体生产效率。南海三省份劳动错配问题的改善表明，合理的政策措施、经济结构调整、劳动力市场改革、政府与企业的协同合作以及经济发展水平的提高，都是解决劳动错配问题的有效途径。通过这些措施，不仅可提升劳动资源的配置效率，也可为经济的持续健康发展奠定坚实的基础。

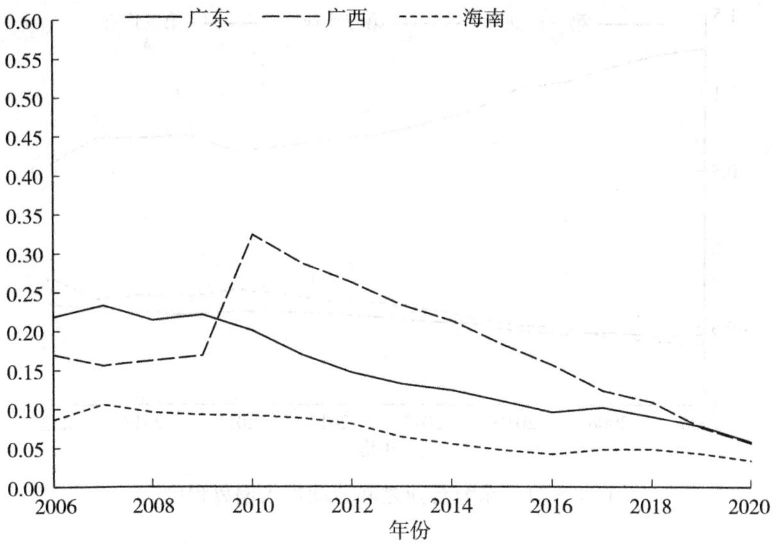

图 3-30　南海各省份劳动配置效率

（二）资源投入偏离程度分析

2006—2020 年间东海地区第一、第二、第三产业劳动投入偏离程度折线图见图 3-31，通过此图可以看出，第一产业劳动投入偏离程度在此期间显著下降，从 2006 年的 1.28 降至 2020 年的 0.54，说明第一产业的劳动实际资源投入与最优资源投入水平的比值由 2006 年的 2.28 倍开始缩减，至 2016 年第一产业劳动投入偏离程度为 0.62，此后该数值在 2017 年略有上升，达到 0.72，但随后再次下降，到 2020 年降至 0.54。这一状况表明，在 2016—2020 年这 5 年间，虽然第一产业劳动投入偏离程度有所波动，但总体趋势是下降的，显示出劳动资源配置效率的逐步提高以及劳动过度投入状况的逐步缓解。第二产业劳动投入偏离程度总体上呈轻微上升趋势，从 2006 年的−0.61 上升至 2020 年的 −0.19，说明第二产业的劳动实际资源投入正不断趋近于最优资源投入水平，表明劳动投入不足的问题正在逐步改善。第三产业劳动投入偏离程度在此期间变化不大，略有上升，从 2006 年的−0.55 上升至 2020 年的−0.36，表明其劳动资源配置状况总体较为稳定，但仍存在轻微的劳动投入不足现象。总体来看，东海地区各产业的劳动资源配置在此期间发生了显著变化，第一产业劳动投入显著减少，趋于最优配置，第二产业和第三产业劳动投入不足状况有所改善，但仍需进一步优化。

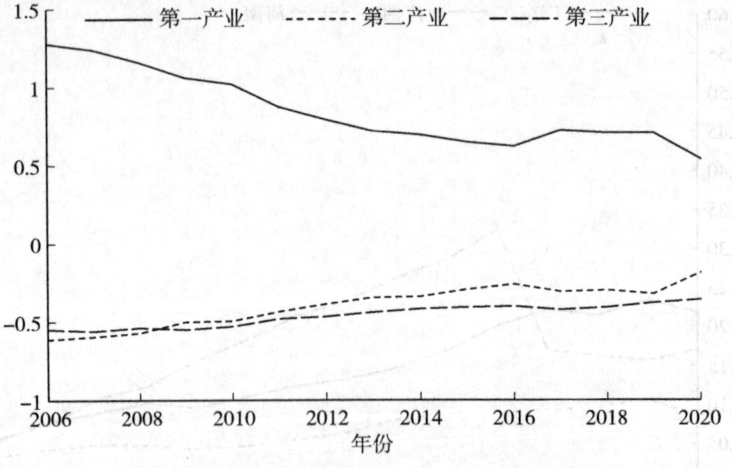

图 3-31　东海行业之间劳动投入偏离程度

2006—2020 年东海地区第一、第二、第三产业资本投入偏离程度的变动见图 3-32。通过此图可知，第一产业资本投入偏离程度在整个时间段内总体呈现平稳趋势，从 2006 年的−0.78 略微下降至 2020 年的−0.82，表明第一产业资本投入持续低于最优配置量，资本不足投入的情况一直存在，并未有显著改善或恶化。第二产业资本投入偏离程度总体呈上升趋势，从 2006 年的

0.51 逐渐上升至 2020 年的 1.51，其间虽有波动，但总体趋于增加，表明第二产业的资本投入持续高于最优配置量，资本过度投入的现象越来越严重。第三产业资本投入偏离程度在 2006—2020 年间呈现下降趋势，从 2006 年的 0.2 下降至 2020 年的－0.37。值得注意的是，第三产业资本投入偏离程度在 2009 年下降到零，随后变为负数，说明第三产业的资本实际投入量在 2009 年左右达到了最优资本投入水平，但在其后陷入了资源投入不足的问题。总体而言，东海四省份第一产业资本投入不足问题一直存在，同时第二产业资本过度投入现象愈发明显，第三产业资本投入从过度逐渐转变为不足。这些变化反映了区域经济结构调整和资本资源配置效率的动态变化，显示出在资本配置方面仍存在优化空间。

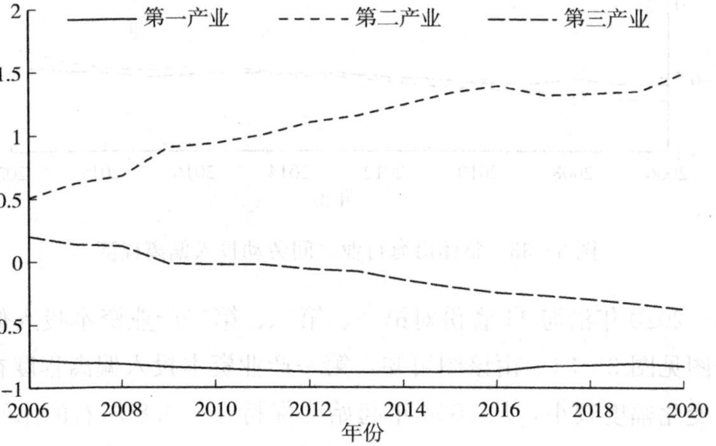

图 3－32　东海行业之间资本投入偏离程度

本章同样对 2006—2020 年沿海 11 省份行业间劳动投入偏离程度的变化趋势进行了研究，涵盖第一产业、第二产业和第三产业劳动投入偏离情况。如图 3－33 所示，整体沿海第一产业劳动投入偏离程度在 2006—2020 年总体呈现下降趋势，从 2006 年的 1.35 逐渐下降到 2020 年的 0.73 左右；其中 2016—2020 年偏离程度有所波动，并于 2017 年回升到 1.02，但总体趋势仍然是下降的，表明第一产业劳动投入逐渐向最优配置量靠拢，过度投入的情况有所缓解。第二产业劳动投入偏离程度在整个时间段内总体呈上升趋势，从 2006 年的－0.66 逐渐上升至 2020 年的－0.3 左右，这种上升趋势反映出第二产业在劳动投入方面逐渐接近最优配置量，劳动资源不足的情况有所缓解。与此同时，第三产业劳动投入偏离程度在 2006—2020 年总体较为平稳，始终保持在

－0.5 的偏离水平左右，这说明沿海 11 省份在 2016—2020 年间对第三产业的劳动投入始终不足，且实际劳动投入为最优资源投入的一半。与东海四省份情况类似，沿海 11 省份对第一产业的劳动投入从过度投入逐渐向最优配置量靠拢，第二产业的劳动投入从不足投入逐渐向最优配置量改善，而第三产业的劳动投入则保持相对平稳。

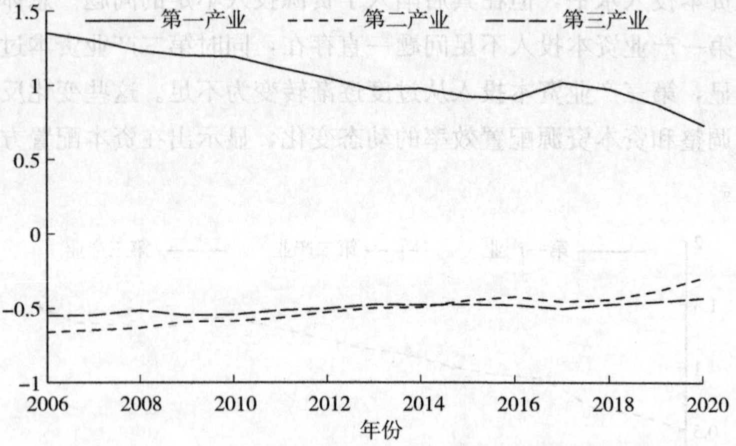

图 3-33　整体沿海行业之间劳动投入偏离程度

2006—2020 年沿海 11 省份对第一、第二、第三产业资本投入偏离程度水平的折线图见图 3-34。由该图可知，第一产业资本投入偏离程度在整个时间段内总体变化幅度较小，从 2006 年起始终保持在－0.8 左右的水平，表明第一产业资本投入持续低于最优配置量，资本不足投入的情况一直存在，并未有显著改善或恶化。第二产业资本投入偏离程度总体呈上升趋势，从 2006 年的 0.48 逐渐上升至 2020 年的 1.53，其间虽有波动，但总体趋于增加，表明第二产业资本投入持续高于最优配置量，资本过度投入的现象越来越严重。第三产业资本投入偏离程度在 2006—2020 年间呈现下降趋势，从 2006 年的 0.2 下降至 2020 年的－0.41，其中第三产业资本投入偏离程度在 2012 年左右下降到零，随后变为负数，说明第三产业资本实际投入量在 2012 年左右达到了最优资本投入水平，但在其后陷入了资源投入不足的状况。从沿海 11 省份整体来看，资本投入状况呈现出一系列动态变化：第一产业资本投入长期以来存在不足的问题，而第二产业则面临着资本过度投入的挑战，这一现象日益显著；与此同时，第三产业资本投入也从过度逐渐向不足转变。以上情况表明，与东海四省份的情况类似，沿海整体在资本配置方面仍有许多优化的空间。

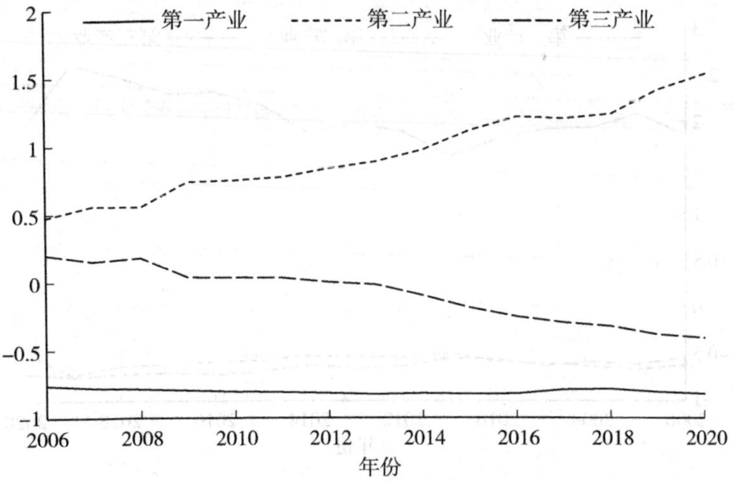

图 3-34　整体沿海行业之间资本投入偏离程度

具体而言，东海四省份之间行业资源投入偏离程度也存在不同，为此分别绘制了劳动投入和资本投入偏离程度折线图。图 3-35 为 2006—2020 年间上海行业之间劳动投入偏离程度折线图。由该图可知，该期间内上海市对第一产业的劳动投入始终在 2.0 的偏离程度附近上下波动，这一数据直观地反映了上海市在劳动资源分配上对第一产业的过度倾斜。尽管全球许多发达城市或地区随着经济结构的转型升级，第一产业的比重普遍呈下降趋势，但上海市的这一现象表明，尽管经济快速发展，其在农业等基础产业的劳动力配置上仍保持了较高的比例。具体而言，劳动投入偏离程度在 2007 年增加到 2.07 的水平后开始下降，在 2011 年达到在此期间的低点 1.62，之后又于 2019 年波动上升至期间最高值 2.61，并最终于 2020 年回落至 1.92，显示出一定的调整迹象，但仍高于理想状态。对比之下，上海市第二、第三产业的劳动投入偏离程度长期维持在负值，约在－0.5 附近波动，这意味着尽管上海市工业和服务业发展迅速，但在劳动资源配置上，相较理论最优投入水平，第二、第三产业的实际投入仅达到了一半左右。这种状况不仅限制了这些产业的进一步扩张与升级，也可能影响到整体经济的效率与可持续发展能力。

由图 3-36 可知，上海市对于第一产业的资本投入在均值为－0.66 的偏离程度上较为平稳，这表明相较理论最优投入水平，第一产业并未成为资本密集型投资的重点领域，这可能是基于对农业现代化转型中效率提升与技术创新的侧重，而非单纯依赖资本扩大规模的传统路径。第二产业资本投入偏离程度

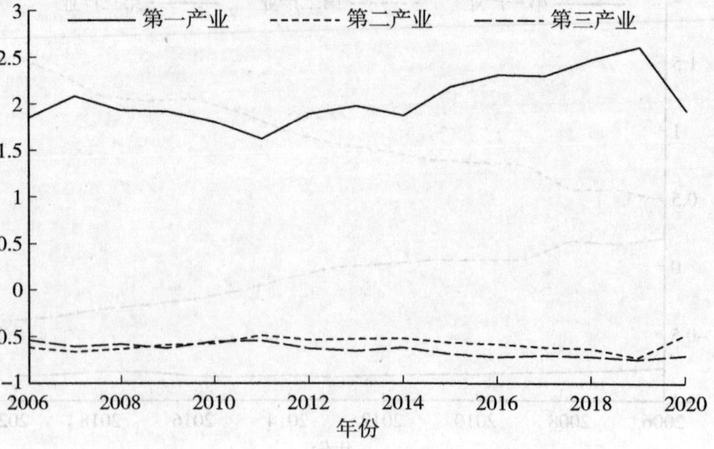

图 3-35　上海行业之间劳动投入偏离程度

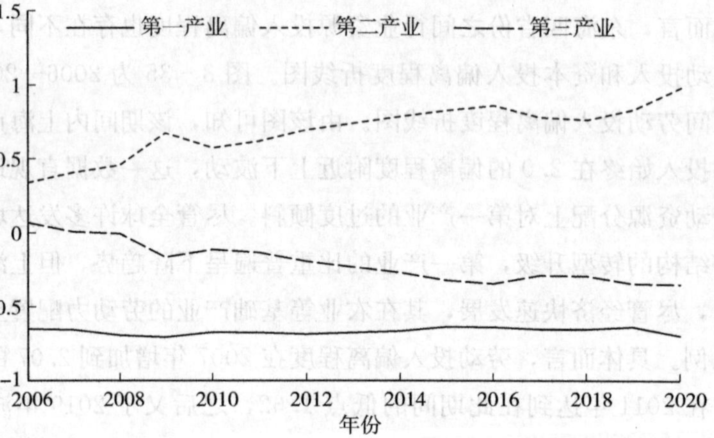

图 3-36　上海行业之间资本投入偏离程度

虽在2018年有所下滑，但仍从2006年的0.34逐步上升至2020年的0.98，说明在这14年间，上海市第二产业实际资本投入持续高于基准水平，且这种偏离还在逐渐增大。这一方面表明上海市政府和市场投资者对第二产业持续看好，不断追加投资；另一方面长期且显著的正向偏离可能意味着资本过于集中在第二产业，而忽视了其他产业的发展需求。第三产业资本投入偏离程度从2006年的0.07逐年下滑至2020年的－0.35，意味着第三产业实际获得的资本投入低于预期或理想水平，显示了资本配置可能偏向于其他产业，尤其是与第二产业形成鲜明对比。值得注意的是，2009年第二产业资本投入偏离程度存在高于平均上升幅度的增长，而第三产业存在超过平均下降水平的回落，这可能是由于 2009 年正值全球金融危机余波影响时期，政府和市场参与者可能更加重视短期稳定与长期产业升级的平衡，将更多资源暂时性地倾斜给被认为能更快拉动经济增长、抵御外部冲击的第二产业，而对第三产业的结构调整和优化可能被视为一个稍后推进的过程。

江苏省行业间劳动投入偏离程度折线图见图 3-37。由该图可知，其第一产业劳动投入偏离程度在 2006—2020 年间总体上呈现波动下滑趋势，除 2010 年、2014 年与 2018 年三年有小幅上涨外，劳动投入偏离程度从 2006 年的 0.89 下降至 2020 年的 0.57。这一趋势意味着，尽管其间有如 2010 年、2014 年和 2018 年这样的年份因政策支持或市场需求短暂回升，导致劳动投入偏离程度有小幅上扬，但长期趋势仍是向下的；同时，随着经济的发展和现代化进程的加快，农业等第一产业在全省经济中的比重逐渐减少，劳动资源更多地向其他产业转移。

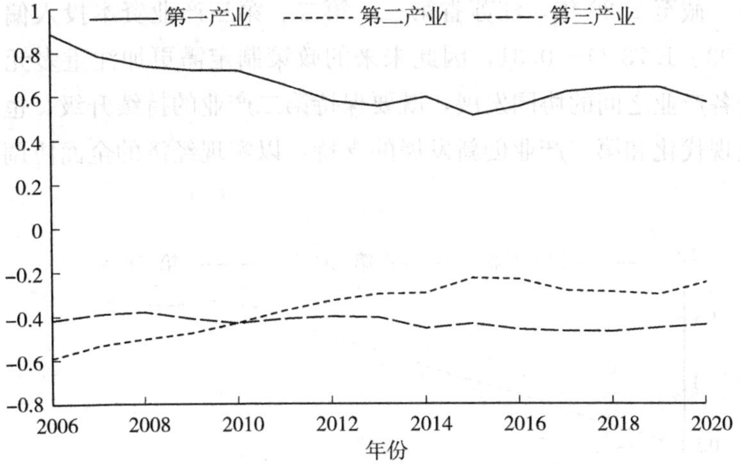

图 3-37 江苏省行业之间劳动投入偏离程度

与此同时，第二产业的劳动投入偏离程度在 2016 年前逐年上升，由 2006 年的－0.6 攀升至 2016 年的－0.24，虽在其后三年有较小幅度的回落，但其在 2020 年被调回至－0.24 水平附近。这一积极变化表明制造业和建筑业等领域的劳动投入强度在增强，反映了江苏省对实体经济增长的重视。此外，第三产业劳动投入偏离程度则较为平稳，在－0.43 的水平附近上下浮动，体现了服务业在江苏经济中的稳定作用，也暗示了服务业在面对经济波动时较强的适应性和稳定性。

江苏省资本投入偏离程度方面的资料如图 3-38 显示，第一产业资本投入偏离程度在 2006—2020 年间极为平稳，基本处于−0.94 的水平之上，这种稳定并非偶然，而是反映了政府在农业等第一产业领域实施的稳定投资策略，旨在确保粮食安全与农村经济基础的稳固，即便在经济快速转型期也不曾大幅削减。而第二产业资本投入偏离程度则呈现逐年增加的趋势，虽在 2015—2019 年增速有所放缓，但仍从 2006 年的 0.46 增长到 2020 年的 1.73。这一方面体现了江苏省在追求高质量发展过程中，对第二产业转型升级的高度重视与实际成效；另一方面过度集中的资本流入可能引发资源错配问题，导致产能过剩、环境污染加剧和创新能力受限。第三产业资本投入偏离程度从 2006 年的 0.59 逐年下降至 2020 年的−0.31，其偏离程度在 2009 年下降到零，随后变为负数，说明第三产业资本实际投入量在 2013 年左右达到了最优资本投入水平附近，但在其后陷入了资源投入不足的境地。这或可解释为随着服务业的快速发展，对资本的需求日益增长，但实际资本投入却未能同步跟上，导致资源配置效率下降。截至 2020 年，江苏省第一、第二、第三产业资本投入偏离程度分别为−0.93、1.73 与−0.31，因此未来的政策制定需更加注重多元化资本分配，促进各产业之间的协同发展，既要保持第二产业的持续升级，也要加大对第一产业现代化和第三产业创新发展的支持，以实现经济的全面协调与可持续发展。

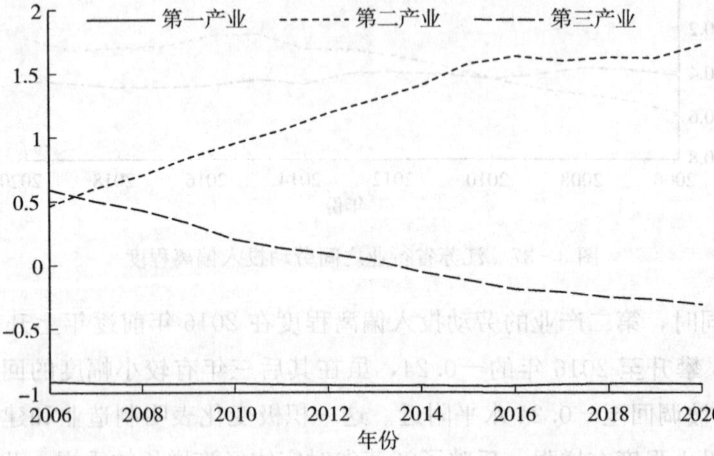

图 3-38　江苏省行业之间资本投入偏离程度

2006—2020 年间浙江省行业之间劳动投入偏离程度折线图见图 3-39。由该图可知，浙江省第一产业劳动投入偏离程度从 2007 年的 1.18 开始逐年下降，截至 2020 年已下降至 0.1 左右的水平，意味着其实际投入为最优投入的 1.1 倍，水平已十分接近。这一过程中，尽管初期存在一定的过度投入，但随着时间的推移，劳动投入逐步向最优水平靠拢，表明了农业现代化进程中对提高生产效率和优化劳动力使用的重视；该转变也有利于缓解农业人口向非农产业转移的压力，促进农村剩余劳动力的有效利用和农民收入的多元化。

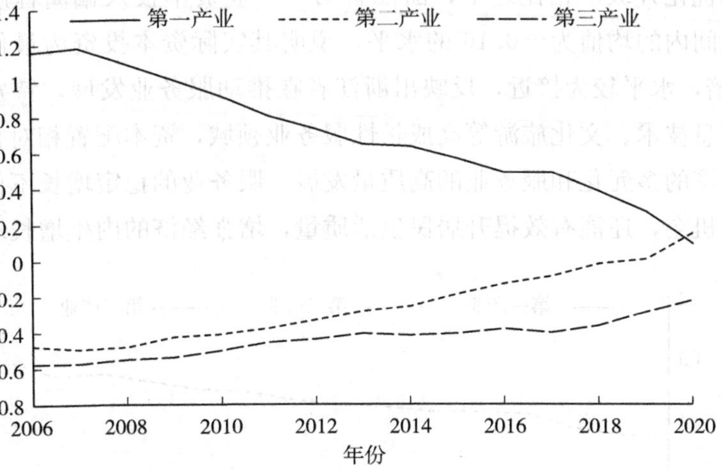

图 3-39　浙江省行业之间劳动投入偏离程度

与此同时，第二产业劳动投入偏离程度则呈现逐年上升的趋势，由 2006 年的−0.48 逐渐上升至 2020 年的 0.15，同样与最优投入水平十分接近。这显示出制造业和建筑业等第二产业部门在经历了一段时间的低谷后，通过技术创新、产业升级以及政策引导，成功吸引了更多的劳动投入，逐渐接近最优配置；这一转变过程同样伴随着生产效率的显著提升和产业附加值的增加，为经济增长提供了坚实的基础。第三产业投入偏离程度的上升则较为平稳，由 2006 年的−0.58 缓慢优化至 2020 年的−0.22。尽管上升速度相对平稳，但趋势明确，显示出服务业在经济结构中的重要性不断提升。这一缓慢而稳定的优化过程，可能与服务业的多样性和复杂性有关，也反映了浙江省在扩展服务业领域、提升服务质量与创新服务模式上的不懈探索。

而在资本投入偏离程度方面，如图 3-40 所示，浙江省第一产业实际资本投入在该时期内与最优投入水平的偏差增大，由 2006 年的−0.7 轻微下降至 2020 年的−0.86，表明尽管农业和其他初级产业在全省经济中的比重可能在逐步下降，但资本投入不足的问题却在加剧。而第二产业资本投入偏离程度也出现了相似的问题，由 2006 年的 0.83 逐渐增加至 2020 年的 1.49，显示出资本在制造业和建筑业等领域的过度集中，这种趋势在短期内可能促进了经济增长和就业，但从长期视角看，资本过度集中于第二产业可能会导致产能过剩、环境污染加剧和经济结构的不平衡，增加经济系统对外部冲击的脆弱性；此外，它还可能挤占了对其他产业，特别是高附加值服务业的投资机会，影响经济结构的优化升级。相比之下，浙江省第三产业资本投入偏离程度则较为稳定，此期间内的均值为－0.16 的水平，说明其实际资本投资为最优资本投资的 1.16 倍，水平较为接近，反映出浙江省在推动服务业发展，特别是在金融服务、信息技术、文化旅游等高成长性服务业领域，资本配置相对合理，有助于促进经济的多元化和服务业的高质量发展。服务业的稳定增长不仅能够创造大量就业机会，还能有效提升居民生活质量，增强经济的内生增长动力。

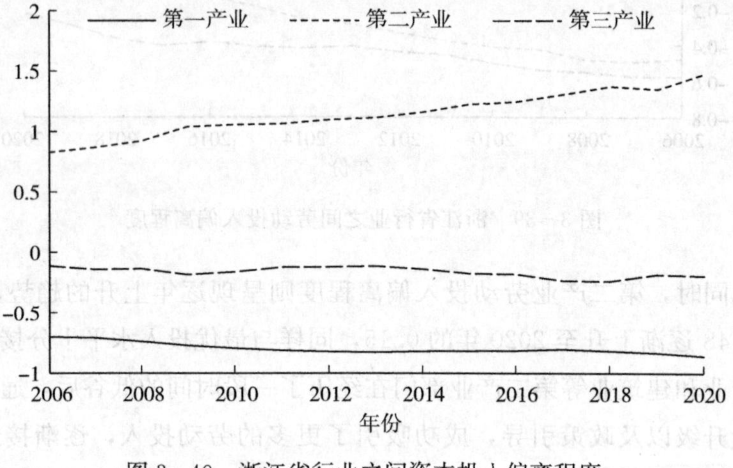

图 3－40　浙江省行业之间资本投入偏离程度

福建省行业之间劳动投入偏离程度折线图见图 3－41。由该图可知，福建第一产业劳动投入偏离程度在 2006—2020 年间总体呈波动下降趋势，首先是由 2006 年的 0.95 逐步下降至 2016 年的 0.59，又在接下来的三年中有所回升，于 2019 年达到了 0.79，最终截至 2020 年回落至 0.64，表明福建省在推动农业现代化与农村经济转型的同时，逐步优化了农业领域的劳动资源配置，力求达到更高效的投入产出比。2016—2019 年的小幅回升可能与国家乡村振兴战略的实施及对农业的政策性支持有关，但总体下降趋势反映出农业在全省经济结构中的比重逐渐减少，劳动力逐渐向其他产业转移的现实。

而第二产业劳动投入偏离程度则较为稳定地保持在均值－0.45 的水平附

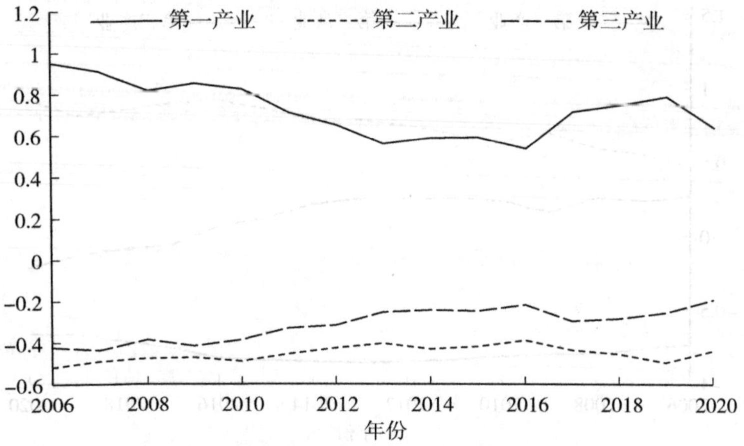

图 3-41　福建省行业之间劳动投入偏离程度

近，意味着实际劳动投入略低于理想或最优状态，但这种稳定状态也反映出第二产业，特别是制造业和建筑业，虽然面临转型升级的压力，但在全省经济中仍然保持着较为稳定的劳动需求与产出贡献。此外，福建省第三产业劳动投入偏离程度在该期间内呈现出小幅波动上升趋势，由 2006 年的−0.42 逐渐上升至 2020 年的−0.19，虽然仍处于负值区间，但上升趋势表明对服务业的劳动投入正逐步接近最优水平。这一变化与福建省积极发展现代服务业，如金融、信息技术、旅游和文化创意等高附加值行业密切相关，显示了福建省在经济结构调整中对服务业增长潜力的重视。

在资本投入方面（图 3-42），福建省第一产业的偏离程度在 2016 年前表现为小幅下降，此后由 2016 年的−0.83 上升至 2020 年的−0.74，这意味着相较最优投入水平，实际投入有所不足，这可能与农业现代化进程中的投资效率提升需求相契合，即在有限的资本下寻求更高的产出效益；此后在 2016 年后有所改善，截至 2020 年偏离程度水平回升至−0.6，这说明福建省在后续几年里加大了对农业领域的资本扶持，可能是为了应对食品安全、农村振兴等国家战略需求，以及提升农业的科技含量和竞争力。

与此同时，第二产业资本投入偏离程度则呈现逐年扩大的趋势，从 2006 年的 0.47 上升至 2020 年的 0.93。虽然其在 2019 年有所回落，但也说明福建对第二产业的实际资本投入与最优资本投入水平的差值逐渐拉开。这一趋势凸显了福建省对制造业和工业的持续重点投入，旨在推动产业升级和提升产业链现代化水平；然而，这也提示了资本过度集中于第二产业可能带来的风险，包

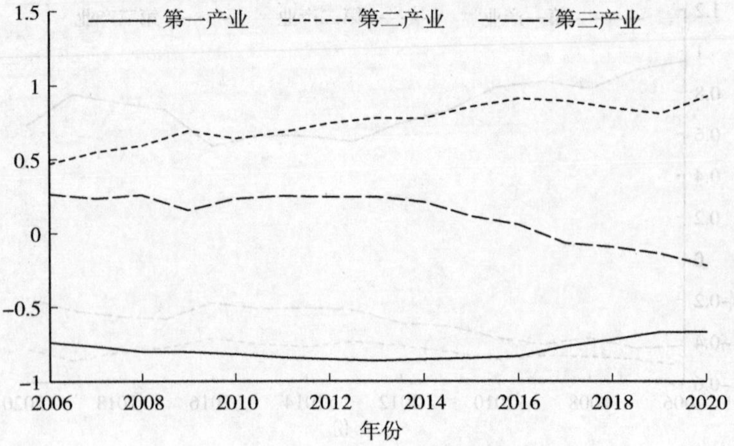

图 3-42　福建省行业之间资本投入偏离程度

括产能过剩、资源环境压力增大等问题，需要在持续推动工业化进程的同时，注重产业结构的均衡与优化。

此外，福建省第三产业资本投入偏离程度在 2006—2014 年间在维持均值 0.23 的水平附近且较为稳定，此后呈现逐年下降态势，于 2016 年左右达到最优投入水平，而后继续下降，截至 2020 年达到−0.21。这一转变反映了福建省在服务业领域的资本投入策略经历了从稳定到优化，再到可能的过度调整过程。前期的稳定投入为服务业的初步发展奠定了基础，达到最优投入水平，体现了福建省对服务业发展潜力的认可和有效利用。然而，随后的下降趋势可能意味着在服务业快速发展的背景下，资本投入未能及时跟进，或是资源配置效率有所下降，需要进一步分析服务业内部结构，寻找是否存在投资分布不均、新兴服务业态支持不足等问题。

资源配置效率分析是评估一个经济体内不同部门和地区之间资源配置状况的重要手段，也是分析海陆统筹政策效果的重要指标。本章通过构建三部门一般均衡模型，测算了海陆之间、省份之间及行业之间的资源配置效率。数据来源主要包括《中国海洋统计年鉴》和《中国统计年鉴》等权威统计资料。

首先，本章对海陆之间资源配置效率展开分析。结果显示，2006—2020 年间，由于资源配置的扭曲，沿海 11 省份的 TFP 年均损失为 2.12%。尤其是东海三省一市，错配程度在 1.93%～2.44%波动，2017 年达到了最高点 2.44%，之后呈现下滑趋势。其中，东海三省一市中上海市和江苏省的陆海资源错配程度较为严重，分别导致 TFP 年均损失了 3.14%和 2.82%。上海市和江苏省应将实现陆海资源配置优化作为未来结构化改革的重中之重。对于资源扭曲的来源，主要是源于海洋部门投入的相对不足和陆地部门投入的相对过度。未来资源投入的重心应该继续从陆地向海洋转移。

其次，本章对地区之间资源配置效率展开分析。结果显示，东海三省一市之间的总体资源错配程度在2006—2013年间呈现波动下降趋势，并在2013年达到了最低值1.01%。然而，在2013—2020年间，总体资源错配水平有所上升，2020年为1.16%。劳动错配和资本错配的比较结果显示，劳动错配是总资源错配的主要驱动力，而资本错配对总体资源错配的影响较小。就要素投入偏离度情况来看，东海三省一市劳动和资本投入均普遍不足。对比而言，南海地区的劳动投入普遍过度，资本投入相对有效；渤海地区劳动投入较为有效，但资本投入严重过度。应加强区域之间的协调发展，推动生产要素的有效流动。

最后，本章对行业之间资源配置效率展开分析。结果显示，东海三省一市的总资源错配程度呈现波动上升趋势，2012年达到峰值33.9%，显示出行业间资源配置的巨大优化空间。其中，劳动错配呈现平缓下降趋势，而资本错配则在2015年最为严重，随后有所缓解。与地区之间资源配置效率不同的是，此时资本错配在较大程度上影响了总资源错配的变化趋势。资本错配主要源于第一、第二产业的资本投入过度与第三产业的资本投入不足。未来应对区域经济结构进行动态调整，以“产城融合”激发经济活力。

海陆统筹政策不仅强调资源的合理开发与利用，更注重通过优化资源配置提升整体经济效率。本章研究结果表明，东海地区的资源配置效率依旧有很大的提升空间，尤其是在行业之间的资源配置方面。未来，应进一步推动海陆协同发展，同时加强省际合作，促进资源的有效分配，以推动东海地区经济的可持续发展，为中国建设海洋强国奠定坚实的基础。

第四章 海洋产业景气指数构建的基本框架

评估东海海洋产业景气情况有赖于评价指标体系构建及相应的指标权重确定。本章首先界定了包括海洋产业和海洋产业景气在内的核心概念，接着从规模指数、结构指数、成效指数、潜力指数和绿色指数5个方面阐释了本书所构建的海洋产业景气指数的具体构成。最后，在综合性、科学性和数据可得性等原则的指导下，构建海洋产业景气指数评价指标体系，并综合运用均权法和熵值法对各指标进行赋权，为后续评估东海及其所辖三省一市海洋产业景气指数测算与分析奠定基本的评估框架和理论依据。

第一节 核心概念界定

（一）海洋产业

海洋产业是指开发、利用和保护海洋所进行的生产和服务活动。根据《海洋及相关产业分类》（GB/T 20794—2021），海洋产业主要包括以下四个方面：一是直接从海洋中获取产品的生产和服务活动，二是直接从海洋中获取产品的加工生产和服务活动，三是直接应用于海洋和海洋开发活动的产品生产和服务活动，四是利用海水或海洋空间作为生产过程的基本要素所进行的生产和服务活动。

（二）海洋产业景气

1. 海洋产业景气的内涵特征

海洋产业景气是一个涉及经济、环境、社会和技术多个领域的概念，可以理解为在一定时期内，海洋产业的整体运行状况和发展趋势。海洋产业景气具有复杂性、敏感性和波动性的特点。

（1）复杂性

海洋产业涵盖的范围广泛，包括海洋渔业、海洋交通运输、海洋能源、海洋旅游、海洋科技等众多领域。每个领域的发展状况和影响因素各不相同，这使得构建一个全面反映海洋产业景气的指数体系变得复杂。例如，海洋渔业受到自然天气条件、资源存量、渔业政策等因素的影响，而海洋交通运输则更多受到全球经济形势、国际贸易、油价波动等因素的制约。海洋产业的生长和运行受到自然环境和人类活动共同作用的影响，增加了其景气指数分析的复杂性。自然环境的变化，如海洋气候变化、海洋生态系统的变化，对海洋产业的影响难以预测和量化。人类活动，如海洋资源的过度开发、海洋环境的污染，也对海洋产业景气产生不确定性。此外，海洋产业的国际性特征显著，全球各国海洋产业发展水平和政策导向差异较大，使得其景气指数的编制和分析需要考虑国际因素。例如，国际油价的波动会直接影响到海洋能源产业的发展，全球经济形势的变化会影响到海洋贸易和旅游业的繁荣。

（2）敏感性

海洋产业景气的敏感性体现在其对内外部环境变化的快速反应上。首先，海洋产业对经济政策的敏感性很高。政府对海洋产业的支持政策，如税收优惠、资金扶持、技术创新激励等，能够迅速提升产业的景气水平。反之，严格的监管措施和限制性政策则会降低产业的景气指数。例如，我国政府对海洋渔业实施休渔期制度，以保护海洋资源，这会在短期内对渔业生产造成影响，体现为景气指数的变化。其次，海洋产业对市场需求的敏感性也很强。全球经济形势的变化、消费者偏好的转变等因素都会影响海洋产品的市场需求，进而影响产业的景气。例如，国际原油价格的下跌会刺激海洋能源产业的发展，而全球旅游业的繁荣则会带动海洋旅游业的增长。最后，海洋产业对自然环境的变化也非常敏感。海洋灾害、气候变化等自然现象会对海洋产业的正常运营造成影响，体现为景气指数的波动。例如，厄尔尼诺现象可能导致海洋渔业资源减少，海平面上升会影响海洋运输的安全性。

（3）波动性

一方面，海洋资源的开发和利用受到资源存量、开发技术、开发成本等因素的影响，这些因素的变化会导致产业产出的波动。例如，深海油气资源开发技术的突破会带来产量的大幅提升，而资源枯竭则会降低产量。另一方面，海洋产品的市场需求受消费者偏好、收入水平、替代品价格等因素的影响，这些因素的变化会引起市场需求的不稳定。例如，海洋食品消费趋势的变化会影响海洋渔业的市场规模。此外，海洋产业的发展受到产业生命周期的影响，经历成长、成熟和衰退等阶段。这种周期性的波动会导致景气指数呈现出明显的周期性特征。例如，海洋能源产业的成长期可能会带来景气的高点，而随着市场的逐渐饱和，产业进入成熟期，景气指数也会相应回落。由于这些因素的影响，海洋产业景气指数呈现出较大的波动性。为了更好地理解和预测海洋产业的景气变化，需要对历史数据进行深入分析，识别景气指数的波动模式，从而为决策提供依据。

2. 海洋产业景气的影响因素

海洋产业景气的影响因素是多元化和复杂的，涵盖了经济、环境、技术、政策和社会等多个层面。具体可以归纳为全球经济形势、技术进步、政策法规、气候变化、地缘政治和社会文化六类因素。

(1) 全球经济形势

全球经济形势是影响海洋产业景气的关键因素之一，其对海洋产业的影响表现在多个方面。首先是国际贸易。海洋产业，尤其是海洋运输业，与国际贸易紧密相连。全球经济增长通常伴随着国际贸易量的增加，这直接增加了对海运服务的需求。相反，全球经济衰退时，贸易量减少，海运需求下降。此外，不同国家和地区经济状况的波动，比如经济危机或地区性经济放缓，也会影响海洋产业的景气。其次是消费需求。经济状况好转通常伴随着消费者购买力的增加，从而影响人们对海洋产品和服务的需求。例如，海鲜市场、海洋旅游等行业在经济繁荣时期可能会见证需求的显著增长。反之，在经济衰退时期，消费者可能会减少这些非必需品的消费。最后是投资水平。在经济繁荣时期，投资者倾向于投资新的海洋项目，如深海资源开发、海洋能源项目等，由于这些项目通常需要大量资金和长期投资。在经济不景气时期，投资者可能会减少这类高风险投资，影响海洋产业的发展。

(2) 技术进步

技术创新对海洋产业的影响深远，不仅改善了现有操作的效率，还开辟了新的市场和机遇。首先是勘探和开采技术。在海洋能源和资源开发领域，技术进步，如深海钻探技术、海底矿物开采技术等，极大地提高了资源的可获取性和开发效率。这些技术的进步使得原本难以开发的资源变得可行，从而扩大了海洋产业的范围。其次是航运技术。航运是海洋产业的重要组成部分，技术的进步，如更高效的船舶设计、自动化和数字化航运系统，不仅提高了运输效率，还减少了环境影响。例如，使用更环保的燃料和动力系统，可以减少温室气体排放。最后是可持续发展技术。面对全球环境变化和可持续发展的挑战，可持续海洋技术的发展变得尤为重要。包括海洋可再生能源（如海风能、潮汐能）的开发，以及海洋生态保护相关的技术，如生态友好的捕捞技术和海洋生物多样性保护技术等。

（3）政策法规

政策法规尤其是海洋资源环境领域的政策法规对海洋产业的运营模式和发展策略有着深远影响。在海洋渔业管理上，为了保护海洋生物资源，许多国家实施了严格的渔业管理政策，如捕捞配额、禁渔期等。这些政策直接影响渔业的运作，尤其是对商业捕捞行业产生重大影响。合理的渔业管理政策可以促进渔业资源的可持续利用，而不合理的政策可能导致资源的过度开发。在污染控制上，海洋污染是一个全球性问题，影响着海洋乃至全球生态系统和人类健康。因此，各国政府和国际组织制定了一系列海洋污染控制政策，比如限制有害物质的排放、控制船舶排放等。这些政策对海洋运输、海洋能源开发等产业产生影响，要求企业采取更环保的操作方式。在海洋生态保护区建设上，为了保护海洋生态系统，许多地区设立了海洋生态保护区。这些区域通常限制或禁止商业活动，如商业捕捞、资源开发等。虽然这些措施有助于保护海洋生态，但也可能限制海洋产业的发展。

（4）气候变化

气候变化导致的海平面上升、海洋酸化等现象对海洋生态系统产生影响。这些变化会影响渔业资源的分布和丰度，对渔业产业产生直接影响。此外，海平面上升还会影响沿海基础设施，如港口设施，对海洋运输业产生影响。气候变化还会导致极端天气事件的频率和强度增加，这对海洋产业构成挑战。例如，强烈的风暴和飓风可以对海上油气平台、航运和港口设施造成破坏，增加运营成本和风险。气候变化也会对海洋生物多样性产生影响，可能会改变某些海洋产业的基础。例如，一些重要的商业性鱼类的分布和繁殖周期可能会因为海洋温度的变化而改变，影响渔业的可持续性。

（5）地缘政治

政治稳定性和国际关系在海洋产业的发展中扮演着重要的角色。海洋边界争议和海洋资源归属在许多地区都是重要的政治和地缘政治问题。这些争端可能导致政治紧张和冲突，影响海洋产业的稳定发展，尤其是在资源开发和海上运输领域。此外，有一些国际贸易政策，如关税和贸易协定，对海洋产业产生重要影响。例如，对某些海洋产品征收高关税可能会减少国际市场的需求，影响相关产品的出口。与此同时，海上安全问题，包括海盗活动、海上交通安全等，对海洋运输至关重要。政治稳定性和有效的海上治安管理对保障海上运输安全、维护海洋产业的正常运行非常重要。

（6）社会文化

作为市场机制运行的组成部分，海洋产业生产的海洋产品同样会受到消费者偏好的影响。随着公众对环境保护和可持续发展意识的提高，消费者对可持续生产的海洋产品的需求增加。这促使渔业、海洋旅游等行业向更加可持续的运营模式转变。同时，公众对海洋保护的关注影响政府政策和企业行为。随着环保意识的提高，政府更可能实施严格的环境保护政策，企业也更倾向于采取环保的经营策略，以维护其品牌形象和满足消费者需求。更为重要的是，教育和科学研究在海洋产业的发展中也会起着至关重要的作用。高质量的教育和研究可以促进技术创新，提高产业竞争力。此外，教育还可以提高公众对海洋问题的认识，促进社会对可持续海洋产业的支持。

3. 评估海洋产业景气的意义

评估海洋产业景气在政府决策、企业发展、风险预警、国际竞争力分析和公众认知等方面都具有重要的现实意义。海洋产业景气评估的重要性在当前“海洋强国”的时代背景下显得尤为突出。通过定期发布和分析海洋产业景气指数，可以为各方面提供有力的信息和参考，推动海洋产业的可持续发展。

（1）政策制定与调整的依据

海洋产业景气指数是政府制定和调整海洋政策的重要依据。通过分析海洋产业景气指数，政府可以全面了解海洋产业当前发展状况和未来趋势，从而制定出更加科学、合理的海洋政策。例如，如果景气指数显示某海洋产业的发展势头良好，政府可能会加大对该领域的投资力度，推动产业升级和技术创新；反之，如果景气指数显示某海洋产业面临衰退风险，政府可能会出台相应的扶持政策，以稳定产业发展。此外，景气指数还可以帮助政府评估现有相关政策效果，以便及时做出调整和优化。

（2）海洋产业发展与投资决策的参考

海洋产业景气指数对于海洋产业的企业和投资者具有重要的参考价值。通过分析和预测海洋产业景气的变化，企业可以及时调整其发展战略和经营计划，以应对市场变化。例如，如果景气指数显示某海洋产业前景看好，企业可能会增加对该产业的投资，扩大生产规模；反之，企业可能会缩减投资，以避免潜在的风险。对于投资者而言，海洋产业景气指数可以帮助他们判断投资时机和投资领域，提高投资效益。此外，景气指数还可以帮助企业评估竞争对手的发展状况，从而制定出更有针对性的竞争策略。

（3）风险预警与应对

海洋产业面临许多不确定性和风险，如自然灾害、国际市场波动等。通过评估海洋产业景气指数，可以及时发现潜在的风险，并为企业和政府提供预警。例如，如果景气指数显示某海洋产业的发展速度放缓，可能意味着该产业面临一些问题，如资源枯竭、环境污染等，企业和政府可以提前采取措施，以减轻风险带来的影响。此外，景气指数还可以帮助企业和政府评估应对风险的措施的效果，从而及时调整和优化风险管理策略。

（4）国际竞争力分析

海洋产业景气指数可以用来评估一个国家或地区在全球海洋产业中的竞争力。通过与其他国家和地区的景气指数进行比较，可以找出我国海洋产业的优劣势，从而为提升国际竞争力提供依据。例如，如果景气指数显示我国在某海洋产业领域的表现优于其他国家，那么就可以进一步加大对该产业的支持，以巩固和提升我国在全球市场的地位；反之，如果我国在某领域处于劣势，可以借鉴其他国家的成功经验，改进自身的发展策略。此外，景气指数还可以帮助企业和政府评估国际合作和竞争的平衡，从而制定出更有利于国际竞争的策略。

（5）公众认知与教育

海洋产业景气指数的发布和分析对于提高公众对海洋产业的认知和重视程度也具有重要作用。通过向公众展示海洋产业的最新发展状况和趋势，可以增强公众对海洋产业重要性的认识，提高公众对海洋资源保护和可持续发展的意识。例如，通过媒体报道和公众讲座等形式，普及海洋产业的相关知识，促进公众对海洋产业的关注和支持。此外，景气指数还可以帮助教育和培训部门制定和调整海洋产业的相关课程和教材，提高人才培养的质量和适应性。

第二节　指数构成说明

如图 4－1 所示，本书所构建的海洋产业景气指数由五个分指数复合而成，分别为规模指数、结构指数、成效指数、潜力指数和绿色指数。

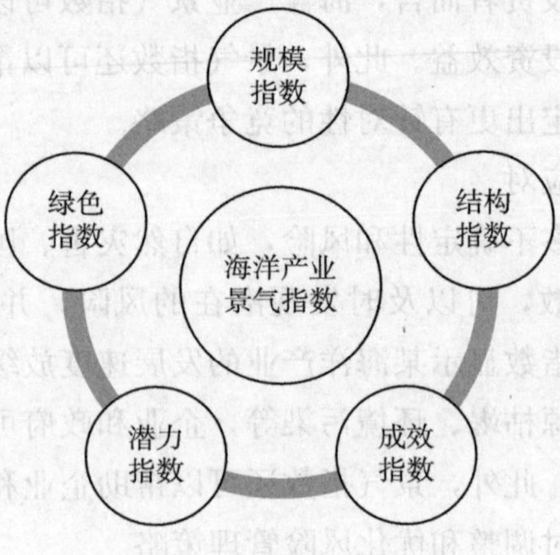

图 4-1 海洋产业景气指数构成

（一）规模指数

规模指数作为衡量海洋产业发展规模的重要指标，其内涵主要体现在两个关键指标：海洋生产总值（Gross Ocean Product，GOP）和海洋生产总值占国内生产总值（Gross Domestic Product，GDP）的比重。

1. 海洋生产总值（Gross Ocean Product，GOP）

海洋生产总值是指在一定时期内，海洋产业所创造的全部最终产品和服务的市场价值总和。这一指标综合反映了海洋产业的生产能力和市场竞争力，是评价海洋产业发展规模的核心指标。海洋生产总值涵盖了包括海洋渔业、海洋油气业、海洋交通运输业、海洋船舶工业、海洋化工业、海洋生物医药业、海洋工程建筑业、海洋旅游业等多个领域的产品和服务价值。

2. 海洋生产总值占国内生产总值（Gross Domestic Product，GDP）**的比重**

该比重是指海洋生产总值在国民经济中所占的份额，即 GOP/GDP。这一指标体现了海洋产业对国家经济总体贡献的程度，是衡量海洋产业在国家经济体系中地位的关键参数。该比重的提升表明海洋产业对国民经济的发展贡献增大，海洋产业在经济结构中的重要性增强。

规模指数的用途主要表现在以下几个方面：一是评估海洋产业的发展规模。通过规模指数，可以全面了解海洋产业的当前规模及其随时间的增长趋势，为政策制定者和企业提供重要的决策依据。二是分析经济增长的海洋贡献。通过规模指数中的 GOP/GDP 比重，可以定量评估海洋产业对国民经济增长的贡献，为制定海洋经济政策和规划提供科学依据。

（二）结构指数

结构指数是反映海洋产业内部结构变化情况的指数，主要包括海洋产业结构高级化水平和海洋产业结构合理化水平两个指标。结构指数的概念内涵主要体现在以下几个方面。

1. 海洋产业结构高级化水平

海洋产业结构高级化水平是指海洋产业内部各行业的发展程度和现代化水平。它反映了海洋产业由传统产业向高技术、高附加值产业转型的程度。海洋产业结构高级化水平的提升意味着海洋产业的发展更加注重科技创新和产业链的升级，从而提高海洋产业的市场竞争力和经济效益。

2. 海洋产业结构合理化水平

海洋产业结构合理化水平是指海洋产业内部各行业的配置状况和协调发展能力。它反映了海洋产业各行业之间的相互关系和资源配置效率。海洋产业结构合理化水平的提高意味着海洋产业内部各行业之间形成了较为合理的比例关系和协同效应，从而提高了海洋产业的整体发展质量和效益。

本章参考干春晖（2011）对中国产业结构变迁的度量方法①，对沿海地区海洋产业结构高级化和合理化水平进行测度，计算公式如下：

$$ish=\frac{P_3}{P_2} \tag{4-1}$$

$$isr=\sum_{i=1}^{n}\left(\frac{P_i}{P}\right)\ln\left(\frac{P_i}{L_i}\Big/\frac{P}{L}\right) \tag{4-2}$$

式中，P 表示海洋产业总产值，L 表示海洋产业总就业人数，i 表示产业。ish 为海洋产业结构高级化指数，以海洋第三产业产值（P_3）与海洋第二产业产值（P_2）之比表示，揭示海洋产业结构是否朝着服务化方向发展，ish 越大产业结构越高级。isr 为海洋产业结构合理化指数，揭示海洋产业结构的偏离均衡状态，isr 越大产业结构偏离均衡越明显，产业结构越不合理。需要指出的是，由于中国并未有对沿海各地区海洋各产业从业人员数量的统计，因此本书通过对各地区主要海洋产业总从业人数和中国海洋各主要产业从业人数进行估算。

结构指数可以用来分析多个问题。首先，分析海洋产业内部结构变化。通

① 干春晖，郑若谷，余典范．中国产业结构变迁对经济增长和波动的影响［J］．经济研究，2011，46（5）：4－16.

过结构指数，可以了解海洋产业内部各行业的发展状况和结构变化，为政策制定者和企业提供决策依据。其次，评估海洋产业转型升级情况。结构指数可以帮助评估海洋产业转型升级的成效，为政策制定者和企业提供参考。再次，指导海洋产业发展方向。通过对结构指数的分析，可以了解海洋产业的优势行业和潜力行业，为指导海洋产业发展方向提供依据。最后，优化海洋产业结构。结构指数揭示了海洋产业内部结构的问题和不足，为优化海洋产业结构提供指导。

（三）成效指数

成效指数主要反映了海洋产业对经济和社会发展带来的实际效果。成效指数通过多个指标来综合评估海洋产业对经济增长的贡献、就业带动作用、旅游产业发展、港口运输能力以及居民水产品供给等方面的影响。成效指数的构成具体包括：

1. 海洋产业对 GDP 增长的贡献率

海洋产业对 GDP 增长的贡献率是衡量海洋产业对经济增长的直接拉动作用。这一指标可以通过海洋产业增加值与 GDP 增长的关联度来计算。具体计算方法为：一年海洋产业增加值占 GDP 比重除以该年海洋产业增加值年增长率与该年 GDP 增长率比值。海洋产业对 GDP 增长贡献率的提高，意味着海洋产业在促进经济增长中的地位和作用日益突出。

2. 涉海就业人数占总人口的比重

涉海就业人数占总人口的比重是反映海洋产业对就业的带动作用。计算方式为：涉海就业人员数除以沿海城市人口总数。海洋产业具有产业链长、涉及领域广的特点，能够创造大量就业岗位。涉海就业人数比重的提高，表明海洋产业对就业的贡献程度在增加。

3. 沿海城市国内旅游人数

沿海城市国内旅游人数是衡量海洋产业对旅游业发展的影响。海洋旅游资源丰富，滨海旅游已成为我国旅游业的重要组成部分。沿海城市国内旅游人数的增长，说明海洋产业对旅游业的推动作用明显。

4. 沿海港口货物吞吐量

沿海港口货物吞吐量是反映海洋产业对港口运输能力的影响。海洋产业与港口运输密切相关，港口货物吞吐量的增加，说明海洋产业对港口运输的带动作用显著。

5. 人均海洋水产品产量

人均海洋水产品产量是衡量海洋产业对居民水产品供给的影响。海洋渔业是海洋产业的重要组成部分，人均海洋水产品产量的提高，意味着居民水产品供给水平得到改善。

成效指数通过以上5个指标，从不同角度综合评价海洋产业对经济增长、就业、旅游业、港口运输和居民水产品供给等方面影响的实际效果。这些指标相互补充，共同构成一个全面的评价体系，为政府和企业决策提供重要参考。

（四）潜力指数

潜力指数是通过评估海洋产业中的基础设施、科技投入、教育水平等方面，反映出海洋产业在未来的增长潜力和竞争力。潜力指数通过多个指标来综合评估海洋产业的资源条件、基础设施建设、科研创新能力、人力资源储备等方面的情况，具体包括。

1. 浅海滩涂海湾可养殖面积

浅海滩涂海湾可养殖面积是衡量海洋产业发展潜力的重要指标。海洋渔业是海洋产业的重要组成部分，可养殖面积的扩大意味着海洋产业具有更大的发展空间。这一指标反映了海洋产业在资源条件方面的潜力，直接关系到水产品产量的提升和产业链的延伸。随着科学技术的进步和环境保护意识的增强，如何在不破坏生态环境的前提下，最大化利用这部分资源，是海洋产业发展的关键。

2. 沿海主要港口生产用码头泊位数

沿海主要港口生产用码头泊位数是反映海洋产业基础设施建设情况的重要指标。港口是海洋产业的重要基础设施，生产用码头泊位数的增加，说明港口基础设施建设得到了加强，有利于海洋产业的发展。充足的泊位数量不仅能提高港口货物吞吐量，还能促进港口相关服务业的发展，如物流、仓储和运输。现代化的港口设施是推动海洋经济发展的基础，通过增加泊位数，可以提升区域货物流通效率和国际竞争力。

3. 沿海地区旅行社数

沿海地区旅行社数是反映海洋产业与旅游业融合发展潜力的重要指标。海洋旅游业是海洋产业的重要组成部分，旅行社的数量和质量直接影响到旅游资源的开发和市场推广。旅行社数量增加，说明海洋旅游业的发展潜力得到了提升，有利于海洋产业的多元化发展。随着人们生活水平的提高和旅游需求的增加，海洋旅游业具有巨大的发展潜力。旅行社数量的增加意味着更多的旅游产品和服务将进入市场，有助于推动旅游消费和相关产业的发展。

4. 海洋科研机构数

海洋科研机构数是衡量一个地区海洋科技创新能力的重要指标。科研机构的数量和水平决定了该地区在海洋科学研究、技术开发和应用方面的实力。强大的科研能力能够推动海洋新技术、新产品的研发和推广，提高海洋产业的附加值和国际竞争力。科研机构还可以为政府和企业提供科学决策支持，助力海洋经济的可持续发展。

5. 万名涉海就业人员中海洋科技人员数

万名涉海就业人员中海洋科技人员数是衡量海洋产业从业人员素质和科技含量的重要指标。高素质的科技人员是推动产业升级和技术进步的核心力量。通过培养和吸引更多的海洋科技人才，可以提升整个海洋产业的技术水平和创新能力，推动产业链的优化和高端化发展。

6. 海洋专利授权数

海洋专利授权数是衡量一个地区海洋科技创新成果的重要指标。专利数量直接反映了该地区在海洋技术研发方面的投入和产出。专利的增加不仅意味着技术水平的提升，也表明该地区在保护知识产权和激励创新方面取得了积极成效。专利成果的产业化可以促进海洋新兴产业的发展，提升经济效益。

7. 普通高校海洋专业在校生占总人口比重

普通高校海洋专业在校生占总人口比重是衡量一个地区海洋教育和人才培养水平的重要指标。高比例的海洋专业学生不仅预示着未来有更多的专业人才进入海洋产业，还反映了该地区对海洋教育的重视程度。通过加强海洋教育，可以为产业发展提供源源不断的人才支持，推动海洋经济的可持续发展。

随着全球对海洋资源的依赖程度不断增加，海洋产业将迎来更多的发展机遇和挑战。如何有效利用潜力指数的评价结果，制定科学合理的发展战略，是推动海洋经济高质量发展的关键所在。

（五）绿色指数

随着全球可持续发展理念的深入人心，绿色发展已成为各国经济转型的重要方向。海洋产业作为与自然环境密切相关的产业，其绿色发展尤为重要。绿色指数的构建旨在衡量海洋经济活动对环境的影响，并评估其生态可持续性。绿色指数的构成主要包括以下指标。

1. 近岸海域无机氮平均浓度

近岸海域无机氮平均浓度是衡量海洋环境污染状况的重要指标。无机氮（如硝酸盐、亚硝酸盐和氨氮）是海洋富营养化的主要成因之一，其浓度的升高可能导致赤潮等有害藻华的暴发，破坏海洋生态系统的平衡。通过监测和控制近岸海域无机氮的浓度，可以有效防范海洋环境污染，促进海洋生态的良性循环。

2. 近岸海域活性磷酸盐平均浓度

近岸海域活性磷酸盐平均浓度与无机氮平均浓度类似，也是衡量海洋富营养化程度的重要指标。磷酸盐是藻类生长的重要营养源，其浓度过高会导致水体富营养化，引发生态问题。控制活性磷酸盐浓度，可以减少赤潮等生态灾害的发生，维护海洋生态系统的稳定。

3. 沿海地区工业污染治理完成投资占 GOP 的比重

沿海地区工业污染治理完成投资占 GOP 的比重反映了政府和企业在治理海洋污染方面的投入力度。较高的投资比例表明了对环境保护的重视程度，体现了区域海洋经济在追求增长的同时，注重生态环境的可持续发展。这一指标不仅能反映环境治理的投入情况，还可以评估其效果和效率，对政策制定具有重要的指导意义。

4. 海洋类型保护区数量

海洋类型保护区数量是衡量一个地区海洋生态保护力度的重要指标。保护区的设立有助于保护海洋生物多样性、维护生态系统功能、促进生态旅游发展。通过增加海洋类型保护区的数量，可以有效保护珍稀物种和重要生态系统，推动海洋资源的可持续利用。

第三节　指标体系与权重确定

（一）指标体系构建原则

海洋产业景气指数是衡量海洋经济活动水平和发展趋势的重要工具。在进行量化分析时，必须选取一系列指标以准确刻画产业发展的状态。鉴于所选用指标的多样性及其各自的特性，确保评价结果的客观性和真实性，指标的筛选必须遵循科学性、综合性和数据易获性三大原则。科学性确保指标体系的理论基础和数据准确性，综合性保证其全面反映海洋产业的各个方面，数据易获性则增强其实用性和可操作性。基于上述原则，构建出科学合理、全面系统、易于获取的海洋产业景气指数评价指标体系，为推动海洋经济的可持续发展提供有力支持。

1. 科学性

海洋产业景气指数评价指标体系的构建必须基于坚实的理论基础。需借鉴宏观经济学、产业经济学和海洋科学等领域的理论，确保指标体系的科学性和合理性。经济学理论可以提供宏观和微观层面的指导，海洋科学则为理解和评估海洋资源及环境提供必要的科学背景。科学性原则还要求指标体系所依赖的数据必须准确可靠。数据的来源应当是具有公信力的政府统计部门。数据的采集和处理过程需要严格遵循统计学方法，避免误差和偏差，以确保评价结果的客观性和可信度。

科学性的一个重要体现是指标的设计。每个指标应能准确反映海洋产业的某一方面，并且具有明确的定义和计算方法。例如，海洋生产总值（GOP）应根据国际标准和规范进行核算，确保其在不同时间和地区之间的可比性。此外，指标的设计还需考虑其敏感性和稳定性，即指标应能灵敏反映海洋产业的变化，同时避免过度波动。此外，科学性还体现在理论与实证的结合上。指标体系的构建不仅需要理论指导，还需通过实证研究验证其合理性和有效性。通过实证分析，可以检验各指标之间的关系及其对海洋产业景气指数的影响，优化指标体系的结构和权重设置，确保其科学性和适用性。在构建指标体系的过程中，应充分吸收各领域专家的意见和建议。通过召开专家研讨会、咨询专业机构等方式，汇聚多方智慧，确保指标体系的科学性和权威性。专家咨询不仅有助于提升指标体系的理论水平，还能增强其实践应用的可操作性。

2. 综合性

海洋产业涉及多种经济活动和生态环境因素，因此景气指数评价指标体系必须具备综合性，能够全面反映海洋经济的各个方面。指标体系应涵盖生产、结构、成效、潜力和绿色等多个维度，确保其评价结果的全面性和系统性。例如，生产维度可以反映海洋产业的经济规模，绿色维度则关注其环境影响和可持续性。综合性原则要求各指标之间具有内在的逻辑关联性，形成一个有机整体。各指标不仅要独立反映某一方面的特征，还需相互补充、相互验证，共同描绘海洋产业的全貌。例如，海洋生产总值与沿海港口货物吞吐量之间具有较强的相关性，它们的结合可以更准确地评估海洋经济的活跃程度。指标体系还应充分考虑不同利益相关者的需求，包括政府部门、企业、科研机构和公众等。综合性原则要求在设计指标时，既要反映宏观经济层面的发展状况，也要关注微观层面的具体表现。通过综合性的指标体系，可以为政策制定、企业决策和公众认知提供全面的信息支持。

综合性的另一体现是多层次评价。海洋产业景气指数评价指标体系应能适应不同层次的评价需求，从国家、地区到行业和企业层面，均能提供科学的评价依据。例如，国家层面的评价侧重于宏观经济政策的制定，地区层面的评价则更关注区域经济发展和资源配置，行业和企业层面的评价则旨在指导具体的生产经营活动。此外，海洋产业的发展具有动态性，指标体系也应具有动态调整的能力，以适应新形势、新问题和新需求。综合性原则要求定期对指标体系进行评估和优化，及时引入新的指标或调整现有指标的权重，确保其持续反映海洋产业的真实状况和发展趋势。

3. 数据可得性

数据可得性是确保指标体系实用性的重要因素。构建指标体系时，应充分考虑数据的获取渠道和可操作性。理想的数据来源包括统计局发布的网站、相关经济年鉴和统计年鉴等官方渠道。通过多渠道的数据收集，确保指标体系的数据基础广泛且易于获取。与此同时，数据的时效性直接影响评价结果的准确性和实时性。数据易获性原则要求所使用的数据能够及时更新，反映最新的海洋产业发展状况。因此在选择指标时，应优先考虑那些数据更新频率高且容易获取的指标，确保评价结果的时效性和可靠性。

此外，数据处理的简便性是确保指标体系可操作性的关键。一方面，数据易获性原则要求指标体系的数据处理过程应尽量简化，避免复杂的计算和烦琐的处理程序。例如，选择那些统计口径明确、计算方法简单的数据，可以提高指标体系的操作性和实用性，便于在实际应用中推广和实施。另一方面，数据的公开性和透明性是确保评价过程公正性的重要保障。数据易获性原则要求尽量使用公开数据，以增加评价过程的透明度和结果的可信度。例如，政府统计部门发布的经济数据、科研机构公开的研究成果以及企业的财务报告等，都是可靠的公开数据来源，对于确保指标体系的透明性和公正性具有重要作用。

（二）指标体系设计过程

在构建海洋产业景气指数评价指标体系的研究中，首先明确了海洋产业景气的基本概念，即通过一系列量化指标来综合反映海洋产业的发展态势及其对区域经济的贡献度。基于此，选取规模、结构、成效、潜力和绿色 5 个维度作为评价的核心要素。

海洋产业规模是海洋产业发展的基础，主要衡量海洋产业的总量和市场份额。在东海地区，海洋产业规模不断扩大，为地区经济增长提供了有力支撑。近年来，我国政府高度重视海洋产业发展，制定了一系列政策措施，助力海洋产业规模持续扩大。此外，还要关注到产业结构优化调整的重要性。海洋产业结构是海洋产业发展的核心，关系到产业竞争力的提升和区域经济的可持续发展。在发展海洋产业的过程中，注重产业结构调整，积极引导资本、技术、人才等要素向高附加值、高技术含量的产业领域集聚，促进产业链向高端发展。同时，加强海洋新兴产业培育，如海洋生物技术、海洋能源、海洋装备制造等，以提升海洋产业结构的整体水平。海洋产业成效是评价海洋产业发展水平的重要指标，涵盖经济效益、社会效益和生态效益。在发展海洋产业过程中，不仅关注产值和利润的增长，还重视海洋资源的合理开发利用，保障渔业资源的可持续供应，推动海洋旅游业、海洋交通运输业等产业的繁荣。此外，加强海洋环境保护，确保海洋产业发展的绿色可持续性。海洋产业潜力体现在产业技术创新、人才培养、市场拓展等方面。东海地区充分利用政策优势，加大研发投入，推动海洋产业技术创新，培育具有核心竞争力的海洋企业。同时，加强人才培养，提高海洋产业从业人员的专业素质，为产业发展提供人才保障。此外，积极拓展国内外市场，提高海洋产品竞争力，进一步挖掘产业潜力。海洋产业绿色化发展是实现可持续发展的重要途径。东海地区在发展海洋产业过程中，始终坚持绿色发展理念，强化海洋环境保护，减少污染物排放，保护海洋生态系统。通过推广绿色生产方式、绿色技术和绿色产品，实现海洋产业与生态环境的和谐共生。结合我国海洋产业发展实际，所构建海洋产业景气评价指标体系见表4-1，各指标数据来源于《中国海洋统计年鉴》《中国海洋经济统计年鉴》《中国渔业统计年鉴》《中国港口统计年鉴》《中国统计年鉴》《江苏省统计年鉴》《浙江省统计年鉴》《福建省统计年鉴》《上海市统计年鉴》等。

表4-1 海洋产业景气指数评价指标体系

一级指标	二级指标	指标属性	变量
规模指数	海洋生产总值（亿元）	正向	x1
	海洋生产总值占GDP的比重（%）	正向	x2
结构指数	海洋产业结构高级化水平	正向	x3
	海洋产业结构合理化水平	正向	x4
成效指数	海洋产业对GDP增长的贡献率（%）	正向	x5

（续）

一级指标	二级指标	指标属性	变量
成效指数	涉海就业人数占总人口的比重（%）	正向	x6
	沿海城市国内旅游人数（万人·次）	正向	x7
	沿海港口货物吞吐量（万吨）	正向	x8
	人均海洋水产品产量（千克）	正向	x9
潜力指数	浅海滩涂海湾可养殖面积（千公顷）	正向	x10
	沿海主要港口生产用码头泊位数（个）	正向	x11
	沿海地区旅行社数（家）	正向	x12
	海洋科研机构数（个）	正向	x13
	万名涉海就业人员中海洋科技人员数（人）	正向	x14
	海洋专利授权数（件）	正向	x15
	普通高校海洋专业在校生占总人口比重（‰）	正向	x16
绿色指数	近岸海域无机氮平均浓度（mg/L）	负向	x17
	近岸海域活性磷酸盐平均浓度（mg/L）	负向	x18
	沿海地区工业污染治理完成投资占 GDP 的比重（‰）	正向	x19
	海洋类型保护区数量（个）	正向	x20

（三）指标权重的确定

海洋产业景气指数作为衡量海洋经济活动水平和发展趋势的重要工具，其构建不仅依赖于科学合理的指标选择，还需要对各项指标赋予适当的权重。指标权重的确定是评价体系中关键的一步，直接影响评价结果的准确性和科学性。

首先，在海洋产业景气指数的构建中，不同指标反映海洋经济的不同方面。权重的合理分配能确保每个指标对总体评价结果的贡献符合其实际重要性。若权重分配不当，某些重要指标可能被低估或高估，导致评价结果失真，无法准确反映海洋经济的真实状况。其次，合理的指标权重分配能够有效避免评价结果的偏差。例如，若环境保护类指标权重过低，评价结果可能过于偏重经济效益，而忽视环境影响，反之亦然。通过科学确定指标权重，可以平衡经济、社会和环境等多个维度，避免单一维度的过度强调，从而获得全面、客观的评价结果。此外，合理的权重设置能为政策制定提供科学依据。例如，若评价结果显示某地区海洋科技创新能力较弱，而这一指标的权重较高，则政策制定者可以据此加大对海洋科技创新的支持力度，推动产业转型升级。通过科学的权重设置，评价体系能够提供精准的信息支持，助力政策制定的科学化和精准化。最后，合理的权重设置能够提升评价体系的透明度和可理解性。权重设置过程的科学性和公开性，可以增强评价结果的透明度，使利益相关者能够理解和接受评价结果。例如，通过公开权重设置的依据和方法，评价结果的公正性和可信度将大幅提升。权重设置的科学合理性还直接关系到评价体系的公信力。合理的权重设置能够增强利益相关者对评价结果的信任。例如，企业、政府和公众在看到评价结果时，若权重设置合理，他们更容易接受和认可评价结果，从而增强评价体系的公信力和影响力。

在指标确权中，本研究综合采用了平均赋权法和熵值法。首先，对海洋产业景气指数所包含的五个分指数进行评价赋权，即每一项分指数的总权重均为0.2。

其次，针对指标构成中指标数较少的分指数（包括规模指数、结构指数、成效指数和绿色指数），也采取平均赋权的方法。例如对于规模指数中所包含的两个指标，平均赋权为0.1；而对于绿色指数中所包含的四个指标，则平均赋权为0.05。

最后，针对指标构成数目较多的潜力指数，则采用熵值法进行赋权。熵值法源于信息论中的熵概念，主要用于衡量系统的无序程度。在多指标评价中，熵值法通过计算各指标的信息熵，反映指标的信息量及其对整体系统的不确定性贡献。信息熵越大，表明该指标的信息量越小，差异性越低；信息熵越小，表明该指标的信息量越大，差异性越高。因此，熵值法通过信息熵的大小来确定各指标的权重，信息量大的指标权重相对较高。

作为一种常用的权重确定方法，熵值法以其科学性和客观性在诸多领域得到了广泛应用。一方面，熵值法完全基于数据进行计算，不依赖主观判断，避免了人为因素的干扰，保证了权重确定的客观性。另一方面，熵值法的计算步骤相对简单，易于操作和理解，适用于各种类型的多指标评价问题。本研究利用熵值法确定潜力指数中各指标权重的过程主要包括以下几个步骤：

①运用最大最小值法对原始数据进行无量纲处理

对于正向指标（即对潜力指数产生正向影响）：

$$r_{ij}=\frac{x_{ij}-\min x_{ij}}{\max x_{ij}-\min x_{ij}} \tag{4-3}$$

对于负向指标（即对潜力产生负向影响）：

$$r_{ij}=\frac{\max x_{ij}-x_{ij}}{\max x_{ij}-\min x_{ij}} \tag{4-4}$$

式中，r_{ij} 为经过无量纲处理后的指标值，x_{ij} 为初始指标值，$\max x_{ij}$ 和 $\min x_{ij}$ 分别表示指标的最大值和最小值。标准化处理后的数据如表 4－2 所示。

表 4－2　原始数据标准化处理结果

指标	江苏	上海	浙江	福建
x10	0.319 2	0	0.230 9	0.427 2
x11	0	0.216 1	0.444 9	0.151 5
x12	0.246 9	0.069 3	0.215 1	0
x13	0	0.089 0	0.179 5	0.072 7
x14	0.286 9	0.415 8	0.047 8	0
x15	0.157 2	0.548 1	0.153 8	0
x16	0.056 6	0.276 2	0	0.125 5

②计算第 j 个项目下第 i 个指标的熵值：

$$e_i = -k\sum_{j=1}^{m} p_{ij} \cdot \ln p_{ij} \tag{4-5}$$

其中 $p_{ij} = r_{ij} / \sum_{i=1}^{m} r_{ij}$，$k = 1/\ln m$，当 $p_{ij} = 0$ 时，令 $p_{ij} \cdot \ln p_{ij} = 0$。

③计算第 i 个指标的权重：

$$E_i = \frac{1-e_i}{\sum_{i=1}^{n}(1-e_i)} \tag{4-6}$$

综合上述平均赋权法和熵值法，各指标最终的权重确定结果如表 4－3 所示。

表 4－3　海洋产业景气指数评价指标权重

一级指标	二级指标	指标权重
规模指数	海洋生产总值 GDP（亿元）	0.1
	海洋生产总值占 GDP 的比重（%）	0.1
结构指数	海洋产业结构高级化水平	0.1
	海洋产业结构合理化水平	0.1
成效指数	海洋产业对 GDP 增长的贡献率（%）	0.04
	涉海就业人数占总人口的比重（%）	0.04
	沿海城市国内旅游人数（万人·次）	0.04
	沿海港口货物吞吐量（万吨）	0.04
	人均海洋水产品产量（千克）	0.04

（续）

一级指标	二级指标	指标权重
潜力指数	浅海滩涂海湾可养殖面积（千公顷）	0.035
	沿海主要港口生产用码头泊位数（个）	0.030 4
	沿海地区旅行社数（家）	0.03
	海洋科研机构数（个）	0.031 8
	万名涉海就业人员中海洋科技人员数（人）	0.022 5
	海洋专利授权数（件）	0.024 7
	普通高校海洋专业在校生占总人口比重（‰）	0.025 6
绿色指数	近岸海域无机氮平均浓度（mg/L）	0.05
	近岸海域活性磷酸盐平均浓度（mg/L）	0.05
	沿海地区工业污染治理完成投资占 GDP 的比重（‰）	0.05
	海洋类型保护区数量（个）	0.05

第五章 东海海洋产业景气指数分析

东海海洋产业在全国海洋经济发展中占据着举足轻重的地位。东海地区地处长三角核心区域，北起江苏连云港赣榆，南至福建漳州诏安，紧邻江苏、浙江、福建3省以及上海市，包括东海和南黄海。大陆岸线长约6 800千米，滩涂总面积约9 500平方千米，面积500平方米以上的海岛4 200多个，海洋资源丰富多样。2023年全年东海地区海洋生产总值实现42 589亿元，比上年增长7.5%，海洋三次产业结构比达4.2∶36.1∶59.7，东海地区海洋经济总体稳中有进，量质齐升①。与此同时，按照以陆定海、陆海联动的基本原则，东海地区海洋经济布局不断优化，已形成以长三角为核心、以沿海产业带为轴线、三省一市各具特色的总体经济发展格局②。东海海洋产业的发展不仅带动了本地区经济的快速增长，还通过辐射效应促进了周边地区乃至全国沿海地区的经济发展。长三角地区作为中国经济最为发达的区域之一，其海洋产业的繁荣对于提升全国海洋经济的整体竞争力具有重要意义。因此，运用海洋产业景气指数充分掌握东海地区海洋经济运行现状、发现问题并对未来走势进行预测，对于其海洋经济相关战略和政策的制定及实施具有重要的现实意义。

第一节 总指数测算结果

（一）东海整体海洋产业景气时空演变分析

1. 东海整体海洋产业景气时序演化分析

通过对箱型图（图5-1）所示数据的深入分析，可以洞察到东海海洋产业

① 郑珍远，刘婧，李悦．基于熵值法的东海区海洋产业综合评价研究［J］．华东经济管理，2019，33（9）：97-102.

② 马仁锋，张悦，王江，等．中国沿海地区海洋产业结构演进及其增长效应［J］．宁波大学学报（理工版），2023，36（3）：121.

景气指数在2006—2020年间的演变特征。观察中位数的变化趋势，可以发现，在上述时间段内，东海海洋产业景气指数的中值持续攀升，反映出海洋产业的整体实力和市场活力在逐年增强。尽管如此，指数值大多集中在0.4～0.6区间内，这一分布格局暗示着东海海洋产业的整体繁荣程度尚有较大的提升潜力。进一步分析区域间的发展差异，2006—2018年，东海各省份海洋产业景气指数的离散程度逐渐增大，这一现象揭示了区域内部发展速度不均衡，部分省份在海洋产业发展上取得了较快的进步，而其他省份则相对滞后。这种不均衡的发展态势在一定程度上制约了东海整体海洋产业的协调发展。然而，从2018—2020年的数据来看，区域内部差异有所缩小。这一变化可能是政策调控和市场机制优化的结果，表明各省份在海洋产业发展上趋向平衡，区域合作与协同发展效果显著。这一正向转变对于促进东海海洋产业的整体进步和竞争力提升具有深远影响，并为实现长期可持续发展奠定了坚实基础。综上所述，2006—2020年期间，东海海洋产业景气指数总体呈现上升趋势，但仍需在政策支持、产业结构调整、区域协作和环境保护等方面进行深入优化。通过实施针对性的策略和措施，东海海洋产业有望实现更为卓越的发展水平，进而为国家经济的持续增长贡献更大的力量。

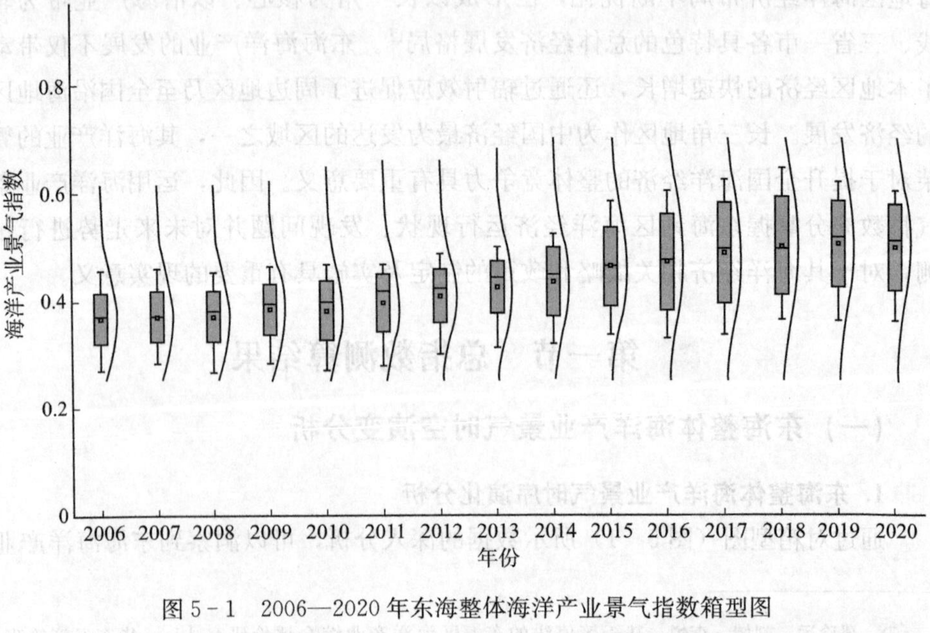

图5-1　2006—2020年东海整体海洋产业景气指数箱型图

根据图5-2所示的数据，2006—2020年东海海洋产业景气指数呈现波动上升的趋势。详细来看，该地区海洋产业景气的年度评估得分依次为0.437、

0.452、0.437、0.460、0.420、0.444、0.434、0.514、0.510、0.638、0.652、0.688、0.690、0.646、0.612，而同期增长率则分别为 3.361%、-3.362%、5.333%、-8.757%、5.716%、6.691%、8.488%、-0.759%、5.083%、2.289%、5.518%、0.218%、-6.305%、-5.368%。尽管个别年份的景气指数有所回落，但多数时间内的增长态势较为显著，尤其是在 2012—2013 年期间，增长率均超出了 6%，显示出该时期海洋产业的强劲发展动力。

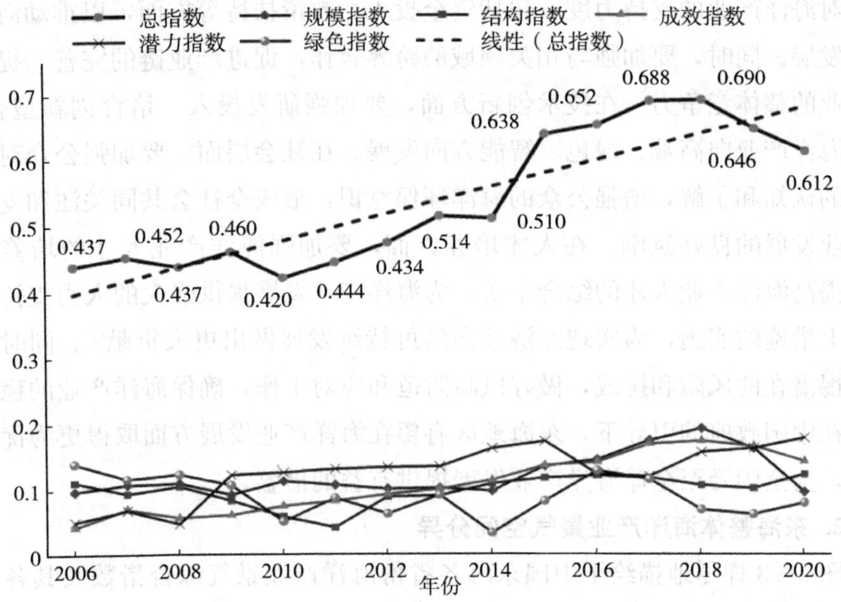

图 5-2　2006—2020 年东海整体海洋产业景气指数变化趋势

进一步分析五项指数得分曲线，东海在海洋产业发展上表现出稳定增长的态势。特别是在成效指数和潜力指数方面，其得分曲线整体上升，与海洋产业景气总指数的变化趋势相吻合。这表明东海的海洋产业发展成效和潜力逐步显现，对区域经济发展起到了积极的推动作用。然而，结构指数的变化曲线呈现出“V”形，反映出东海海洋产业结构的优化过程并非一帆风顺，而是经历了一段曲折的演进历程。海洋产业结构的优化是一个动态过程，需要不断调整和优化，以适应不断变化的市场环境①。另外，规模指数和绿色指数的得分曲线波动较大，意味着浙江省在海洋产业规模扩大和绿色发展方面还存在一定挑

① 刘强，鲁亚运，原峰．中国海洋经济增长省际差异及收敛性研究［J］．资源开发与市场，2020，36（8）：865-872.

战。要想实现海洋产业的可持续发展，必须克服这些挑战，进一步优化产业规模和提高绿色发展水平。

总体来看，东海在海洋产业发展上取得了一定的成绩，但也暴露出一些问题。未来，东海应继续加大产业结构优化调整的力度，提高产业规模和绿色发展水平，以实现海洋产业的可持续发展。同时，也要密切关注市场变化，适时调整产业发展策略，以应对可能出现的新挑战。在政策层面，中国政府应继续加大对海洋产业的支持力度，包括资金投入、政策扶持等方面，以推动海洋产业的发展。同时，要加强与相关领域的跨界合作，促进产业链的完善，提高海洋产业的整体竞争力。在技术创新方面，要加强研发投入，培育创新型企业，推动海洋产业向高端、绿色、智能方向发展。在社会层面，要加强公众对海洋产业的认知和了解，增强公众的海洋环保意识，形成全社会共同关注和支持海洋产业发展的良好氛围。在人才培养方面，要加强海洋产业人才的培养和引进，提高海洋产业人才的综合素质，为海洋产业发展提供强大的人力支持。通过以上措施的实施，为实现经济社会的可持续发展做出更大贡献①。同时，也要警惕潜在的风险和挑战，做好风险防范和应对工作，确保海洋产业的稳健发展。在中国政府的引导下，东海地区有望在海洋产业发展方面取得更为优异的成绩，为全国乃至全球海洋产业发展提供有益的借鉴。

2. 东海整体海洋产业景气空间分异

图 5－3 详尽地描绘了中国东海各省份海洋产业景气综合指数及其各分项指数的变化趋势及区域间的差异性。从图 5－3a 可见，福建省海洋产业景气总指数居于领先地位，紧随其后的是浙江省与上海市，而江苏省则位于末位。深入分析图 5－3b 至图 5－3f 部分，可以观察到江苏省除了在绿色指数方面外，其余分项指数均处于较低水平。尤其在成效指数方面，江苏省与其他省份存在显著差距，这也是其海洋产业景气综合指数落后的主要原因。相比之下，浙江省在结构指数、成效指数和潜力指数方面展现出较高的发展水平，但规模指数和绿色指数相对较低，这说明浙江省在海洋产业的整体布局上虽较为合理且成效显著，但在规模扩展和绿色环保方面尚需进一步努力。福建省各分项指数在东海各省份中均名列前茅，但其潜力指数相对偏低，暗示福建省在海洋产业发展上虽已取得一定成就，但仍需探索更大的发展潜力。上海市的规模指数位居

① 鲁亚运，姚琴．中国海洋经济高质量发展的时空特征研究［J］．资源开发与市场，2024，40（5）：687－697.

各省份之最，凸显了其海洋产业的庞大规模。然而，其绿色指数远低于其他地区，表明上海市在推动海洋产业发展的同时，需更加注重环境保护，以实现可持续发展。总体而言，东海各省份在海洋产业发展上各具特色，既有优势也存在不足。福建省、浙江省和上海市在特定领域的发展水平较高，但仍需在其他方面进行优化。江苏省则需全面提升海洋产业的整体发展水平。各地应结合自身实际，相互借鉴，共同促进中国海洋产业的持续健康发展。

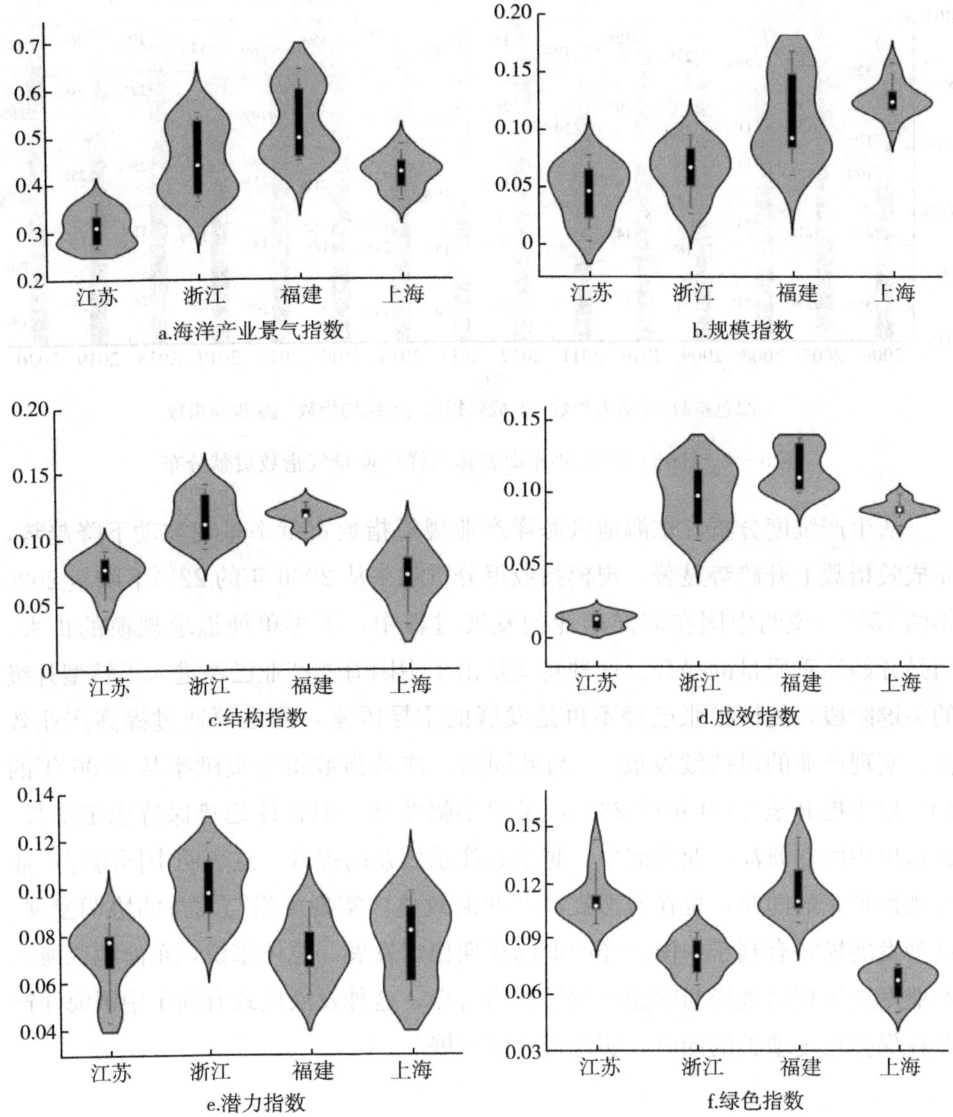

图 5-3 2006—2020 年东海整体海洋产业景气指数空间分异

（二）东海整体海洋产业景气总指数贡献分布

为了全面分析和评估东海地区海洋产业的发展状况，本章将对东海海洋产业景气总指数的分项目指标数据进行深入分析。图 5-4 展示了规模指数得分、结构指数得分、成效指数得分、潜力指数得分和绿色指数得分的贡献分布，以深入理解东海地区海洋产业的现状和未来发展潜力。

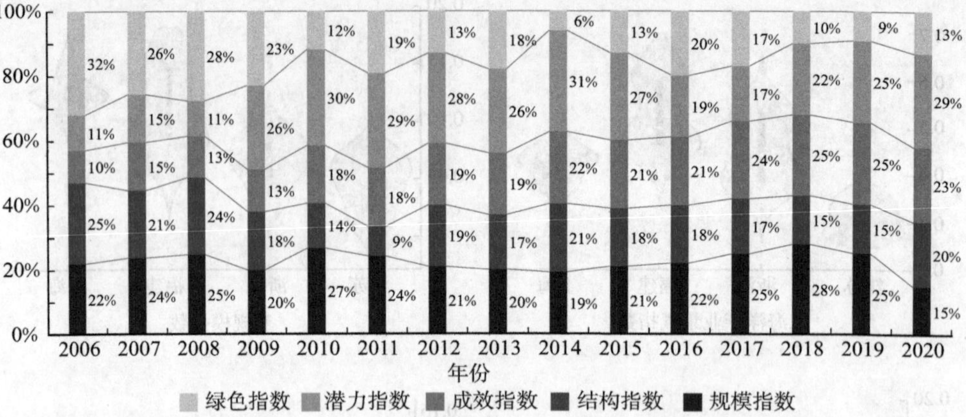

图 5-4　2006—2020 年东海整体海洋产业景气指数贡献分布

从生产维度分析，东海地区海洋产业规模指数贡献率呈现波动下降趋势，而成效指数上升趋势显著。规模指数得分贡献率从 2006 年的 22%下降至 2020 年的 15%，说明中国在海洋产业的发展过程中，不再单纯追求规模的扩大，而是开始注重质量的提升。这种转变是由于中国海洋产业已经进入了转型升级的关键阶段，规模扩张已经不再是发展的主导因素，而是要通过提高产业效益，实现产业的可持续发展[①]。与此同时，成效指数得分贡献率从 2006 年的 10%稳步提升至 2020 年的 23%，虽然小幅波动，但整体趋势保持稳定增长，显示出中国在海洋产业发展中，越来越注重效益的提升。这表明中国海洋产业在规模扩张的同时，也在努力提高产业的效益，实现规模与效益的协调发展。这种发展模式有利于中国海洋产业的长期稳定发展。总体来说，东海地区海洋产业发展呈现出规模与效益协调发展的特点。这种发展模式有利于中国海洋产业在保持稳定增长的同时，实现可持续发展。

① 刘曙光，黄悦，尚英仕．中国海洋经济高质量发展耦合协调度及其区域差异性研究［J］．海洋开发与管理，2023，40（10）：3-11.

从发展维度分析，东海地区潜力指数和绿色指数表现出完全相反的演变趋势。潜力指数对海洋产业景气指数的贡献率从 2006 年的 11%提升至 2020 年的 29%，表明东海地区在海洋产业发展方面具有较大的潜力，为产业景气指数的提升提供了有力的支撑。与此同时，绿色指数对海洋产业景气指数的贡献率呈现逐年下降的趋势，由 2006 年的 32%下降到 2020 年的 13%。说明东海地区在海洋产业发展上，对传统资源的依赖逐渐减弱，而对可持续发展的重视程度不断提高①。这种转变在一定程度上反映了中国在海洋资源开发与管理方面的进步。从区域角度来看，东海地区的海洋产业发展呈现出两个明显的特点：一是潜力指数的逐年上升，表明该地区在海洋产业方面的增长潜力较大，有望在未来成为中国海洋产业的重要发展区域；二是绿色指数的下降，说明该地区在追求经济增长的同时，也在积极寻求绿色、可持续的发展路径。然而，东海地区在海洋产业发展中也面临一些挑战。首先，虽然潜力指数上升，但与一些沿海发达地区相比，其产业基础和科技创新能力仍有一定差距，需要加大投入，提升产业整体竞争力。其次，绿色指数的下降趋势表明，东海地区在海洋环境保护和资源利用方面还存在不足，需要进一步加强生态文明建设，实现绿色发展。

从结构维度分析，东海地区结构指数对海洋产业景气指数的贡献度在考察期内表现出波动性，自 2006 年的 10%增长至 2010 年的 30%，随后在 17%～31%的范围内波动，总体趋势向上。这一趋势反映了结构指数在海洋产业景气指数构成中地位的逐步提升，以及其在推动海洋产业发展中的影响力日益增强。伴随着结构指数贡献率的增长，中国海洋产业结构持续优化，新兴产业迅速崛起，传统产业也在经历转型升级。具体而言，新兴产业如海洋生物医药、海洋新能源、海洋工程技术等领域实现了显著进步，成为驱动海洋经济增长的关键力量②。同时，传统产业如海洋渔业、造船业等亦在不断创新和提升，以增强产值和效益。此外，东海地区的海洋产业政策也在持续调整和完善，以适应产业结构变化的需求。政府加大了对新兴产业的扶持力度，为企业创新和产业升级提供了坚实支撑。同时，政府强化了对海洋环境保护和资源合理利用的管理，确保了海洋产业的可持续发展。在这些措施的支持下，东海地区海洋产

① 狄乾斌，陈小龙，王敏．中国沿海海洋生态福利绩效时空差异及演化趋势分析［J］．海洋通报，2022，41（3）：302-314.

② 曹艳，谢素美，李宁，等．中国海洋战略性新兴产业研究综述［J］．海洋开发与管理，2022，39（12）：53-59.

业的国际竞争力逐步增强①。中国海洋产品的出口额持续增长，市场占有率不断扩大，国际地位稳步提升。与此同时，中国与全球各地的海洋产业合作日趋紧密，积极融入国际海洋产业链分工，为全球海洋经济的发展做出了积极贡献。

第二节　分指数测算结果

（一）东海海洋产业规模指数分析

图 5-5 所示数据揭示了东海地区在 2006—2020 年间规模指数的动态变化，其趋势呈现出倒“V”形的增长模式，具体数值如下：2006 年为 0.096，2007 年为 0.106，2008 年微增至 0.108，2009 年回落至 0.091，2010 年回升至 0.112，2011 年和 2012 年分别为 0.106 和 0.099，2013 年小幅增长至 0.101，2014 年和 2015 年分别为 0.096 和 0.134，2016 年和 2017 年分别增长至 0.144 和 0.173，2018 年达到峰值 0.19，2019 年规模指数略有下降至 0.161，而在 2020 年再次降至 0.095，最后以 0.095 结束。从海洋生产总值的增长和其在地区生产总值中的占比两个维度分析，海洋生产总值呈现出连续增长的趋势，这一现象映射出中国海洋经济在所考察时间段内的稳健发展与规模扩张。相对地，海洋产业在地区生产总值中的比重则表现出倒“N”形的曲线发展，尽管其比例经历了波动，但总体趋势指向海洋产业地位与影响力的逐步提升。

深入探究海洋生产总值的增长轨迹，可以发现其在 2006—2020 年间持续上升，这不仅反映了中国海洋经济的稳定性，也显示了其在国民经济中的持续壮大。而海洋生产总值的比重波动则揭示了海洋产业在地区生产总值中的地位虽有所起伏，但总体上呈现出积极的上升态势。尽管如此，海洋产业比重的波动性提示必须关注影响海洋产业发展的内外部因素，以保障其稳定和持续的增长。针对海洋产业在地区经济中所占比重的波动性，政府应当进一步强化对海洋产业的支持，优化产业结构，提升海洋产业的核心竞争力。展望未来，预计中国海洋经济将持续其稳定增长的态势，海洋产业在地区生产总值中的比重有望进一步增加。为达成这一预期，必须深化海洋产业的体制改革，激发海洋科

① 唐书林，宋志凯，郭杰，等．东海区海洋经济创新发展示范城市建设跟踪评估研究［J］．海洋经济，2021，11（4）：80-88.

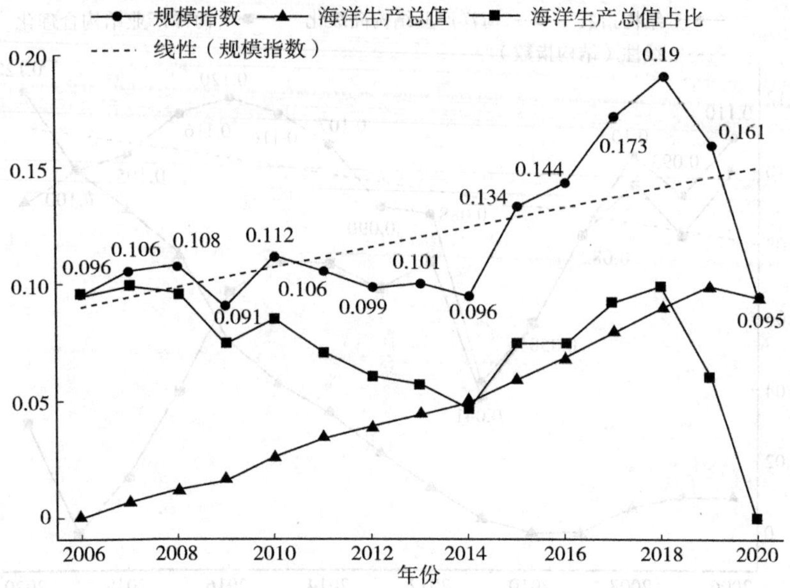

图 5-5　2006—2020 年东海整体规模指数变化趋势

技创新活力，提高海洋资源的开发与利用效率。同时，还需加强海洋环境保护和防灾减灾工作，以确保海洋经济的可持续发展。

（二）东海海洋产业结构指数分析

图 5-6 揭示了东海地区成效指数在 2006—2020 年间所遵循的一种特殊的倒置“N”形增长轨迹。该指数初始值为 0.110，并在随后的年份中经历了起伏，最终达到 0.122 的高点。具体数值序列为 0.110、0.093、0.104、0.082、0.058、0.041、0.088、0.090、0.107、0.116、0.120、0.116、0.105、0.100、0.122。尽管其间存在波动，成效指数的整体趋势是向上的，反映出东海地区在相应时期内，在政策执行和资源配置方面取得了积极成效。然而，这一增长并非直线上升，特别是在 2016 年之后，增长速率有所减缓。这一变化可能与东海地区在国际政治经济格局中的地位变化、资源开发策略调整以及区域安全形势的复杂性有关。

进一步分析东海地区的海洋产业结构，可以看到高级化指数的显著增长，这一现象标志着该地区海洋产业正在向技术密集型和高附加值的领域转型。这种转型受到政府政策的大力支持和市场需求的双重驱动，使得新兴海洋产业迅速崛起，并推动传统产业实现升级改造。尽管如此，海洋产业结构合理化指数

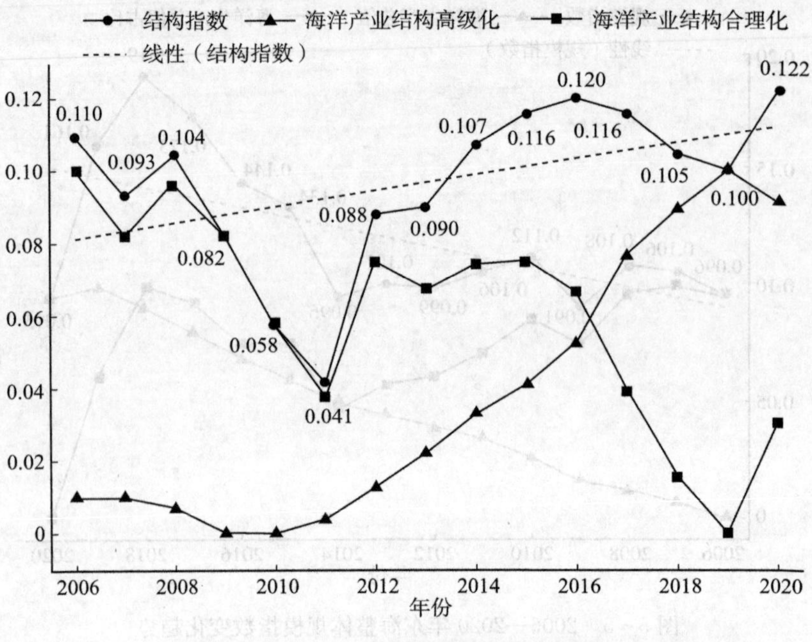

图 5-6　2006—2020 年东海整体结构指数变化趋势

的波动下降趋势，提示产业结构优化过程中仍面临挑战。新兴产业的快速发展带来了产业结构的加速调整，某些区域可能因此出现结构失衡。同时，沿海地区海洋资源的过度开发给生态环境带来压力，强调了加强海洋生态保护的必要性①。此外，全球经济波动和贸易摩擦也对海洋产业出口构成挑战，对产业结构的合理化产生影响。因此，东海地区在追求海洋产业结构高级化的同时，也需要平衡产业发展与生态保护之间的关系，以实现长期可持续发展。

(三) 东海海洋产业成效指数分析

图 5-7 所示的数据反映了东海地区成效指数在 2006—2020 年期间的演变轨迹，该指数整体上显示出了强劲的增长势头，并且实现了显著的累积增长。具体数值序列为 0.042、0.070、0.056、0.060、0.074、0.081、0.092、0.099、0.113、0.135、0.140、0.167、0.172、0.164、0.141，累计增幅达到了 234.834%。这一增长趋势体现了东海地区在海洋经济领域的迅猛发展态势以及在关键领域所取得的突出成就。

---

① 宾津佑，唐小兵．中国海洋资源环境效率时空演变特征与脱钩效应研究［J］．统计与决策，2023，39（20）：109-113．

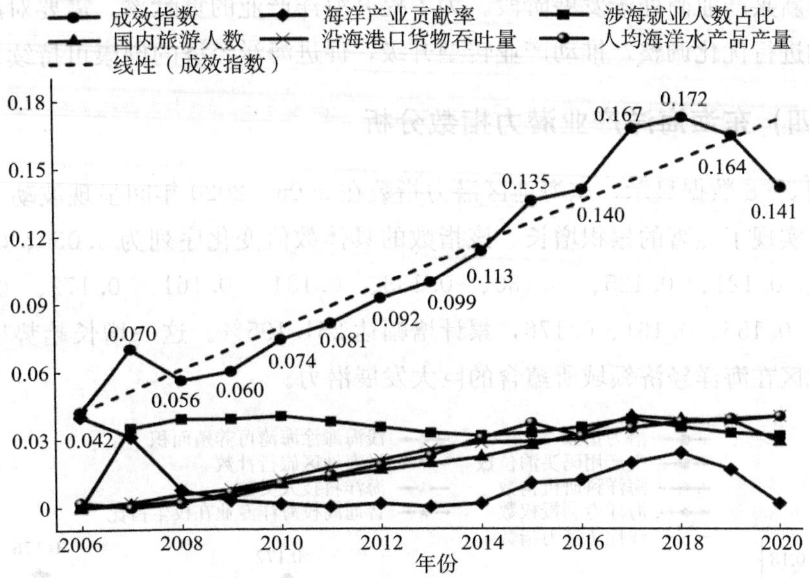

图 5-7　2006—2020 年东海整体成效指数变化趋势

在此期间，东海地区海洋产业就业人数比例、人均海洋水产品产量、沿海港口货物吞吐量及国内旅游人数均呈现出明显的上升趋势，而海洋产业的贡献率却出现了下滑。就海洋产业就业人数比例而言，近年来东海地区海洋产业就业人口数量持续上升，这主要得益于海洋产业的快速扩张和人才需求的增加，从而为当地居民提供了大量的就业机会。然而，这一增长也对环境造成了一定压力。人均海洋水产品产量的持续增加表明中国在海洋渔业资源开发方面取得了积极成果，为民众提供了丰富的海洋食品资源。但与此同时，过度捕捞和海洋环境污染等问题也逐渐显现，这些问题对海洋生态系统造成了损害，制约了海洋产业的可持续发展①。沿海港口货物吞吐量的快速增长反映出中国沿海港口基础设施的不断完善和国际贸易活动的繁荣。然而，港口吞吐量的持续增长也需要关注港口资源的合理利用和环境保护问题。国内旅游人数的增加同样带动了海洋旅游业的发展，随着居民生活水平的提高，对海洋旅游的需求不断增长，为海洋产业带来了新的增长点。然而，这也对海洋资源保护提出了更高的要求，需要平衡旅游发展与资源保护之间的关系。值得注意的是，海洋产业的贡献率却呈现出下降趋势。这主要是由于一些传统海洋产业面临转型升级的压

① 周永远，刘明，张聪，等．全球变暖对海洋生态系统的影响分析［J］．中国资源综合利用，2024，42（3）：165-167.

力，而新兴产业尚处于发展阶段。为了提升海洋产业的贡献率，需要对海洋产业结构进行优化调整，推动产业转型升级，促进海洋经济的健康可持续发展。

（四）东海海洋产业潜力指数分析

图 5-8 数据显示，东海地区潜力指数在 2006—2020 年间呈现波动上升趋势，并实现了显著的累积增长。该指数的具体数值变化序列为 0.050、0.068、0.047、0.121、0.125、0.130、0.133、0.134、0.161、0.172、0.122、0.119、0.155、0.161、0.176，累计增幅达 251.195%。这一增长趋势反映了东海地区在海洋经济领域所蕴含的巨大发展潜力。

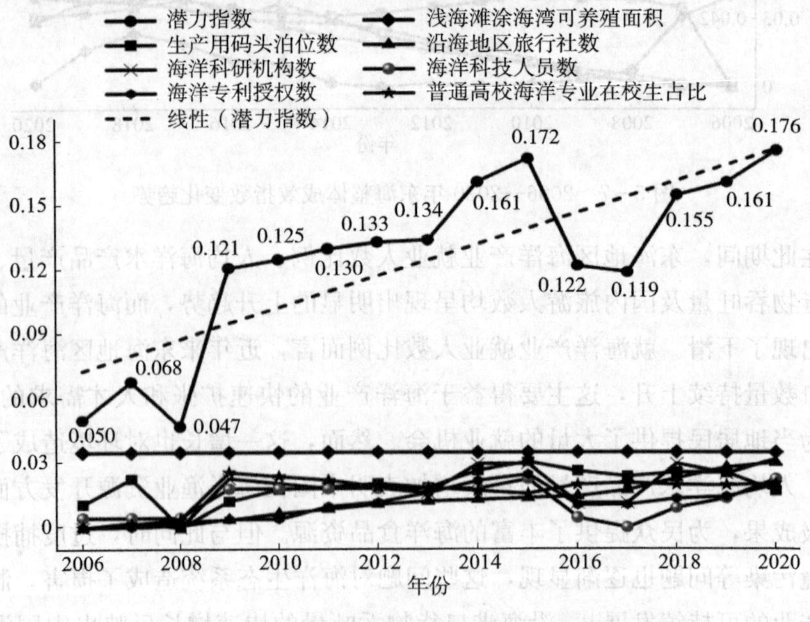

图 5-8　2006—2020 年东海整体潜力指数变化趋势

深入探究东海地区潜力指数增长的驱动力，可发现该地区在多个关键领域取得了积极进展。尽管浅海滩涂海湾养殖面积和生产用码头泊位数量等指标出现波动，但波动幅度相对有限。沿海旅行社数量持续增长，显示出旅游业的蓬勃发展。此外，普通高校海洋专业在校学生比例、海洋科研机构数量以及海洋专利授权数均呈现波动性增长，这些都是推动地区潜力增长的重要因素。一系列政策支持和科技创新为东海地区的发展提供了强大动力。中国政府在海洋经济发展方面出台了一系列政策措施，如加大海洋产业投资、优化产业结构和提升海洋科技创新能力等，这些措施为东海地区的发展提供了坚实保障。同时，东海地区的海洋科研实力也在不断增强，海洋科研机构数量的增加为经济发展提供了强有力的技术支撑①。海洋专利授权数的增长进一步印证了东海地区在海洋科技创新方面取得的显著成果，为潜力指数的提升注入了新的活力。此外，东海地区在海洋人才培养方面也取得了显著成效。普通高校海洋专业在校学生比例的提高意味着该地区拥有更为丰富的人力资源，为海洋经济发展注入了新的活力。然而，在发展过程中，东海地区也面临一些挑战，如海洋环境污染和资源过度开发等问题，这些问题对地区的可持续发展构成了压力。总之，东海地区在未来的发展中应继续发挥政策支持和科技创新的引领作用，加大海洋产业投入，提升海洋科技创新能力，培养高素质的海洋人才。同时，地区还需强化海洋环境保护，推动海洋经济的可持续发展。

（五）东海海洋产业绿色指数分析

图 5－9 所示数据揭示了东海地区绿色指数在 2006—2020 年的变动轨迹，该指数表现出显著的波动下降趋势。具体数值序列为 0.139、0.116、0.122、0.105、0.051、0.086、0.062、0.090、0.033、0.081、0.127、0.114、0.068、0.061、0.078。进一步，可以划分为三个阶段：第一阶段（2006—2010 年）：绿色指数初始阶段，指数值在 0.139～0.051 波动。在此期间，东海地区在环保政策、生态修复、资源利用等方面取得了一定的成果，但受到产业结构调整、经济发展等因素的影响，绿色指数呈现出波动下降的趋势。第二阶段（2011—2015 年）：绿色指数加速下降阶段，指数值从 0.086 降至 0.081。在这一阶段，东海地区面临更为严重的环境问题，如工业污染、生态破坏等。尽管政府加大了环保力度，提出了多项政策措施，但由于实施效果不佳，绿色指数仍呈现加速下降的趋势。第三阶段（2016—2020 年）：绿色指数企稳回升阶段，指数值在 0.127～0.061 波动。在这一阶段，东海地区开始重视绿色发展，加大产业结构调整力度，推动清洁能源、循环经济等产业发展。同时，政府强化环保法律法规，加大执法力度，使得绿色指数逐渐回升。总体来看，东海地区绿色指数在 2006—2020 年呈现出波动性下降的趋势，但在最后阶段已有企稳回升的迹象。

在深入分析东海地区绿色指数的变动趋势时，可以观察到，沿海工业区污

① 陈小龙，狄乾斌，梁晨露，等．中国海洋科技与绿色发展融合关系及动态交互效应 [J]．经济地理，2024，44（2）：112－123.

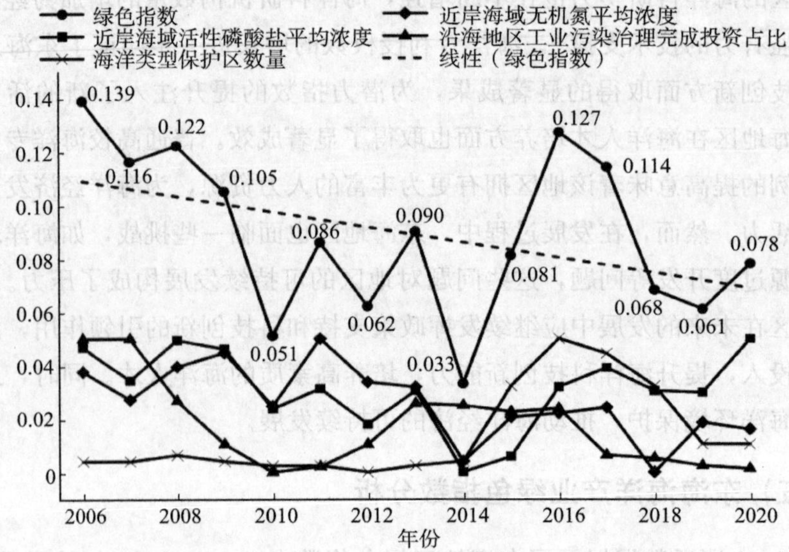

图 5－9　2006—2020 年东海整体绿色指数变化趋势

染治理进度呈现出倒“N”形曲线，表明该地区在污染治理方面经历了先上升后下降的过程。这可能是由于在治理初期，相关政策得到有效执行，污染源得到有效控制，从而推动绿色指数上升。然而，随着时间的推移，污染治理进入深水区，进一步降低污染物排放的难度增加，导致治理效果逐渐减弱。此外，近岸海域活性磷酸盐的浓度波动较大，这可能与气候变化、海流模式以及沿岸农业活动等因素有关[①]。活性磷酸盐作为水体富营养化的关键指标，其浓度波动会对海洋生态系统产生深远影响。因此，必须加强对活性磷酸盐排放的监管，并从源头上控制污染。值得注意的是，无机氮的平均含量在近岸海域有所降低，这一成果得益于中国在海洋环境保护方面的持续努力。近年来，中国实施了一系列海洋污染防治措施，包括限制氮肥的使用、加强污水处理等，有效降低了无机氮的排放量。最后，海洋类型保护区的数量自 2014 年以来显著增长，这些保护区在保护海洋生物多样性、维持生态平衡以及提高绿色指数方面发挥了积极作用。通过设立和管理这些保护区，不仅可以保护珍稀濒危物种，还可以为科学研究提供重要的自然实验室，进一步推动海洋科学的发展。

① 崔小爱，李乐，吴一亚．基于入海河流陆源污染削减的入海排污口设置研究［J］．四川环境，2022，41（3）：34－43.

第六章 江苏省海洋产业景气指数分析

江苏省沿江沿海，是中国重要的综合交通枢纽与沿海新型工业基地。江苏省正大力建设以连云港为核心的江苏沿海港口群，利用得天独厚的滩涂资源，发展滩涂农林牧业、滨海旅游业。据统计，2023 年江苏省海洋生产总值 9 606.9 亿元，比上年增长 6.7%，海洋三次产业结构比为 3.1∶41.9∶55.0，分别占全国海洋生产总值的 9.7%、东海地区海洋生产总值的 22.6%、江苏省地区生产总值的 7.5%，江苏省海洋经济整体显示出强劲的增长势头①。“十四五”时期，伴随海洋强国政策深入推进，江苏省仍将持续深化陆海统筹、江海联动、河海联通、湖海呼应、港产城融合，大力发展江苏特色海洋经济。但就目前发展现状及国际国内大环境来看，江苏省海洋经济在海洋资源利用与保护、产业结构优化升级、科技创新、国际竞争环境等方面仍面临严峻挑战②。为此，本章利用目前统计数据，运用相关方法分析江苏省海洋经济景气指数发展前景，从而综合判断江苏省海洋经济运行总体情况，对于海洋经济发展战略的制定具有十分重要的借鉴意义。

第一节 总指数测算结果

江苏省海洋产业发展效果主要通过特定值指标反映，对比分析所选取指标在一段时期内发生的变化趋势，具体包括以下两部分：第一部分，包括对江苏省海洋产业整体发展效果的评估，并通过对比分析评估江苏省海洋产业在东海

① 何兵，南国淇，于秀秀．江苏省海洋经济与区域产业结构协调度研究［J］．连云港职业技术学院学报，2024，37（1）：13－19．

② 高升，纪昊师，薛晴馨．江苏省海洋经济系统脆弱性动态演化及驱动因素分析［J］．海洋经济，2023，13（5）：50－58．

海洋产业中的整体成效；第二部分，以规模指数、结构指数、成效指数、潜力指数以及绿色指数为指标，从发展规模、发展结构、发展成效、发展潜力及绿色发展水平五个方面评估江苏省海洋产业的发展效果。

（一）江苏省海洋产业景气总指数变化趋势

如图 6-1 所示，2006—2020 年江苏省海洋产业整体发展呈现波动上升趋势。其中，从总指数变化趋势来看，江苏省海洋产业在 2006—2020 年的增长率分别为 4.89％、－5.37％、5.34％、－4.29％、3.07％、7.69％、4.10％、2.11％、5.33％、－1.61％、1.85％、7.97％、－0.47％和 0.03％。其中，2020 年江苏省海洋产业总指数为 0.362，较 2006 年的 0.270 整体增长 33.98％。

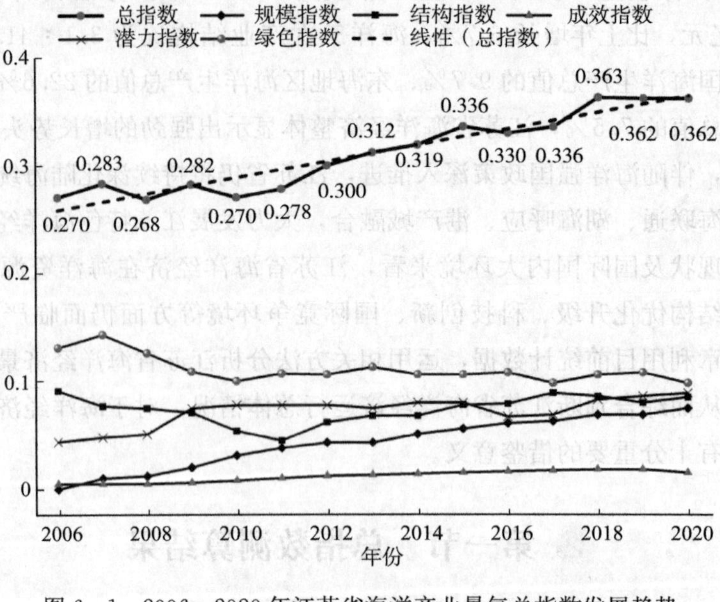

图 6-1　2006—2020 年江苏省海洋产业景气总指数发展趋势

基于江苏省海洋产业总指数发展整体走向，其波动趋势具备显著的时代特征，与各阶段江苏省海洋产业发展规划相吻合。为更清晰判断江苏省海洋产业发展状况，本书依托“十一五”“十二五”及“十三五”海洋经济发展背景，对比分析不同时期江苏省海洋产业发展成效。“十一五”期间（2006—2010 年），江苏省海洋产业尚处于萌芽探索阶段，海洋经济总体实力有所提升，但发展过程艰辛。其中 2008 年与 2010 年皆较前一年出现不同程度减幅，2008

年江苏省海洋产业成效较 2007 年明显下滑，增长率为−5.37%。进一步比较规模指数、结构指数、成效指数、潜力指数、绿色指数五项得分曲线的变化趋势。“十一五”期间，江苏省海洋产业规模指数、潜力指数和成效指数增长显著，增长率依次为 100%、77.68%和 68.75%，海洋经济规模有所扩张、产业结构得以调整、海洋产业发展前景广阔。与之相反的是，海洋产业绿色指数和结构指数呈现负增长，潜力指数、规模指数、结构指数增长率分别为−23.81% 和−40.68%。该时期江苏省海洋产业结构趋同、空间布局不合理、海洋资源利用效率低下，海洋生态建设任务艰巨。

“十二五”时期，是中国海洋经济快速增长的黄金期，全国沿海各地尤其是国家海洋经济发展试点地区掀起新一轮海洋开发热潮，江苏省海洋经济实现“洼地崛起”的紧迫感进一步增强，海洋经济发展面临前所未有的重大机遇。为摆脱早期海洋经济总体规模小、海洋产业结构趋同、空间布局不够合理等发展窘境，江苏省颁布“十二五”海洋经济发展规划，以期通过提升海洋经济综合竞争力、转变海洋经济增长方式、加大海洋科技创新步伐，着力优化海洋经济结构、不断提升海洋经济综合效益、构建江苏国民经济持续快速发展的新引擎①。依总指数趋势来看，2011—2015 年，江苏省海洋产业发展稳健，由 2011 年的 0.278 4 提升至 2015 年的 0.335 7，整体增长 20.58%，可见改革发展效果显著。此外，从结构指数、成效指数、规模指数、潜力指数等指标发展趋势来看，“十二五”期间，江苏省海洋产业结构、海洋经济实力、产业规模以及发展潜力皆改善显著，增长率依次为 71.96%、49.02%、48.28%和 3.09%。2011—2015 年江苏省海洋产业绿色发展指数增长率为−0.84%，虽呈负增长态势，但海洋产业资源配置效率有所提高，产业生态整体向好。

2016—2020 年“十三五”期间，江苏省海洋产业持续向好，2020 年海洋产业整体态势较 2016 年增长 9.48%。海洋产业潜力指数、规模指数、结构指数与海洋产业总指数发展趋势一致，均呈现正向发展态势，潜力指数、规模指数、结构指数增长率分别为 32.54%、23.97%和 8.02%。而江苏省海洋产业发展成效与绿色发展水平则呈负增长，分别为−5.06%和−9.69%。可见，“十三五”期间，江苏省海洋经济基于早期发展基础稳定发挥，发展潜力、产业规模、产业结构发展速度放缓，但整体呈积极态势。与此同时，江苏省海洋

① 高升，李子怡，王润洁，等．江苏省海洋经济高质量发展评价分析［J］．海洋开发与管理，2022，39（10）：41-46.

产业结构的完善与稳定，以及发展方式向技术导向、绿色导向的转变，进一步提升了海洋经济资源利用效率，海洋产业所造成的环境污染问题日趋可控①。

(二) 江苏省海洋产业景气总指数贡献分布

江苏省坐拥954千米海岸线和3.75万平方千米管辖海域，海洋资源丰富，区位优势独特。但与之不相匹配的是，江苏海洋经济总量及其在全省经济大盘中的占比并不突出②。根据《2022年江苏省海洋经济统计公报》，初步核算，2022年江苏省海洋生产总值（GOP）达到9 046.2亿元，占地区生产总值（GDP）的比重为7.4%，占全国海洋生产总值的9.6%，位居全国第六。为此，如何推动江苏海洋经济发展，建设海洋强省备受关注。为全面分析江苏省海洋产业的发展状况，本书将对其海洋产业景气总指数的分项目指标数据进行深入探讨。图6-2清晰地展示了江苏省海洋产业景气总指数的贡献分布，其中包括规模指数得分、结构指数得分、成效指数得分、潜力指数得分和绿色指数得分五个方面。

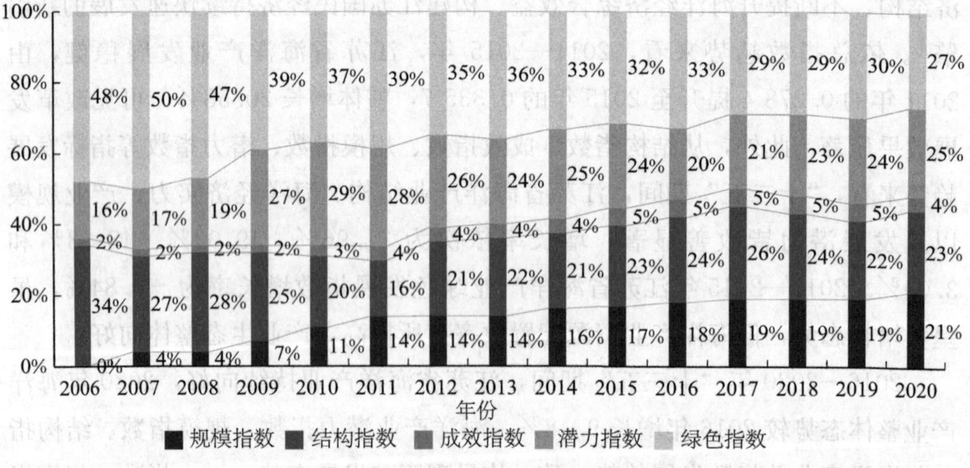

图6-2 2006—2020年江苏省海洋产业各景气指数贡献分布变化趋势

首先，就规模指数与结构指数占比变化趋势来看，江苏省海洋产业规模对本省海洋产业景气贡献率呈逐年攀升趋势，由2006年的0上升至2020年的

① 顾云娟，钱林峰，别蒙．江苏海洋经济高质量发展水平评价和对策研究［J］．海洋开发与管理，2021，38（12）：32-40.

② 王艺轩，邹雨思，包小萍．浅析政府绩效审计运行下的江苏省海洋经济高质量发展［J］．营销界，2022，（1）：164-166.

21%。其中，“十一五”(2006—2010年)期间，江苏省海洋产业规模扩张显著，海洋船舶修造、滨海旅游、海洋渔业、海洋交通运输等优势产业实力进一步提升，主要海洋产业发展突飞猛进，规模指数贡献率稳步上升。2011—2015年，江苏省海洋产业规模指数仍保持上升趋势，但增速有所放缓，规模指数贡献率上升3个百分点。而步入“十三五”时期，江苏省海洋产业规模基本定型，其对全省海洋经济发展贡献率水平在2017—2019年连续3年保持在19%，2020年产业规模贡献率有所提高，上升至21%。整体来看，江苏省海洋产业规模自“十一五”以来在不断扩大，规模经济优势逐渐显现，为全省海洋产业发展提供了坚实基础，同时为海洋经济注入动力与竞争力。在未来的发展中，江苏省应继续发挥规模经济的优势，推动海洋产业高质量发展，为中国海洋经济的繁荣做出更大贡献。为此，政府和企业应共同努力，加大政策支持力度，优化产业发展营商环境，提升创新能力，推动江苏省海洋产业高端化、绿色化、智能化发展。

其次，通过2006—2020年海洋产业结构指数与绿色指数贡献率水平的变化趋势可以看出，江苏省海洋产业结构与海洋资源环境对海洋经济整体贡献率水平皆呈下降趋势。其中海洋产业结构指数由2006年的34%下降至2020年的23%，降低11个百分点；绿色指数则由最初的48%下降至27%，降低了21个百分点。其中2006—2010年“十一五”期间，江苏省施行《江苏省“十一五”海洋经济发展专项规划》，坚持“巩固传统产业与培育新兴产业相结合”及“资源开发与环境保护并举”原则，着重调整原有海洋产业结构，优化海洋产业空间布局。通过提高科学技术在海洋产业中的投入水平，改变原有海洋产业资源依赖路径，提升海洋资源利用效率，实现海洋经济发展路径优化。这一时期，江苏省海洋产业结构指数与绿色指数在整体海洋经济发展中的贡献率下降明显，其中结构指数下降14个百分点，绿色指数下降11个百分点，江苏省海洋产业转型取得初步成效。2011年，江苏省海洋产业结构通过调整，其贡献水平降至最低，为16%。而与此同时，海洋产业结构的调整并未有效改善海洋生态环境，资源利用率水平有所反弹，海洋产业绿色指数的贡献率水平较前一年上升2个百分点，达到39%。为此，江苏省基于“十二五”与“十三五”海洋经济发展规划，历经10年，通过不断实践创新，将海洋产业结构与绿色发展水平调节至合理范围，二者趋于稳定。截至2020年，江苏省海洋产业结构指数与绿色指数贡献水平趋于平衡，分别为23%和27%。

海洋潜力指数与成效指数在2006—2020年均有所提升，其中海洋潜力指数由16%上升至25%；成效指数变化甚微，但整体也提升了2个百分点，由2%提升至4%。2010年江苏省海洋产业潜力指数最高，达到29%，与同年江苏省海洋产业规模扩张、结构调整、资源环境利用效率提高、生态环境改善相伴而行。随后，伴随着江苏省海洋经济政策的改变，以及相应海洋产业规模、结构、生态环境等的调整，江苏省海洋产业发展潜力有所浮动。2020年，江苏省海洋产业发展潜力、绿色发展水平、产业结构与规模间形成相对均衡状态，其对海洋产业整体贡献水平依次为25%、27%、23%和21%。而通过海洋产业成效指数发展趋势可以看出，江苏省海洋产业发展经历了2015—2019年的快速发展期后，逐渐趋于平稳，发展速度有所放缓，海洋经济发展进入新阶段。

综合来看，江苏省海洋产业景气发展经历了"十一五"的大刀阔斧改革期后，整体经济发展一路向好，海洋产业结构与规模趋于稳定。在"十三五"时期达到最优状态后，整体经济发展进入瓶颈期，面临新的挑战。从各指数对海洋产业贡献率水平来看，江苏省海洋产业结构指数、规模指数与绿色指数对海洋产业发展潜力与成效影响紧密。前三者间的比例状态直接影响江苏省海洋产业发展前景与实施成效。经历前期改革发展，江苏省海洋经济取得相应成果，其中海洋经济新旧动能转换扎实推进、海洋科技创新水平持续提升、海洋经济空间布局更趋优化、海洋生态环境质量改善[①]。同时江苏省海洋产业也面临海洋输入型风险加剧、海洋科技短板凸显、涉海优质资源要素争夺激烈以及海洋经济发展不平衡不充分等问题，江苏省需对标新时期海洋经济高质量发展、实现"碳达峰、碳中和"目标，对协调海洋开发与保护提出更高要求。

（三）江苏省与东海整体海洋产业景气比较

江苏省位于中国东部沿海中心地带，海域面积3.75万平方千米，海岸线954千米，海洋资源禀赋独特，沿海滩涂约占全国1/4。近年来，江苏省持续向海进发，海洋强省建设步伐不断加快。2023年，全省实现海洋生产总值9 606.9亿元，比上年增长6.7%，快于全国5.5个百分点，其中连云港、盐城、南通沿海三市的海洋生产总值全省占比过半[②]。然而与海洋资源大省地位

① 刘波，龙如银，朱传耿，等．江苏省海洋经济高质量发展水平评价［J］．经济地理，2020，40(8)：104-113.

② 单联宏，邵福泽．江苏省海洋科技创新能力及其与海洋经济发展的灰色关联分析［J］．内江科技，2024，45(5)：72-74，152.

不相匹配的是，在全国 11 个沿海省份中，江苏省海洋生产总值仅排在第六位，“蓝色引擎”作用尚未充分发挥，尽管沿海三市具有丰富的资源禀赋和巨大的增长潜力，但尚未成长为辐射带动力强的经济带。为此，为进一步了解江苏省海洋产业景气的发展水平，本书将江苏省与东海整体海洋产业景气平均水平进行对比，先从总体发展趋势进行比较分析，再从规模、结构、成效、潜力和绿色五个维度分别进行比较分析。

1. 江苏省与东海总体比较分析

由图 6－3 可见，江苏省海洋产业景气指数整体呈缓慢上升趋势，而东海整体海洋产业景气呈先波动上升后下降的趋势，同时江苏省海洋产业景气指数在东海海洋产业中的占比则呈先下降后上升态势。根据江苏省海洋产业在东海海洋产业整体发展中的占比趋势，可以将其发展大致划分为第一阶段（2006—2014 年）、第二阶段（2015—2017 年）、第三阶段（2018—2020 年）三个阶段。

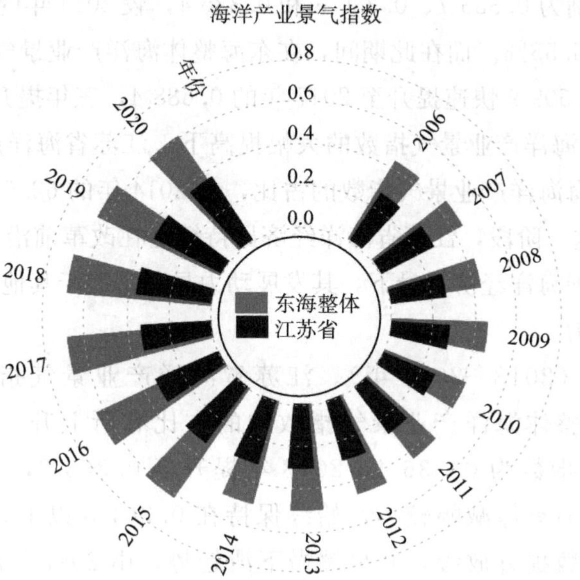

图 6－3　2006—2020 年江苏省与东海海洋产业景气指数对比分析

第一阶段（2006—2014 年）。江苏省海洋产业景气指数发展显著，超越了东海整体平均水平，并在东海整体中始终保持在 60%以上。这一成就的取得得益于江苏省绿色指数、规模指数、结构指数、潜力指数等全方面优化，进一步印证了江苏省“十一五”“十二五”时期海洋经济改革的卓越成效。江苏位于中国东部沿海中心地带，具有连接南北、沟通东西的重要战略地位，海洋资源丰富，发展海洋经济的条件得天独厚，发展海洋经济对于促进江苏沿海地区发展和实现长江三角洲地区一体化具有重要意义①。为响应国家发展海洋经济的总体要求，江苏省于2006年与2011年相应颁布并实施“十一五”“十二五”海洋经济发展规划。在此期间着力调整优化海洋产业结构和空间布局，促进江苏海洋经济又好又快发展，打造国民经济持续增长新引擎，实现江苏海洋经济快速发展。这一时期，江苏省海洋经济呈现总量提升、结构优化、动力增强的稳健发展态势，成为国民经济重要增长点，海洋生产总值由“十一五”末的3 551亿元增至6 406亿元，占全省地区生产总值的比重由8.6%提升至9.1%，占全国海洋生产总值的比重由9.0%提升至9.9%，占东海海洋产业景气指数比重由2006年的61.71%提升至2014年的62.50%，为“十三五”时期海洋经济发展奠定了坚实基础。

第二阶段（2015—2017年）。江苏省海洋产业景气指数继快速发展后持续维稳，三年分别为0.335 7、0.330 3和0.336 4，较2014年的0.318 7略有提升，增幅仅为5.55%。而在此期间，在东海整体海洋产业景气指数提升显著，由2014年的0.509 9快速提升至2017年的0.688 4，三年提升0.178 5，增幅35.01%。东海海洋产业景气指数的大幅提高下，江苏省海洋产业景气发展后劲不足，在东海海洋产业景气指数的占比，由2014年的62.50%降至2017年的48.87%。这一阶段，江苏省海洋经济虽持续走在改革前沿，但在全国各沿海省份大力发展海洋经济背景下，其发展动力显著落后于其他地区，亟须调整方向，注入活力。

第三阶段（2018—2020年）。江苏省海洋产业景气指数发展平缓上升，其在东海整体海洋产业景气指数中的占比有所上升。2017年江苏省海洋产业景气指数为0.336 4，2018年提升至0.363 2，2019年与2020年有所下降，但整体减幅较小，始终保持在0.361 0以上。同时，东海海洋产业景气指数提升放缓，并呈缓慢下滑趋势，由2017年的0.688 4降至2020年的0.611 7，减幅为11.14%。在此背景下，江苏海洋产业景气指数与东海整体海洋产业景气指数平均水平相比，有所回升。由此可见，江苏省海洋产业虽在短期内有所发力，但相对于同期东海其他沿海省份而言，仍处

① 陈丽．江苏沿海地区海洋经济结构优化研究［J］．盐城师范学院学报（人文社会科学版），2017，37（5）：18－22.

于劣势地位①。综合考量同期江苏海洋产业规模指数、结构指数与绿色指数，江苏海洋经济发展总体规模偏低、增速相对较慢，海洋经济结构性矛盾突出，海洋传统产业比重过高、新兴产业规模偏小，科教大省优势发挥不足，海洋领域产学研合作不够紧密，缺乏海洋科研“国家队”，海洋船舶、海工装备关键核心技术自给率偏低；全域化海洋经济发展格局有待深化，海洋资源与生态环境约束加大，实现“碳达峰、碳中和”对协调海洋开发与保护提出了更高要求。

2. 江苏省与东海维度比较分析

江苏省作为中国沿海地区重要省份，其海洋产业发展状况一直备受关注；与此同时，东海整体海洋产业的发展同样具有重要意义。为了深入探究江苏省与东海整体海洋产业之间的差距及其成因，本节将围绕各个关键维度，对二者展开详细对比分析（图 6-4）。

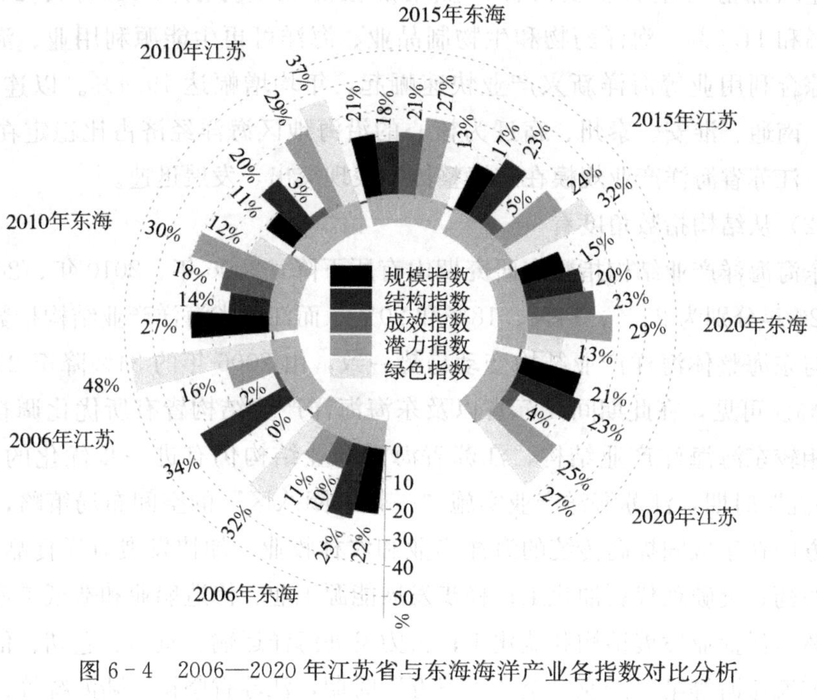

图 6-4 2006—2020 年江苏省与东海海洋产业各指数对比分析

① 马学广，张翼飞．海洋产业结构变动对海洋经济增长影响的时空差异研究［J］．区域经济评论，2017（5）：94-102.

（1）从规模指数角度看

东海海洋产业规模指数呈缓慢下降趋势，而江苏省海洋产业规模指数及其在东海产业规模指数中的平均水平均呈波动上升趋势。2006—2010 年，江苏及东海海洋产业规模指数皆有不同程度提升，其中江苏海洋产业规模指数由 2006 年的 0 上升至 11%，东海海洋产业规模指数由 2006 年的 22%上升至 27%。2015 年和 2020 年江苏省海洋产业规模指数稳健上升，分别为 17%和 21%；而东海海洋产业规模指数在 2015 年由 27%降至 21%，至 2020 年保持稳定。由此可见，"十一五"至"十三五"期间，江苏省海洋产业规模扩张显著。2020 年，江苏省海洋生产总值达到 7 828 亿元，占地区生产总值的比重达 7.6%，"蓝色引擎"作用持续发挥。"十三五"期间，海洋产业结构不断优化，海洋服务业增加值占比提高 3 个百分点。海洋主导产业特色更加鲜明，2020 年海洋交通运输业、海洋船舶工业、海洋旅游业和海洋渔业四大海洋主导产业增加值占全省主要海洋产业增加值的比重分别为 38.1%、24.3%、14.3%和 11.3%。海洋药物和生物制品业、海洋可再生能源利用业、海水淡化与综合利用业等海洋新兴产业快速崛起，年均增幅达 19.4%。以连云港、盐城、南通、淮安、泰州、宿迁为核心的沿海地区海洋经济占比稳定在 52%左右。江苏省海洋产业规模在东海整体中表现突出，发展迅速。

（2）从结构指数角度看

东海海洋产业结构指数在研究期内有所下降，2006 年、2010 年、2015 年和 2020 年分别为 25%、14%、18%和 20%。而江苏省海洋产业结构指数变化趋势与东海整体海洋产业结构变动趋势一致，由 2006 年的 34%降至 2020 年的 23%。可见，在此期间江苏省以及东海海洋产业结构皆有所优化调整，只不过相较东海海洋产业结构，江苏省海洋产业结构仍有进一步优化的空间。"十一五"时期，江苏海洋产业实施"一带三圈八区"的空间布局策略，主要发展方向在于巩固提高传统的海洋渔业和农林牧业；加快发展海洋食品加工、海洋医药；突破现代石油化工；稳步发展能源工业、修造船业和造纸工业；优化调整海洋盐业发展结构和盐化工；大力发展海洋运输、贸易、仓储、信息咨询和滨海旅游等第三产业。至"十三五"时期，江苏省坚持"陆海统筹、江海联动"，以沿海地带为纵轴、沿长江两岸为横轴，打造"L 型"海洋经济布局。海洋产业也呈多样化发展，海洋药物和生物制品业、海洋可再生能源利用业、海水淡化与综合利用业等海洋新兴产业，以及涉海设备、涉海材料等海洋相关产业发展迅速，海洋经济新增长点不断涌现。就目前国际、国内以及东海区域海洋产业发展战略与背景，江苏省海洋产业结构在未来将坚持智能化、绿色化、高端化导向，提高科技创新水平，加快现代海洋产业体系建设，强化海洋生产性服务业支撑，大力发展海洋工程装备、高技术海洋船舶、涉海设备与材料等优势产业，提升产业竞争力和国际影响力。站在全局视野，加快海洋传统制造业转型升级和布局优化，打造具有国际竞争力的海洋先进制造业基地。

（3）从成效指数角度看

江苏省与东海整体海洋产业成效均呈上升趋势，但从发展速度来看，江苏省明显低于东海平均水平。江苏省 2006 年、2010 年、2015 年和 2020 年，江苏省海洋产业成效指数分别为 2%、3%、5%和 4%，增速缓慢，15 年间仅上升了 2 个百分点；而东海整体海洋产业成效指数在 2006 年、2010 年、2015 年和 2020 年所对应的数值则分别为 10%、18%、21%和 23%，共增长了 13 个百分点，海洋产业成效指数与东海海洋产业间存在较大差距。为此，江苏省海洋经济发展过程中须坚持海洋惠民为本，把增进人民福祉作为海洋经济发展的根本导向，积极探索海洋生态产品价值实现路径，扩大海洋公共服务和产品供给，拓展高质量亲海亲水空间，丰富涉海就业机会，让人民共享海洋经济发展成果。

（4）从潜力指数角度看

江苏省和东海海洋产业潜力指数皆呈上升趋势。其中，2006 年江苏省与东海海洋产业潜力指数分别为 16%和 11%，江苏省海洋产业潜力相较东海整体海洋产业潜力具有明显优势。2010 年江苏省海洋产业潜力指数上升至 29%，而东海海洋产业潜力指数为 30%，东海海洋整体发展潜力发展迅速，但与江苏省间存在差距甚微。2015 年江苏省与东海海洋产业潜力指数皆有所下滑，其中江苏省海洋产业潜力指数为 24%，而东海则为 27%；2020 年江苏省海洋产业潜力指数缓慢攀升至 25%，东海则为 29%，江苏省相较东海整体水平存在一定差距。2015 年前江苏省与东海海洋潜力平均水平间之所以存在短暂差距得益于这一时期海洋产业结构优化调整与产业规模总量扩张。以 2015 年为分水岭，“十三五”伊始，包括江苏省在内的东海沿海 5 个省份纷纷注重加大海洋产业科教投入，海洋产业呈高端化、智能化发展。而江苏省因本省海洋科研院所数量及成果转化能力存在局限，并未能充分释放科技创新能力，故而致使其海洋产业潜力后劲不足，甚至出现疲软倒退的趋势。为减少江苏省与东海整体海洋产业潜力指数的发展差距，保证其持续活力发展动能，江苏省需强化科技兴海，突出创新在海洋经济发展中的核心地位，加大力度集聚创新资源，促进涉海创新链和产业链深度融合，提升海洋重点领域核心装备和关键共性技术自给率，打造自主可控、安全高效的现代海洋产业体系，以创新驱动提升海洋经济发展质量。

（5）从绿色指数角度看

江苏省与东海海洋产业绿色指数皆呈下降趋势，其中江苏省海洋产业绿色指数由2006年的48%下降至2020年的27%，东海海洋产业绿色指数则是由2006年的32%下降至2020年的13%，减幅19个百分点。整体来看，江苏省与东海海洋产业资源环境效率有所提高，生态环境质量皆得到一定程度改善。而从各时期来看，从东海整体海洋产业绿色指数平均水平来看，江苏省海洋产业绿色指数始终高于平均水平。2006年江苏省海洋产业绿色指数高出东海海洋产业绿色指数16个百分点，2010年、2015年和2020年两者分别相差25%、21%和14%，整体来看两者间的差距有所减小。但以2015年为分界点，2006—2015年，江苏省海洋经济发展以结构调整与规模扩张为主，对海洋生态环境的关注或投入力度不足。2015—2020年，江苏省持续加大海洋产业科技投入，支持传统海洋产业优化升级，强化绿色化转型，因此江苏省海洋环境质量有所改善，与东海整体海洋产业绿色指数间距有所减小。依照目前海洋的经济发展趋势来看，坚持绿色生态优先，深入推进海洋生态文明建设已成为海洋经济发展战略导向。为保证江苏省在东海，乃至全国海洋的经济发展地位，应推动海洋经济新旧动能转换，培育以人才、技术、资源、政策、产业为核心的新质生产力，大力推广低碳、循环、可持续海洋经济发展模式，强化海洋污染源头控制，推进海洋生态保护与修复，维护海洋自然再生产能力①。

第二节 分指数测算结果

（一）江苏省海洋产业规模指数分析

由图6-5可见，2006—2020年江苏海洋产业规模指数波动上升。其中2006—2012年江苏省海洋经济上升势头强劲，于2012年达到首个小高峰，海洋规模指数为0.043，2013年规模指数与2012年持平。之后，2013—2018年规模指数再次攀升，但此次上升速度较前一阶段明显放缓，5年间提升0.026，2019年海洋产业规模再次持平，2020年海洋产业规模指数继续上升。从整体

① 刘波，龙如银，朱传耿，等．海洋经济与生态环境协同发展水平测度［J］．经济问题探索，2020（12）：55-65.

发展趋势来看，江苏省海洋产业规模虽发展速度有所减缓，但仍保持上升势头。根据线性（规模指数），江苏省海洋产业规模低于应有水平，有待进一步提高发展速度与增量。

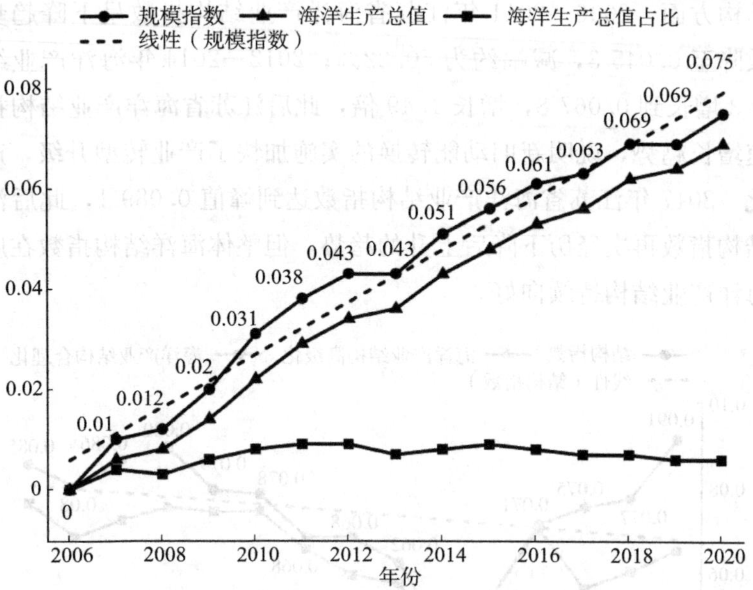

图 6－5　2006—2020 年江苏省规模指数变化趋势

从规模指数下各发展指标来看，海洋生产总值的总体走势与规模指数一致，呈波动上升趋势。2012 年，江苏省海洋产业生产总值达到首个小峰值，海洋生产总值为 4 722.9 亿元，较 2006 年产值增加 3 435.9 亿元，增幅 266.97%。2013 年江苏省海洋生产总值增速放缓，2014—2020 年海洋产业生产总值恢复发展势头，持续高涨，直至 2020 年达到 7 828 亿元。由此可见，江苏省海洋经济政策实施有效促进了海洋产业总值增长。反观海洋生产总值占比，江苏省海洋生产总值占比整体走势呈倒“W”形。2006—2012 年，随着“十一五”与“十二五”海洋经济发展规划实施，江苏省海洋经济发展处于良好势头，政府对海洋经济的重视，使其在全省生产总值中的占比持续走高，2012 年江苏省海洋产业生产总值占比达到 8.7%，较 2006 年的 5.9%增长了 2.8 个百分点。2013 年江苏省海洋产业发展规模有所调整，其海洋产业总值占比有所降低。经过调整后，2014—2020 年江苏省海洋产业生产总值有所恢复，保持增长态势。但由于江苏省外延式增长已经达到极限，其海洋经济进入新常态，增速放缓，特别是在 2020 年受国内外等不可抗力因素的冲击和影响，江苏省经济运行仍呈现总体平稳、稳中有进的良好发展态势。

（二）江苏省海洋产业结构指数分析

由图 6－6 可见，江苏省海洋产业结构指数走向趋势呈“W”形波动上升。在产业结构方面，2006—2011 年江苏省海洋产业结构指数呈下降趋势，产业结构指数降至 0.045 3，减幅约为 50.22%；2012—2014 年海洋产业结构指数由 0.045 3 增长到 0.067 8，增长 1.49 倍，此后江苏省海洋产业结构指数一直保持快速增长趋势，说明新旧动能转换的实施加快了产业转型升级，产需结构明显优化。2017 年江苏省海洋产业结构指数达到峰值 0.089 1，此后江苏省海洋产业结构指数再次经历下降后上升的趋势，但整体海洋结构指数在应有水平之上，海洋产业结构持续向好。

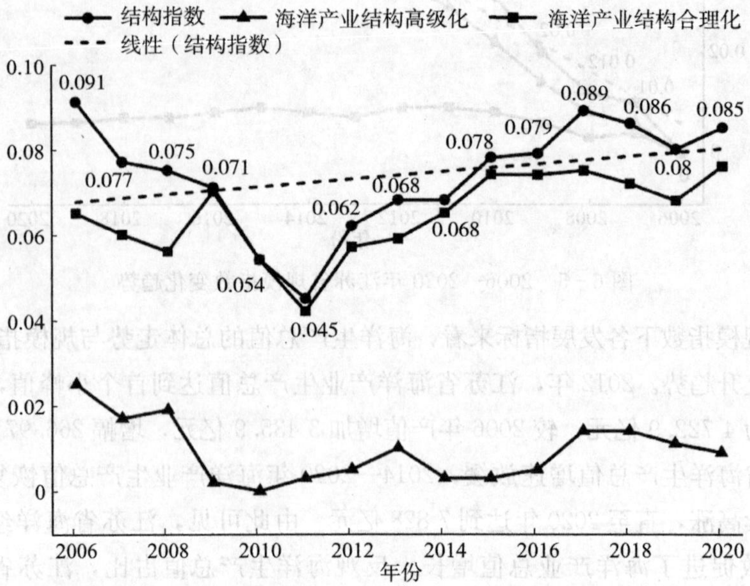

图 6－6　2006—2020 年江苏省结构指数变化趋势

从海洋产业结构指数各分指标来看，海洋产业结构合理化指数与结构指数变化趋势基本一致，而产业结构高级化指数整体呈波动下降趋势，与海洋产业结构合理化指数及结构指数间存在较大差距。2008 年海洋产业结构高级化指数最高，为 0.019 35，而同期海洋产业结构合理化指数却降至首个低点，为 0.066 94；次年，江苏省海洋产业结构高级化指数大幅下降，降至 0.001 8，2010 年降至零点。而 2009 年海洋产业结构合理化指数达到峰值，为 0.069 64，较前一年提升 24.60 个百分点。2011—2013 年海洋产业结构高级化指数缓慢攀升，至2013年提升至0.009 63。此后，2014—2017年波动上升，以2017年为转折点，再次缓慢下降，2020年江苏海洋产业结构高级化指数为0.009 34。海洋产业结构合理化指数在2019年与2010年持续走低，至2010年达到最低值0.053 8，此后2010—2020年则呈波动上升趋势，2020年提升至0.075 56。整体来看，江苏省海洋产业结构高级化与合理化指数变化趋势并不同步，特别是2013—2015年海洋产业结构高级化指数持续走低，而同期海洋产业结构合理化指数则呈上升趋势。可见当时，江苏省海洋产业在结构调整过程中产业规模扩张带来的规模经济弥补了技术转型的不足，整体海洋产业产值可观。但自2015年以后，国际国内大环境形势严峻，加速推进了海洋产业转型升级成为必然，海洋产业高级化与合理化间联系日趋紧密①。

（三）江苏省海洋产业成效指数分析

由图6-7可见，江苏省海洋产业成效指数在2006—2018年呈稳定上升模式，以2018年为转折点，成效指数出现下滑趋势。以2012年和2018年为分界点，可以将江苏省海洋产业成效指数发展变化划分为三个阶段，其中2006—2012年为快速上升阶段，2006年、2007年与2008年江苏省海洋产业成效指数变化较小，在0.005上下浮动；2008年后海洋产业成效指数发展明显加速，至2012年达到0.012 8，较2006年提升2.67倍。2013—2018年，江苏海洋产业成效指数上升明显放缓，6年提升了0.006 6，以每年0.11%的增速上升。2018—2020年，江苏省海洋产业成效指数呈下滑态势，2019年由0.018 3降至0.018 2，2020年再次下降0.003 2，降至0.015。由此可见，“十三五”中后期之前，江苏省海洋经济发展过程中所带来的社会效益显著，海洋经济的迅速发展为地方群众的生产、生活等方面带来可观的惠益。

从江苏省海洋产业成效指数各分指标来看，沿海港口货物吞吐量呈波动上升趋势。2006—2013年，江苏省充分利用本省港口资源，利用连云港、洋口港、滨海港等海港，以及吕四港、大丰港等河口和潮流通道，大力发展海洋仓储运输业。在港口陆域规划仓储用地，发展油气、铁矿石、化工原料、钢铁、煤炭、粮食等大宗货物的储运，以适应生产企业和地区经济发展的需要。在此期间，江苏省沿海交通运输业发展迅速。“十一五”起始，沿海港口货物吞吐

① 洪爱梅，成长春．江苏海洋产业结构差异研究——基于全国海洋、江苏省域及沿海三市分析视角［J］．华东经济管理，2015，29（7）：20-23.

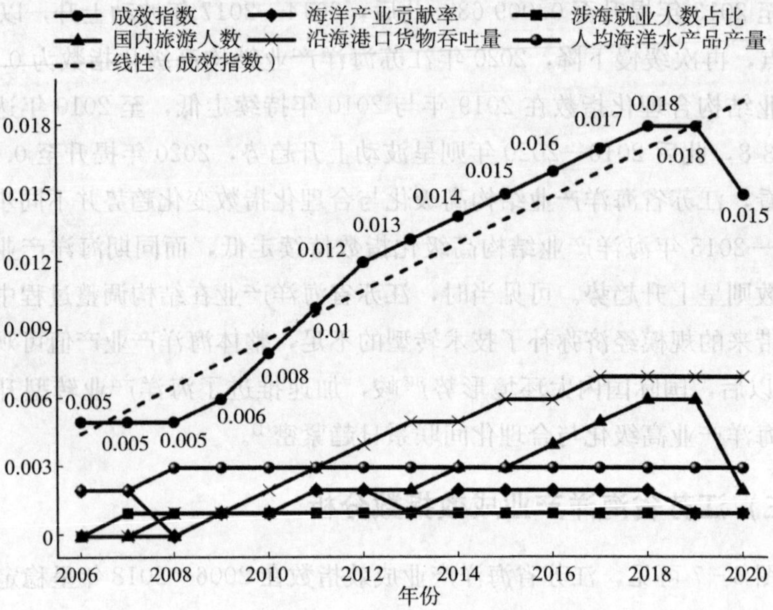

图 6－7　2006—2020 年江苏省成效指数变化趋势

量仅为 7 683 万吨，至 2013 年增加到 23 908 万吨，是 2006 年港口货物吞吐量的 3.11 倍。2013—2017 年，沿海港口货物吞吐量发展速度放缓，整体呈波动上升趋势，以每年约 1 429 万吨的速度上涨，至 2017 年港口货物吞吐量为 29 621 万吨。2017 年以后，江苏省港口建设趋于饱和，港口货物吞吐量趋于平衡，2018 年、2019 年与 2020 年分别为 31 251 万吨、31 575 万吨与 32 447 万吨。沿海旅游业作为江苏省海洋经济第三产业的重要构成，为全省海洋经济贡献了可观的产值。“十一五”海洋经济发展规划初期，江苏省大力发展度假休闲、体育健身、生态旅游和产业旅游，实现由传统的观光旅游为主的单一结构向多元化结构转变；同时挖掘海洋文化内涵，利用本省爱国文化、西游记文化、徐福文化、吕祖文化、渔业文化和盐文化作宣传，加快沿海地区旅游业发展，加大旅游资源开发和旅游设施建设力度，强化特色，提升品位，发展民俗旅游、文化旅游，提高旅游的文化品位。截至 2019 年江苏省滨海旅游业发展迅速，接待国内旅游人数由 2006 年的 2 297 万人次增加到 13 154 万人次，增长约 5.73 倍。2020 年受新冠疫情影响，江苏省滨海旅游业发展受到重创，年接待国内游客流失 6 565 万人次，滨海旅游业发展面临升级转型。除此之外，海洋产业贡献率、涉海就业人数占比及人均海洋水产品产量变化趋势则较为平稳。其中，海洋产业对 GDP 贡献率 2006 年为 5.21%，2007 年降至 4.92%，此后虽仍有波动，但整体对江苏省 GDP 的贡献率仍在 5%以下。江苏省海洋经济发展动能有待提升。涉海就业人数在总人口占比在 2006 年为 2.14%，2007 年上升至 2.26%，之后缓慢上升，2020 年涉海就业人数占总人口的 2.46%。人均海洋水产品总量 2006—2017 年缓慢上升，由 15.3 千克/人上升至 17.66 千克/人，2018 年受市场价格调整以及禁渔休渔政策影响，江苏人均海洋水产品总量有所减少，至 2020 年减少至 15.92 千克/人。

（四）江苏省海洋产业潜力指数分析

由图 6-8 可见，江苏省海洋产业潜力指数呈波动上升趋势。根据潜力指数变动趋势可以将其大致划分为快速发展期（2006—2009 年）、平缓发展期（2009—2015 年）、发展下滑期（2015—2016 年）和波动上升期（2016—2020 年）。在快速发展期中，海洋产业潜力指数由 0.044 上升至 0.075，增长 1.71 倍。同期海洋科技人员数、普通高校海洋专业在校生占总人口比重、海洋科研机构数量以及海洋专利授权数变动趋势与潜力指数发展趋势一致，皆呈上升态势。其中海洋科技人员数增加 9 人，由 7 人扩增至 16 人；普通高校海洋专业在校生占总人口的比重由 0.125‰上升至 0.296‰，海洋科研机构数扩建 5 个，海洋专利授权数增加 20 件。由此可见，科学技术投入的增加在江苏省海洋产业发展初期成为重要动能，对海洋产业结构优化呈正向效应。

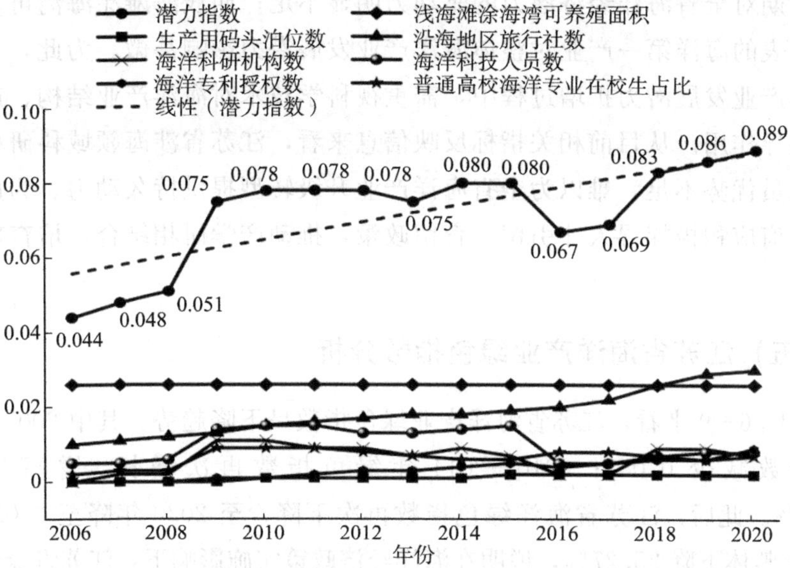

图 6-8　2006—2020 年江苏省海洋产业潜力指数变化趋势

在平缓发展期（2009—2015 年），江苏省海洋产业发展潜力在 0.075 与 0.080 间上下浮动，整体呈上升趋势。在此期间，根据各分指标变动趋势来看，江苏省海洋产业潜力发展趋势与第二产业、第三产业的发展间存在密切联系。其中以船舶运输业为主的第二产业，生产用码头泊位数由 2009 年的 114 个增加到 2015 年的 152 个；以滨海旅游业为代表的第三产业中，受滨海旅游业快速发展的影响，江苏省沿海地区旅行社数量 6 年增加了 514 家。并且海洋科研机构数、海洋科技人员数、海洋专利授权数以及普通高校海洋专业在校生占比等反映科技创新投入的指标均呈上升趋势，极大程度影响了江苏省海洋产业发展潜力。

在发展下滑期（2015—2016 年），江苏省海洋产业发展潜力下降幅度明显，由 0.080 下降至 0.067。综合各分指标变动趋势，海洋科技人数在此一年中的减少是造成潜力指数下滑的重要原因。2016 年后海洋专利授权数、沿海地区旅行社数量以及高校海洋专业在校生占比的攀增再次扭转了江苏省海洋产业潜力下滑趋势。2016—2020 年，江苏省海洋产业潜力指数波动上升，至 2020 年达到高峰值 0.089。

综合来看，江苏省海洋产业潜力指数的波动趋势受科技创新能力影响最为显著。以生产用码头泊位数与沿海地区旅行社数量所反映的海洋第二、第三产业的发展程度，对江苏省海洋产业潜力仅产生阶段性影响，在发展初期以及后期对全省海洋经济潜力的驱动力明显不足；而浅海滩涂海湾可养殖面积所代表的海洋第一产业对整体海洋产业发展潜力影响甚微。为此，在江苏省海洋产业发展潜力扩增过程中，需重视科学技术对海洋产业结构、产业规模的主导作用。从目前相关指标反映信息来看，江苏省涉海领域科研机构与科研人员优势不足，难以为全省海洋产业升级转型提供持久动力。为此，江苏省政府应积极探寻人才引留、育留政策，推动产学研相结合，培育新质生产力。

（五）江苏省海洋产业绿色指数分析

从图 6－9 来看，江苏省海洋产业绿色指数呈下降趋势。其中 2007—2010 年，指数减少 0.043；2010—2014 年绿色指数再次增长，增幅上升到 13.37%。此后，江苏省海洋绿色指数再次下降，至 2020 年降至 0.098，较 2006 年整体下降 25.27%，说明在海洋经济政策实施影响下，江苏省绿色发展效果有待提升，环保治理工作亟须加强，资源利用能力需要增强。

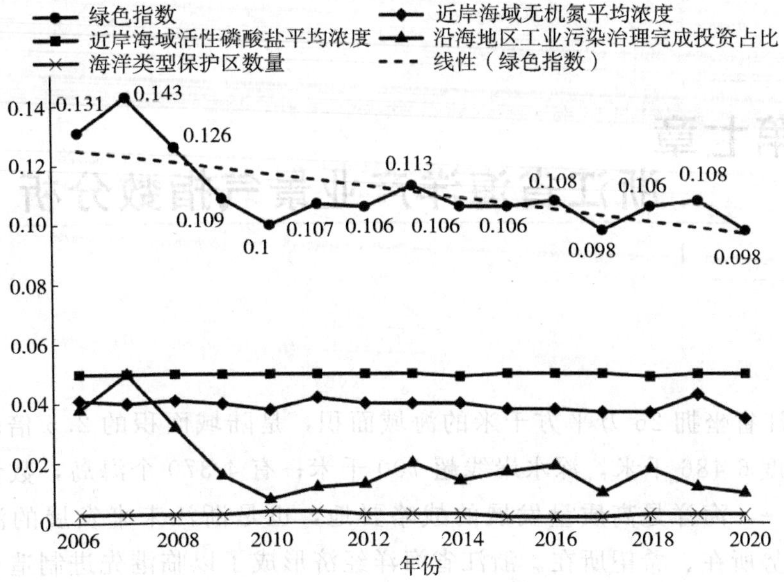

图 6-9　2006—2020 年江苏省海洋产业绿色指数变化趋势

在环境治理方面，江苏省沿海地区工业污染治理完成投资占比在 2009 年最高，达到 28.66%，同年江苏海洋产业绿色指数亦达到峰值，环境治理对海洋产业绿色经济发展重要性可见一斑。但此后，江苏省治理沿海地区工业污染投资逐年减少，截至 2020 年，降至 5.24%。2020 年虽投资总量有所提升，但整体波动不大，在 5%～12%浮动。而海洋类型保护区数量则相对稳定，截至 2020 年全省共设立海洋类型保护区 4 个。近岸海域无机氮平均浓度与活性磷酸盐平均浓度保持较为稳定，其中近岸海域无机氮平均浓度在 0.173～0.353mg/L 浮动，近岸海域活性磷酸盐平均浓度则常年保持在 0.01～0.02mg/L。由此可见，江苏省在海洋环境治理方面仍存在较大的提升空间。随着海洋生态文明建设工作的推进，江苏省对海洋生态环境治理的重视程度不断提升[①]。对于海洋经济发展而言，并非仅能通过单方面提高科技创新投入、产业结构调整等实现局面的扭转，重要的是需要统筹生态、科技、人才、资源、产业等多方面的协同治理。为此，江苏省海洋经济绿色发展水平有待进一步提高。

① 冒士凤．江苏省海洋经济发展与海洋生态文明建设的关系研究［J］．江苏科技信息，2018，35（7）：68-71.

第七章 浙江省海洋产业景气指数分析

浙江省坐拥 26 万平方千米的海域面积，是陆域面积的 2.5 倍；海岸线总长度 6 486 千米，深水岸线超 700 千米；有 4 370 个海岛，数量位居全国第一，海洋是高质量发展的战略要地，也是浙江未来发展的潜力所在、优势所在、希望所在。浙江省海洋经济形成了以临港先进制造业、海洋现代服务业、海洋渔业、海洋生物医药等为主导的多元化产业结构，海洋经济总量在全国沿海省份中名列前茅，占有举足轻重的地位①。相关报告显示，2023 年浙江省海洋生产总值 11 259.8 亿元，比上年增长 8.5%，分别占全国海洋生产总值的 11.4%、东海区海洋生产总值的 26.4%、浙江省地区生产总值的 13.6%；海洋三次产业结构比呈 5.0：38.6：56.4。“十四五”时期，在国家大力鼓励推进发展“蓝色经济”的背景下，浙江省拟至 2035 年实现海洋强省基本建成、海洋综合实力大幅提升的目标。浙江省海洋经济发展前景机遇与挑战并存②。本章利用目前统计数据，运用相关方法分析浙江省海洋经济景气指数发展趋势，对于了解海洋经济发展状况、指导政策制定和调整、促进产业升级和转型、增强市场竞争力以及推动可持续发展等方面都具有重要意义。因此，有必要建立和完善海洋产业景气指数的评估体系和方法，为浙江海洋经济的持续健康发展提供有力支持。

① 汪国钦，赖瑛，王志文，等．浙江省海洋经济高质量发展探讨 [J]．合作经济与科技，2023（2）：12－14.

② 赖瑛，陈培雄，王志文，等．海洋强国战略背景下海洋经济统计监测预警研究——以浙江省为例 [J/OL]．浙江大学学报（理学版），1－11 [2024－09－18]．http：//kns. cnki. net/kcms/detail/33. 1246. N. 20240709. 1201. 006. html.

第一节 总指数测算结果

(一) 浙江省海洋产业景气总指数变化趋势

依据图 7 - 1 所展示数据，在 2006—2020 年的时间跨度内，浙江省海洋产业整体景气度指数经历了起伏上扬的发展态势。具体而言，该省海洋产业景气度指标的年度评分依次为 0.374、0.367、0.380、0.387、0.382、0.405、0.417、0.443、0.471、0.486、0.517、0.538、0.538、0.546、0.554，对应的增长率则分别为 -1.872%、3.542%、1.842%、-1.292%、6.021%、2.963%、6.235%、6.321%、3.185%、6.379%、4.062%、0、1.487%、1.465%。尽管 2007 年与 2010 年出现了轻微下滑，其余年份的增长势头却相对强劲，特别是 2013 年、2014 年及 2016 年，增长率均超过了 6%。

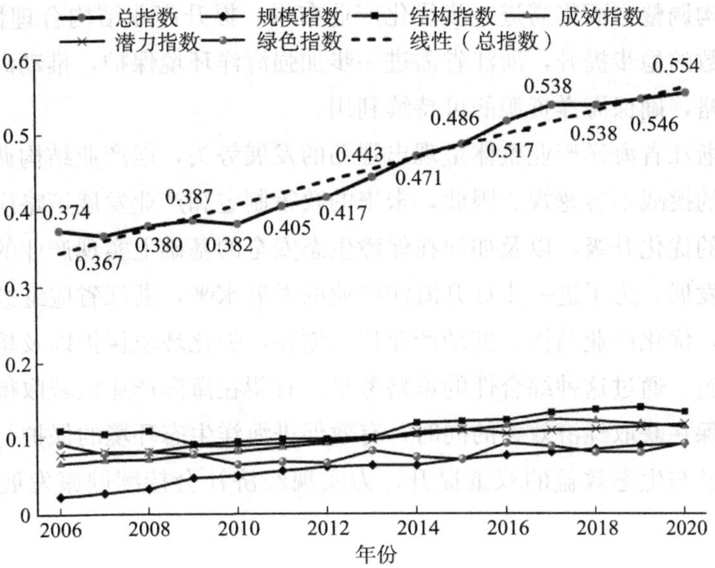

图 7 - 1 2006—2020 年浙江省海洋产业景气指数变化趋势

进一步比较规模指数、结构指数、成效指数、潜力指数、绿色指数五项得分曲线的变化趋势，浙江省在海洋产业发展方面呈现稳步上升态势，其规模指数、成效指数和潜力指数得分曲线均呈现稳定增长，与海洋产业景气总指数的曲线变化趋势基本保持一致。然而结构指数和绿色指数的得分曲线波动较大，表明浙江省在海洋产业结构调整和绿色发展方面仍面临挑战。

浙江省在海洋产业规模、成效和潜力等方面的提升，得益于政府的重视和政策扶持，以及企业自身的努力。在规模指数方面，浙江省充分发挥地理优势，加大投入力度，推动海洋产业规模不断扩大，使得规模指数的持续攀升。在成效指数方面，浙江省海洋产业的发展成果不断显现，经济效益逐步提高。这主要得益于技术创新、产业链延伸以及市场开拓等方面的努力。在潜力指数方面，浙江省海洋产业的发展潜力逐渐显现，这离不开政府对海洋新兴产业的扶持以及企业在人才培养和技术创新等方面的投入。这些指数的上升趋势与海洋产业景气总指数的变化高度一致，共同勾勒出产业蓬勃发展的宏观图景。然而结构指数和绿色指数的较大波动性，提示在追求经济增长的同时，亦需关注产业内部结构的优化和环境的可持续性。结构指数的波动可能暗示产业内部正在经历重大调整，涉及产业升级、技术创新或市场需求变化等多方面因素。而绿色指数的波动则直接反映了生态环境保护与资源利用的平衡状况，凸显了在推动海洋经济发展过程中必须兼顾生态安全与经济增长的重要性。浙江省在海洋产业结构调整方面仍需进一步优化产业布局，提升产业结构合理性①。为实现绿色指数的稳步提升，浙江省需进一步加强海洋环境保护，推动海洋产业绿色发展战略，确保海洋资源的可持续利用。

尽管浙江省海洋产业整体呈现出强劲的发展势头，但产业结构调整和绿色发展方面的挑战不容忽视。因此，未来的政策制定和产业发展策略应更加注重产业结构的优化升级，以及如何在保障生态安全的基础上实现产业的绿色转型和可持续发展。为了进一步提升海洋产业的发展水平，浙江省应继续加大政策扶持力度，优化产业结构，推动产业技术创新，强化环境保护以及培养人才等方面的措施。通过这种综合性的策略考量，有望在海洋产业领域取得更大的突破，以确保在获取经济效益的同时，有效促进海洋生态环境的保护与改善，实现经济效益与生态效益的双重提升，为实现经济社会持续健康发展做出更大贡献②。

（二）浙江省海洋产业景气总指数贡献分布

浙江省作为中国沿海地区的重要经济板块，海洋产业在其经济发展中占有举足轻重的地位。为了全面分析和评估浙江省海洋产业的发展状况，本章将对

① 冯友建，杨蕴真．浙江省海洋产业结构合理化评价研究［J］．海洋开发与管理，2017，34（7）：118－124．

② 何晶，姜雪燕．金融发展对浙江省海洋产业结构优化的影响［J］．经营与管理，2012，（6）：118－121．

浙江省海洋产业景气总指数分项目指标数据进行深入分析。图 7-2 展示了规模指数得分、结构指数得分、成效指数得分、潜力指数得分和绿色指数得分的贡献分布，以深入理解浙江省海洋产业的现状和未来发展潜力。

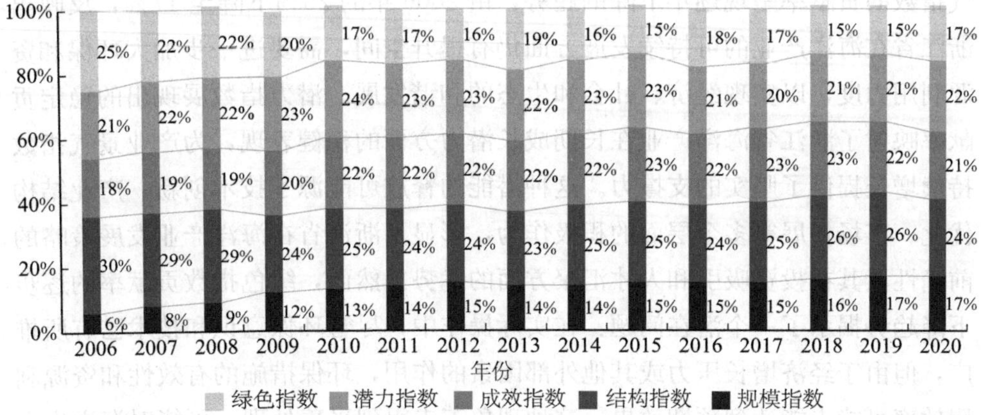

图 7-2　2006—2020 年浙江省总指数贡献分布

从生产维度分析，浙江省海洋产业规模指数和成效指数的贡献率呈现上升趋势。规模指数得分贡献率从 2006 年的 6%持续增长至 2020 年的 17%，增长速度较快，表明浙江省海洋产业规模不断扩大，产业链逐渐完善，为海洋产业的快速发展奠定了坚实的基础。与此同时，成效指数得分贡献率从 2006 年的 18%稳步提升至 2020 年的 21%，虽然小幅波动，但整体趋势保持稳定增长，表明浙江省在海洋产业发展过程中不仅注重规模扩张，还注重效益提升，实现了规模与效益的协调发展。政策支持是浙江省海洋产业发展不可或缺的重要因素。政府出台了一系列政策措施，包括财政支持、金融扶持、科技创新等，为海洋产业发展提供了有力保障。同时，浙江省还积极开展国际交流与合作，引进国外先进技术和管理经验，推动海洋产业的国际化发展。这些政策措施和国际合作进一步优化了浙江省海洋产业的发展环境，为其持续发展提供了有力支持。此外，浙江省沿海各地充分发挥自身优势，因地制宜发展特色海洋产业。例如，宁波、舟山地区依托其港口资源优势，重点发展海洋港口经济；台州、温州地区则依托其地理位置和产业基础，发展海洋新兴产业；而绍兴、嘉兴地区则依托其自然和文化资源，大力发展海洋旅游产业。这种差异化发展策略使得浙江省海洋产业布局更加合理，形成了各具特色的产业集群，进一步提升了全省海洋产业的综合竞争力。

从发展维度分析，浙江省海洋产业景气指数的推动效应主要来源于潜力指数和绿色指数。其中，潜力指数对海洋产业景气指数的贡献率表现相对稳定，始终保持在 20%～24%，表明浙江省在海洋产业发展方面具有较大的潜力，为产业景气指数的提升提供了有力的支撑。与此同时，绿色指数对海洋产业景气指数的贡献率呈现逐年下降的趋势，由 2006 年的 25%下降至 17%，反映出浙江省在海洋产业的可持续发展方面仍有提升空间，需要进一步加大环保和资源利用力度，以实现经济、社会和生态的和谐发展。潜力指数展现出的稳定贡献率映射了浙江省海洋产业在长期成长潜力方面的稳健表现，为产业景气指数持续增长提供了坚实的支撑力。这种潜能的释放可能源于技术创新、产业结构优化、市场拓展等多个层面的积极作为，彰显了浙江省在海洋产业发展策略的前瞻性及其在投资吸引和人才汇聚方面的优势。然而，绿色指数贡献率的逐步下降趋势揭示了一个潜在问题：在实际操作中，尽管环保意识和技术已有所推广，但由于经济增长压力或其他外部因素的作用，环保措施的有效性和资源利用效率可能未能达到预期效果。这种现象若未得到妥善处理，可能对海洋生态环境产生负面影响，并对产业的长期可持续发展构成威胁①。鉴于此，为确保浙江省海洋产业的持久繁荣及可持续性，必须在深化潜力挖掘和发挥的同时，强化环保政策的执行力度，提升资源利用效率，积极推广绿色技术和清洁能源的应用。通过实施更为严格的环保标准及激励机制，鼓励企业采纳环境友好型生产模式，从而有效提升绿色指数，实现经济增长与生态效益的双向优化。此外，加大海洋生态环境保护力度，提升公众环保意识，亦是推动产业可持续发展不可或缺的关键环节。通过这些综合性策略的实施，可确保浙江省海洋产业在追求经济增长的同时，有效维护和改善海洋环境，进而实现可持续发展目标。

从结构维度分析，浙江省结构指数对海洋产业景气指数的贡献率，研究期间呈现波动下降趋势，尤其在 2008—2009 年，贡献率从 29%降至 24%，且后续未见反弹，说明浙江省结构指数对海洋产业景气指数的影响力度逐步减弱。在结构指数贡献率下降的同时，浙江省海洋产业景气指数增长速度亦放缓。这表明，结构指数贡献率的下降可能是导致海洋产业景气指数增速放缓的一个重要原因。进一步从行业结构、区域结构和产业结构三个维度分析浙江省结构指数，发现不同行业、区域和产业在结构调整中存在差异。例如，部分行业因技术进步、政策扶持等因素，结构调整较为顺利，对海洋产业景气指数的贡献率

① 卢昌彩．浙江海洋生态环境治理问题研究［J］．决策咨询，2021（6）：87-92.

较高；而在某些区域，受资源禀赋、基础设施等因素制约，结构调整步伐相对较慢，对海洋产业景气指数的贡献率较低。在此期间，中国政府高度重视海洋经济发展，颁布了《全国海洋经济发展规划》《浙江省海洋经济发展战略》等政策措施，旨在优化产业结构，提升海洋产业核心竞争力①。这些政策在一定程度上推动了浙江省海洋产业发展，但受国际经济形势、国内经济结构调整等多方面因素影响，浙江省结构指数对海洋产业景气指数的贡献率仍呈下降趋势。此外，从产业结构角度看，在浙江省海洋产业发展过程中，第三产业比例逐渐上升，而第一产业、第二产业比例有所下降。这种产业结构变化对提高海洋产业经济效益和可持续发展能力具有重要意义，同时也对结构指数贡献率产生一定影响。在此基础上，浙江省应继续加大产业结构调整力度，优化产业布局，推动海洋产业向高附加值、高技术含量方向发展。同时，加强对海洋新兴产业的支持和培育，提升海洋产业整体竞争力。此外，需关注国际市场动态，充分利用国内外资源，加强与沿海省份的合作，推动浙江省海洋经济持续健康发展。

（三）浙江省与东海整体海洋产业景气比较

为深入地探讨浙江省海洋产业的发展状况，本章将浙江省海洋产业景气状况与东海整体海洋产业景气的平均水平进行对比。先从总体发展趋势的角度进行比较分析，接着从规模指数、结构指数、成效指数、潜力指数和绿色指数五个维度分别进行详细的比较分析。

1. 浙江省与东海总体比较分析

根据图 7-3 所示，从 2006—2020 年间，浙江省及其周边东海区域的海洋产业景气指数均显示出增长趋势；然而，两地的总体发展水平存在差异，特别是在 2014 年之后，这种差异显著加剧，因此将浙江省的海洋产业发展划分为两个不同的时期。

第一阶段（2006—2014 年）。浙江省与东海地区的海洋产业景气指数基本持平，且伴随着浙江省逐渐追赶东海地区的发展态势。在地理区位层面，浙江省地处中国东南沿海，拥有漫长的海岸线和丰富的海域资源，为海洋产业的发展提供了优越的物质基础，而浙江省内的沿海城市也具备巨大的发展潜力，为海洋产业的壮大提供了有力支撑。政策支持层面，浙江省政府对海洋产业的发

① 章洪刚，王瑾．浙江海洋经济发展及金融支持问题研究［J］．新金融，2013（2）：50-53.

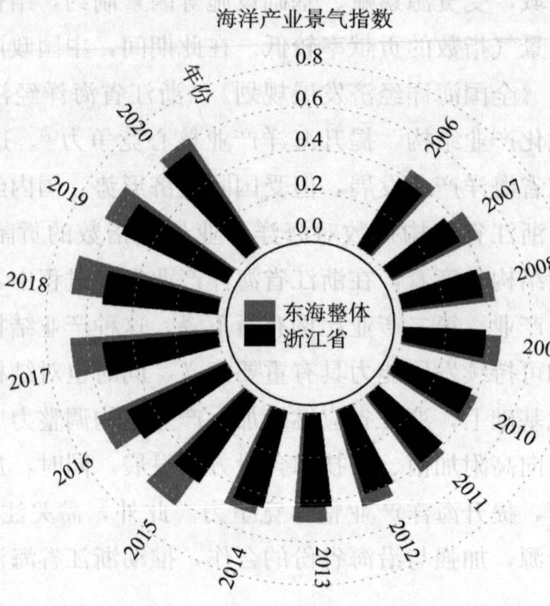

图 7-3　2006—2020 年浙江省与东海整体海洋产业景气指数比较

展给予了高度重视，制定了一系列具有针对性的政策措施，加大了对海洋产业的投入和支持力度。这些政策不仅为海洋产业的发展提供了有力保障，更为产业的持续壮大注入了强劲动力。在技术创新层面，浙江省在海洋技术创新和人才培养方面取得了显著成果。通过引导企业进行技术研发，推动海洋技术创新，显著提升了产业的核心竞争力。同时，浙江省还加大人才培养力度，为海洋产业的发展提供了充足的人力资源保障。在交流合作层面，浙江省与东海地区在海洋产业领域的合作也取得了实质性进展，两地通过多种形式的合作，共同推进产业发展，实现互利共赢。这种深入的合作不仅有利于浙江省海洋产业的发展，也有助于缩小与东海地区的差距。

第二阶段（2015—2020 年）。浙江省与东海地区之间的景气指数差距开始明显增大，此时浙江省海洋产业景气指数显著落后于东海地区。一方面，是由于产业结构调整的不适应，浙江省海洋产业发展可能过于依赖传统产业，如渔业、海运业等，而对新兴产业如海洋生物技术、海洋能源等的投入不足①。这使得浙江省在产业结构上相对落后，无法适应市场变化，从而导致景气指数下

① 冯友建，朱玮．不同视域下浙江省海洋产业结构分析——基于偏离-份额分析法［J］．海洋开发与管理，2016，33（7）：15-20.

滑。另一方面，相较东海地区，浙江省在海洋技术创新方面的投入和成果转化可能存在差距。缺乏核心技术和技术创新，使得浙江省海洋产业难以在市场竞争中脱颖而出，进一步拉大与东海地区的景气指数差距。此外，浙江省在海洋基础设施建设方面可能投入不足，如港口、码头、深海作业设施等，使得浙江省在海洋产业发展的硬件条件上相对落后，无法满足产业发展的需求。为缩小这一差距，浙江省需要从产业结构调整、技术创新、人才培养、政策环境和基础设施建设等方面着手，努力提高海洋产业的发展水平。

2. 浙江省与东海维度比较分析

为了深入探究浙江省与东海整体海洋产业景气指数差异的成因，本章选择了 2006 年、2010 年、2015 年和 2020 年四个时间节点，并从规模指数、结构指数、成效指数、潜力指数及绿色指数五个维度进行了细致的对比分析（图 7－4）。

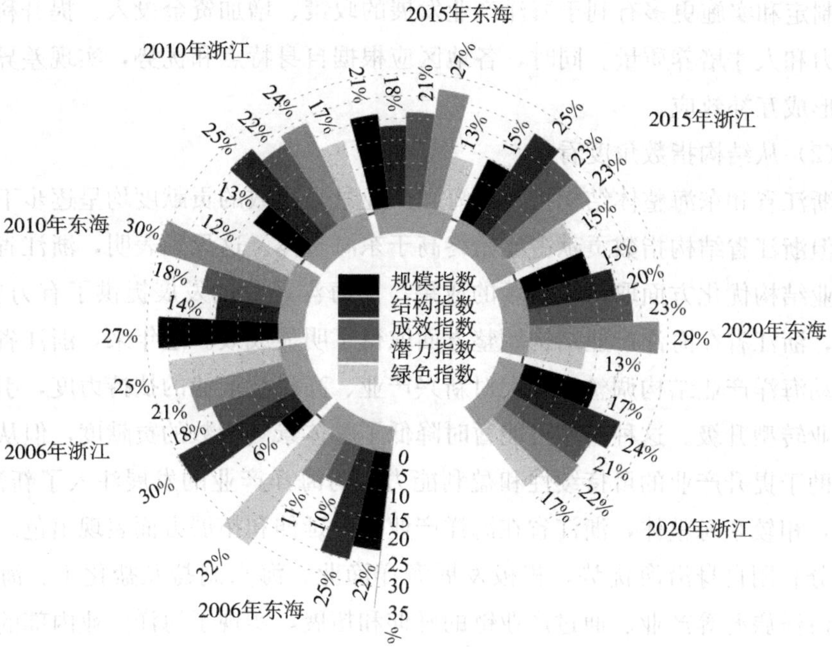

图 7－4　2006—2020 年浙江省与东海海洋产业景气分维度比较

(1) 从规模指数角度看

浙江省的规模指数对海洋产业景气指数的贡献度正呈现出稳步上升的趋势，表明浙江省在海洋产业规模扩张方面取得了显著进展。然而，与之形成鲜明对比的是，东海整体规模指数的贡献占比却出现了一定程度的下降。虽然东海整体规模指数的贡献占比有所降低，但其依然保持了对浙江省的优势地位，这无疑凸显了浙江省在海洋产业规模方面所面临的挑战。一方面，浙江省规模指数的劣势是导致其海洋产业景气指数低于东海整体的重要原因之一。这可能缘于浙江省在海洋产业的投资、技术创新、政策扶持等方面的相对不足，限制了其在海洋产业规模上的快速发展。另一方面，也应看到浙江省海洋产业规模的扩大和优化是一个积极的信号。这可能意味着浙江省正在加大力度推动海洋产业的转型升级，通过优化产业结构、提高产业附加值等方式，提升海洋产业的整体竞争力和可持续发展能力①。此外，东海整体规模指数贡献占比的下滑，也暴露出中国海洋产业发展中存在的问题和挑战，包括地区间海洋产业发展的不平衡性、部分地区尚未充分发挥其规模优势，以及在海洋科技创新和产业链完善等方面的不足。为保持浙江省在海洋产业规模上的领先地位，并推动东海整体规模指数的回升，中国需要在多个层面加大对海洋产业的支持力度，包括制定和实施更多有利于海洋产业发展的政策、增加资金投入、提升科技创新能力和人才培养质量。同时，各地区应根据自身特点和优势，实现差异化发展，形成互补效应。

（2）从结构指数角度看

浙江省和东海整体结构指数对海洋产业景气指数的贡献度均呈逐步下降趋势，但浙江省结构指数贡献占比始终高于东海整体。这无疑表明，浙江省在海洋产业结构优化方面取得了显著的成果，为海洋产业的发展提供了有力支撑。首先，浙江省在海洋产业结构调整方面取得了明显成效。近年来，浙江省致力于推动海洋产业结构调整，加大对新兴产业、高科技产业的扶持力度，引导传统产业转型升级。这种转型可能暂时降低了整体景气指数的贡献度，但从长远看有助于提升产业的可持续性和盈利能力，为海洋产业的发展注入了新活力。其次，相较东海整体，浙江省在海洋产业链的延伸和拓展方面表现出色。浙江省充分利用自身沿海优势，积极发展海洋渔业、海水制盐及盐化工、海洋能源、海洋旅游等产业。通过产业链的延伸和拓展，实现了海洋产业内部的协同发展，进一步提高了海洋产业的整体竞争力。这种发展模式使得浙江省海洋产业景气指数得到了较大提升，结构指数贡献占比持续领先。再次，浙江省在海洋科技创新方面具有较强优势。浙江省注重科技创新对海洋产业的驱动作用，

① 马仁锋，李伟芳，李加林，等．浙江省海洋产业结构差异与优化研究——与沿海10省份及省内市域双尺度分析视角［J］．资源开发与市场，2013，29（2）：187-191.

加大海洋科技研发投入，培育一批具有核心竞争力的海洋高新技术企业。这些企业在海洋资源开发、海洋环境保护、海洋经济发展等方面发挥了重要作用，为浙江省海洋产业的发展提供了强大支持。因此，浙江省在海洋科技创新方面的优势，也是其结构指数贡献占比高于东海整体的一个重要原因。

（3）从成效指数角度看

浙江省和东海整体成效指数对海洋产业景气指数的贡献度均呈逐步上升趋势，但浙江省成效指数贡献的涨幅落后于东海整体，这可能与二者海洋产业发展策略、政策支持以及产业结构调整等因素有关。浙江省海洋产业在近年来得到了较快发展，尤其是舟山港亿吨大港建设、海洋旅游业的繁荣等，为浙江省海洋产业景气指数的提升奠定了基础。然而，与东海整体相比，浙江省在海洋新兴产业、科技创新等方面的支持力度仍有待加强。东海整体海洋产业成效指数贡献度的上升，得益于中国海洋产业政策的大力扶持以及区域间协同发展的推动。东海地区在海洋新兴产业、海洋科技创新等方面的突破，为海洋产业景气指数的提升提供了强大动力。此外，东海地区在海洋资源保护与开发、海洋环境保护等方面的政策措施，也为产业可持续发展创造了有利条件。综合来看，浙江省和东海整体在海洋产业景气指数上的贡献度虽有差距，但总体上都表现出良好的发展势头。

（4）从潜力指数角度看

浙江省的潜力指数对海洋产业景气指数的贡献度显示出较小的波动性，表明其增长潜力相对稳定。与此同时，东海整体潜力指数的起点低于浙江省，但涨幅显著，反映出该地区海洋产业发展的巨大空间。近年来，浙江省海洋产业景气指数的持续攀升与其潜力指数的稳健增长密切相关。尽管东海地区在潜力指数的起始贡献度上不及浙江省，但在2006—2010年期间，其增长率迅速攀升，并超越了浙江省。浙江省的潜力指数贡献度稳定性归功于长期对海洋产业的持续投资和政策支持，加之其地理位置优势明显，拥有丰富的海岸线和优良的港口设施，以及先进的海洋科技实力，这些因素共同促成了其海洋产业的快速发展，并确保其在海洋产业景气指数中扮演着关键角色。相较之下，东海地区的潜力指数贡献度虽起始于较低水平，但在政策激励和市场需求的双重驱动下，实现了快速增长，体现了该地区海洋产业的巨大发展潜力。尽管东海地区在潜力指数贡献度上已超越浙江省，但在海洋产业发展过程中，仍然面临着产业结构优化、技术创新、环境保护等一系列挑战。因此，东海地区未来的发展需聚焦于这些关键问题，加大资金和技术投入，深化改革措施，以确保海洋产业的持续健康发展。

(5) 从绿色指数角度看

浙江省和东海整体绿色指数对海洋产业景气指数的贡献度均呈逐步下降趋势，但浙江省绿色指数贡献占比的下降幅度远不及东海整体。这种现象背后，反映出中国在海洋环境保护和海洋产业发展方面所面临的挑战与机遇。首先，从浙江省绿色指数贡献占比的下降来看，说明浙江省在海洋环境保护方面取得了一定的成果。近年来，浙江省加大海洋环境保护力度，实施严格的海洋环境保护政策，使得海洋生态环境得到了一定程度的改善。然而，这也意味着浙江省在海洋产业发展上面临更大的压力。为了解决这一问题，浙江省需要在保持海洋环境保护成果的基础上，加快海洋产业转型升级，推动海洋产业结构调整，培育新的海洋经济增长点。其次，相较浙江省，东海整体绿色指数贡献占比的下降幅度较大，表明中国在海洋环境保护方面仍存在一定的区域差异，东海地区的海洋环境保护工作任重道远。针对这一问题，中国应加大对东海地区的海洋环境保护力度，实施更加严格的海洋环境保护政策，确保东海地区的海洋生态环境得到有效保护。同时，东海地区也需要在保护海洋生态环境的基础上，合理利用海洋资源，推动海洋产业的发展。最后，对于浙江省和东海整体绿色指数贡献度逐步下降的现象，中国应全面审视海洋产业发展与海洋环境保护之间的关系。在推动海洋产业发展的同时，不能忽视海洋环境保护，要实现海洋产业发展与环境保护的协调发展①。为此，中国需要进一步完善海洋环境保护法律法规体系，强化海洋环境监测与监管能力，加大对海洋环境的保护投入，提高海洋产业绿色发展水平。

第二节　分指数测算结果

(一) 浙江省海洋产业规模指数分析

根据图 7－5 的数据，浙江省在 2006—2020 年期间的规模指数经历了显著的增长，依次为 0.024、0.028、0.034、0.048、0.051、0.057、0.062、0.064、0.064、0.072、0.077、0.081、0.085、0.090、0.092，15 年间增长 283.33%，这一增长趋势直观反映了浙江省在海洋产业规模效益上的持续优

① 菅康康，俞存根，陈静娜，等．产业链视角下浙江省海洋捕捞业升级研究［J］．中国渔业经济，2019，37 (1)：21－29.

化，并显著促进了海洋产业景气的提升。从海洋生产总值和海洋生产总值占比两个方面来看，可以观察到海洋生产总值呈现出稳步增长的态势，其增长速度在此期间也有所加快。与此同时，海洋产业在地区生产总值中所占的比重先是经历了一段急速上升的阶段，之后增速逐渐放缓，出现了小幅波动。

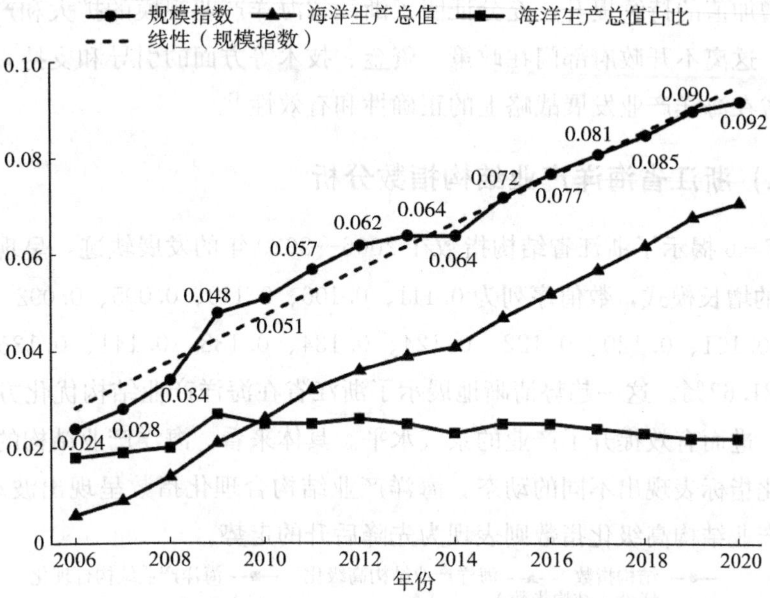

图 7－5　2006—2020 年浙江省规模指数变化趋势

进一步分析，浙江省海洋产业规模指数的增长可以分为两个阶段。第一阶段是 2006—2012 年，规模指数从 0.024 增长到 0.057，增幅为 137.5%，主要原因是在此期间，中国政策对海洋产业的支持力度不断加大，浙江省积极响应国家号召，加大海洋产业投入，推动产业快速发展。第二阶段是 2012—2020 年，规模指数从 0.062 增长到 0.092，增幅为 48.4%，这一阶段的增长得益于浙江省在海洋产业技术创新、产业结构调整、产业链延伸等方面的积极探索和成果转化。在规模指数增长的同时，浙江省海洋产业的产值也实现了显著提升。浙江省海洋产业产值在 2006 年仅为 1 046 亿元，到 2020 年已达到 4 737 亿元，增幅高达 352.87%，呈现出快速增长的趋势。这一成果的取得，离不开浙江省对海洋产业政策、资金、技术等方面的有力支持。浙江省海洋产业规模指数和产值的增长，不仅体现了产业规模的扩大，更显示出浙江省在海洋产业发展质量上的提升。浙江省海洋产业增加值从 2006 年的 361 亿元增长到 2020 年的 1 681 亿元，增幅高达 365.65%，表明浙江省海洋产业在国民经济中的地位不断提升。此外，浙江省海洋产业增加值占地区生产总值的占比也在逐年上升，由 2006 年的 6.3%增长到 2020 年的 10.2%，充分展示了浙江省海洋产业对经济增长的贡献率不断提高。

综上所述，浙江省在 2006—2020 年期间海洋产业规模指数的显著增长及产值、增加值的持续提升，充分证明了浙江省海洋产业规模的扩大和产业效益的优化。这离不开政府部门在政策、资金、技术等方面的引导和支持，也显示出浙江省在海洋产业发展战略上的正确性和有效性①。

（二）浙江省海洋产业结构指数分析

图 7-6 揭示了浙江省结构指数在 2006—2020 年的发展轨迹，呈现出一个“U”形的增长模式，数值序列为 0.111、0.106、0.110、0.095、0.092、0.099、0.099、0.101、0.120、0.122、0.124、0.134、0.138、0.141、0.135，累计增幅为 21.62%。这一趋势清晰地展示了浙江省在海洋产业结构优化方面取得的成效，进而有效提升了产业的景气水平。具体来看，海洋产业结构的高级化与合理化指标表现出不同的动态。海洋产业结构合理化指数呈现出波动下降，而海洋产业结构高级化指数则表现为先降后升的走势。

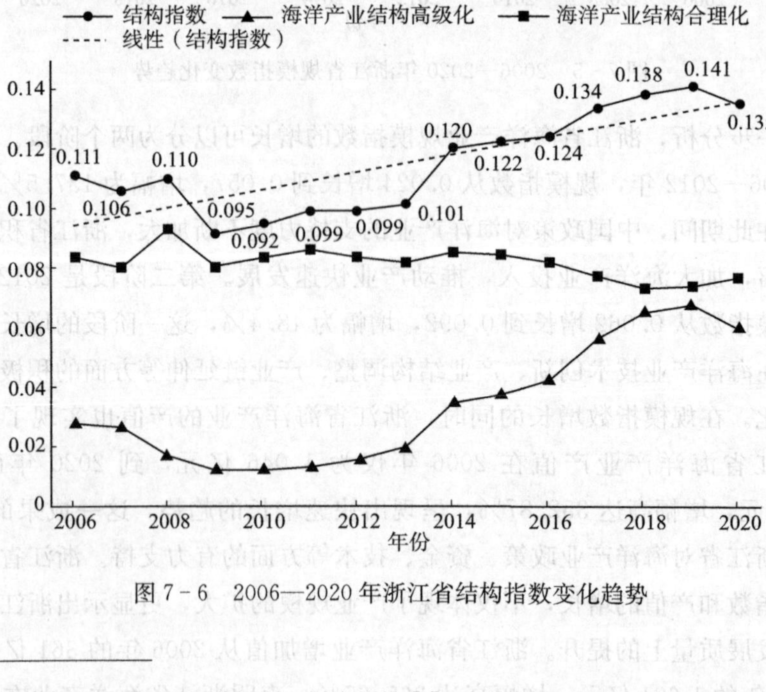

图 7-6　2006—2020 年浙江省结构指数变化趋势

① 柳亚文. 浙江省海洋经济发展的测度与评价［J］. 海洋信息，2012，(4)：38-43.

深入分析显示，结构指数的显著增长主要集中在2009—2014年以及2015—2019年两个时期。在2009—2014年期间，结构指数从0.092增至0.120，增幅为30.43%。随后，2015—2019年期间，结构指数由0.122跃升至0.141，实现了15.57%的增长，这两个阶段分别标志着浙江省海洋产业结构优化和调整的两个重要里程碑。尽管海洋产业结构合理化指数总体呈下降趋势，但在2015—2020年期间出现了回升迹象，这意味着浙江省在推进产业结构优化的同时，也在努力平衡产业的合理化发展。另外，海洋产业结构高级化指数的变化趋势显示出先下降后上升的特点，这可能反映出初期推进速度快，后期受到发展瓶颈制约导致增速放缓的现象。提示未来浙江省应在持续推进产业结构高级化的同时，探索新的产业发展策略和模式，以克服发展障碍。总体而言，浙江省在2006—2020年期间结构指数的增长，以及海洋产业结构高级化和合理化的变化趋势，充分展现了结构优化对提升海洋产业景气的积极影响。这一成果的取得，得益于浙江省政府对海洋产业发展的高度重视和支持及企业和科研机构的协同努力①。然而，展望未来，浙江省仍需进一步进行结构优化和调整，以保障海洋产业的持续健康发展。

（三）浙江省海洋产业成效指数分析

图7-7所示数据描绘了浙江省成效指数在2006—2020年期间的演变历程，该指数呈现出一种倒“V”形发展模式，并实现了显著的累积增幅，具体数值序列为0.067、0.071、0.072、0.078、0.082、0.088、0.093、0.098、0.104、0.110、0.116、0.125、0.123、0.119、0.115，累计增长了71.64%。这一趋势不仅彰显了浙江省在海洋经济领域的迅猛发展，而且凸显了在海洋产业、就业以及人均水产品产量等关键指标上取得的卓越成就。

在此期间，海洋产业的贡献度、涉海就业人数比例及人均海洋水产品产量均表现出相对平稳的波动，这一现象说明浙江省在推动海洋产业的发展上取得了稳固的成果，并为地区经济的扩张提供了坚实的支撑。另外，沿海港口的货物吞吐量持续增长，这一现象反映了浙江省港口物流业的快速发展，并为地区经济注入了强大的活力。然而，国内旅游人数在2017年之前经历了迅猛增长之后，自2017年起开始出现下滑。这一变化可能受到多种因素的影响，诸如

① 吴嘉乐，余静，汪雪，等．基于超效率SBM-Malmquist模型的海洋发展空间利用综合效率评价研究——以浙江省为例［J］．海洋湖沼通报，2024（9）：1-11.

图 7-7　2006—2020 年浙江省成效指数变化趋势

旅游市场的饱和、游客需求的转变等。即便如此，国内旅游人数的变动趋势与成效指数的总体走向保持高度一致，表明浙江省在旅游行业的发展上同样取得了显著进展。总体来看，浙江省在海洋经济的各个方面都取得了丰硕的成果。通过优化产业结构、提升海洋产业贡献度、促进就业以及增加人均海洋水产品产量等一系列措施，浙江省的成效指数实现了显著增长。未来，浙江省应当持续加大对海洋经济领域的投入，充分利用沿海港口的优势，促进旅游业与其他产业的深度融合，以实现海洋经济的长远可持续发展。同时，也需密切关注旅游业发展趋势的变化，并根据实际情况及时调整发展策略，以确保浙江省在海洋经济领域保持其领先地位。

（四）浙江省海洋产业潜力指数分析

根据图 7-8 所示，浙江省海洋经济潜力指数在 2006—2020 年经历了波动性增长，并取得了显著的累积增长。该指数的数值序列为 0.079、0.082、0.082、0.090、0.090、0.093、0.096、0.098、0.108、0.111、0.106、0.110、0.112、0.115、0.119，累计增长了 50.63%。这一趋势表明浙江省在海洋经济领域的发展潜力强劲。

在此期间，浙江省浅海滩涂海湾养殖面积、生产用码头泊位数量、海洋科

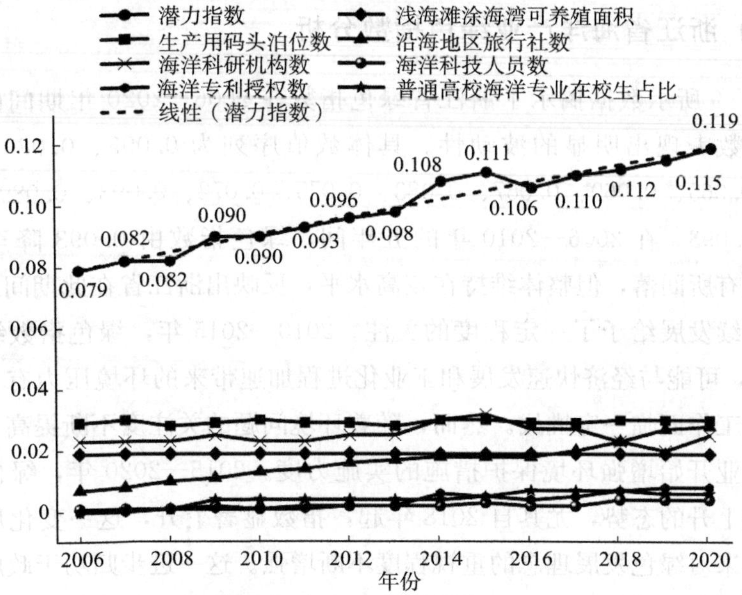

图 7-8　2006—2020 年浙江省潜力指数变化趋势

技人才数量等关键指标虽有波动，但幅度有限，并未出现剧烈变动。这一现象可能暗示浙江省在海洋基础设施和人才培养方面仍有提升空间。值得注意的是，海洋科研机构数量经历了初期增长后的稳定期，形成了倒“U”形发展曲线，这反映了浙江省在海洋科研资源整合和优化、科研能力提升方面取得了成效。同时，海洋专利授权数量和普通高校海洋专业在校学生比例的缓慢增长，进一步证实了浙江省对海洋科技人才培养的重视。此外，沿海地区旅行社数量的增加，体现了浙江省海洋旅游业的蓬勃发展，对潜力指数的提升起到了积极作用。综上所述，浙江省海洋经济潜力指数的增长是多方面因素共同作用的结果。海洋科研、旅游产业的发展以及技术创新为浙江省海洋经济提供了坚实的支撑。然而，浙江省在海洋基础设施建设和人才培养等领域仍然面临挑战，需要加大投入和改革力度。为了持续提升海洋经济潜力指数，浙江省应继续优化经济结构，加强海洋科研创新，强化人才培养，充分挖掘海洋旅游潜力，从而推动海洋经济的可持续发展①。同时，还需警惕潜在的海洋经济风险，以保障经济增长的稳定性。

---

① 杨艳娟，赵长伟，柯莹莹，等．海洋强国背景下浙江省教育科技人才发展的问题和对策［J］．科技通报，2024，40（6）：110-115.

（五）浙江省海洋产业绿色指数分析

图 7-9 所示数据揭示了浙江省绿色指数在 2006—2020 年期间的变动轨迹，该指数表现出明显的波动性。具体数值序列为 0.093、0.080、0.082、0.079、0.065、0.069、0.067、0.083、0.075、0.072、0.093、0.089、0.081、0.081、0.093。在 2006—2010 年的五年间，绿色指数由 0.093 降至 0.065，尽管指数有所回落，但整体维持在较高水平，反映出浙江省在此期间对环境保护和可持续发展给予了一定程度的关注。2010—2015 年，绿色指数缓慢上升至 0.072，可能与经济快速发展和工业化进程加速带来的环境压力有关，导致环境保护工作面临一定挑战。然而，随着环境问题的关注度不断提高，浙江省政府和企业开始增强环境保护措施的实施力度。2015—2020 年，绿色指数出现了波动上升的态势，尤其自 2018 年起，指数显著上升，这一变化反映出浙江省近年来对绿色发展理念的重视程度不断增强。这一进步归功于政府、企业及社会各界在环境保护方面的共同努力，包括政策扶持、技术革新和产业结构的优化调整等多方面因素。

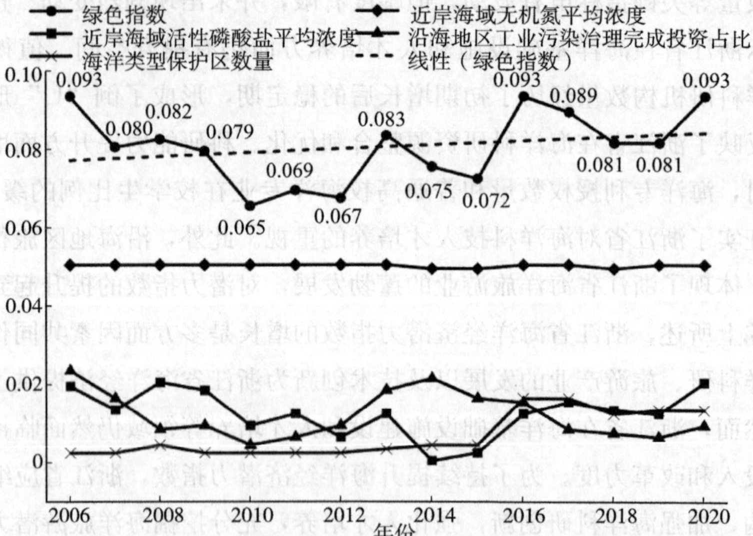

图 7-9　2006—2020 年浙江省绿色指数变化趋势

沿海地区工业污染治理完成占比的变化呈现出倒“N”形曲线，表明浙江省在污染治理方面取得了进展，但同时也面临着一些难题和挑战。近岸海域活性磷酸盐的平均浓度持续波动，且波动幅度较大，表明该区域海洋环境的稳定性有待加强。无机氮的平均浓度在近岸海域基本保持稳定，海洋类型保护区数量自 2015 年以来显著增长。综合分析显示，沿海地区工业污染治理完成占比和近岸海域活性磷酸盐的平均浓度是浙江省绿色指数波动的主要影响因素。为了进一步提升浙江省绿色指数，未来需要加大对工业污染的治理力度，特别是加强对沿海地区污染源的控制。同时，应密切监视近岸海域活性磷酸盐浓度的变化，并采取相应措施以减少污染，保护海洋生态环境。浙江省政府和企业应持续增加环保投资，提升环保技术水平，推动绿色发展战略；在此基础上，应进一步完善相关政策和法规体系，确保环保政策得到有效执行。此外，还应增强公众的环保意识，鼓励采用绿色出行和低碳的生活方式，营造全社会共同参与环保行动的良好氛围。

第八章 福建省海洋产业景气指数分析

福建是海洋资源大省，也是海洋经济大省，具有突出的山海优势，海洋、海湾、海岛、海峡、“海上丝绸之路”赋予了福建向海发展的巨大潜力。海洋在福建全方位推进高质量发展超越战略部署中具有特殊而重要的地位。2023 年，福建省海洋生产总值 11 820.7 亿元，比上年增长 5.5%，分别占全国海洋生产总值的 11.9%、东海区海洋生产总值的 27.8%、福建省地区生产总值的 21.7%；海洋三次产业结构比为 7.6∶36.6∶55.8。福建省海洋资源开发和产业布局持续优化，“一带两核六湾多岛”的发展格局基本形成；推进海岛、海岸带、海洋“点线面”综合开发，做强福州、厦门两大示范引领区，提高重点海岛开发与保护水平，形成各具特色的沿海城市发展格局①。“十四五”时期，福建省拟在海洋生态环境治理、海洋产业创新能力提升、新兴产业集群培育、现代化港口群建设等方面发力；计划到 2035 年，使“海上福建”建设和海洋经济高质量发展实现新的跨越，海洋经济综合实力、海洋基础设施、海洋科技创新、海洋生态环境稳居全国前列，海洋开放合作水平迈上新高度，海洋管理体制机制进一步健全，建成具有国际竞争力的现代海洋产业基地和中国科技兴海重要示范区。为此，本章利用目前统计数据，运用相关方法分析福建省海洋经济景气指数发展趋势，对于了解海洋经济发展状况、指导政策制定和调整、促进产业升级和转型、增强市场竞争力以及推动可持续发展等方面都具有重要意义。因此，有必要建立和完善海洋产业景气指数的评估体系和方法，为福建海洋经济的持续健康发展提供有力支持。

① 曹玮，邹昊舒．福建省海洋经济产业结构分析——基于偏离份额分析法的研究［J］．通化师范学院学报，2020，41（11）：51－56.

第一节 总指数测算结果

（一）福建省海洋产业景气总指数变化趋势

如图 8-1 所示，福建省海洋产业景气指数在 2006—2020 年的整体得分呈现出波动上升的趋势。在此期间，福建省海洋产业景气指数的整体得分增长率分别为 0.64%、-1.33%、1.90%、0.80%、0.45%、4.07%、2.86%、4.67%、11.77%、3.27%、3.68%、3.29%、-3.98%、-2.90%。通过数据分析可以发现，除了 2008 年和 2019—2020 年有所下降外，其余年份都保持了较高速度的增长，特别是 2010—2017 年的增长率都在 2%以上。

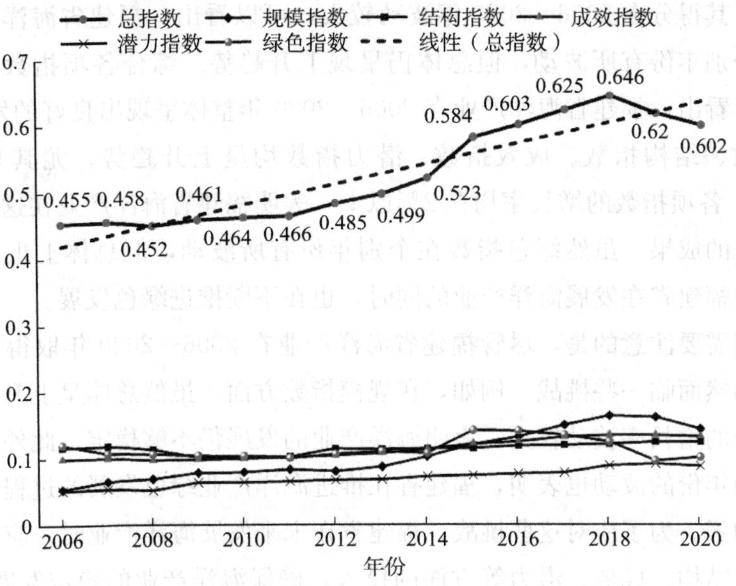

图 8-1 2006—2020 年福建省海洋产业景气总指数变化趋势

进一步比较规模指数、结构指数、成效指数、潜力指数、绿色指数五项得分曲线的变化趋势，可以看到结构指数、成效指数、潜力指数的得分曲线变化较为平稳，总体得分的曲线变化趋势基本保持一致；而规模指数得分与绿色指数得分则呈现出波动变化趋势。对于福建省海洋产业来说，规模指数的增长意味着产业的扩大，结构的优化，成效的提高，潜力的挖掘以及绿色发展的推进。而绿色指数的增长，则体现了福建省在海洋产业发展过程中，对于环保、可持续发展等理念的重视和实践。同时，也需要注意到规模指数和绿色指数的波动变化趋势。这可能是由于经济环境的变化、政策调整，或者是产业内部的因素所导致的。对于这一点需要进一步研究和分析，以了解其背后的原因，从而为福建省海洋产业的发展提供更有针对性的建议和政策支持。总的来说，福建省海洋产业在过去的十几年间，虽然经历了一些波动，但整体上呈现出良好的发展态势。未来，期待看到福建省海洋产业能够在规模、结构、成效、潜力、绿色等方面实现更大的突破，为中国的海洋经济发展做出更大的贡献。

通过分析福建省海洋产业景气分指数的变化情况，可以发现，规模指数在2006—2020年波动较大，但在整体呈现上升趋势。其中，2010—2017年的增长率均在5%以上，表明福建省海洋产业规模在这一时期得到了较快发展。相较规模指数，结构指数、成效指数、潜力指数的变化趋势相对平稳。在绿色指数方面，其得分在2006—2020年波动较大，可以看出，福建省海洋产业绿色指数在个别年份有所波动，但总体仍呈现上升趋势。综合各项指数的变化情况，可以看出，福建省海洋产业在2006—2020年整体呈现出良好的发展态势。规模指数、结构指数、成效指数、潜力指数均呈上升趋势，尤其是2010—2017年，各项指数的增长率均在2%以上，表明福建省海洋产业在这一时期取得了显著的成果。虽然绿色指数在个别年份有所波动，但总体上也呈上升趋势，表明福建省在发展海洋产业的同时，也在不断推进绿色发展。

然而需要注意的是，尽管福建省海洋产业在2006—2020年取得了显著成果，但仍然面临一些挑战。例如，在规模指数方面，虽然总体呈上升趋势，但个别年份的增长率波动较大，表明海洋产业的发展仍不够稳定。此外，绿色指数在个别年份的波动也表明，福建省在推进海洋产业绿色发展的过程中，仍需进一步加强。为了应对这些挑战，福建省在未来发展海洋产业时，应继续加大对规模、结构、成效、潜力等方面的投入，确保海洋产业的稳定发展。同时，要高度重视绿色发展，通过技术创新、政策引导等手段，进一步提高海洋产业的绿色化水平。此外，还需加强对海洋产业的监管，确保海洋资源的合理开发利用，以实现海洋产业的可持续发展。

（二）福建省海洋产业景气总指数贡献分布

福建省海洋产业作为中国海洋产业的重要组成部分[①]，其发展态势备受关

① 曹玮，邹昊舒．福建省海洋经济产业结构分析——基于偏离份额分析法的研究［J］．通化师范学院学报，2020，41（11）：51-56.

注。为了全面分析福建省海洋产业的发展状况，本章将对福建省海洋产业景气总指数分项目指标数据进行深入探讨。图 8-2 清晰地展示了福建省海洋产业景气总指数的贡献分布，其中包括规模指数得分、结构指数得分、成效指数得分、潜力指数得分和绿色指数。

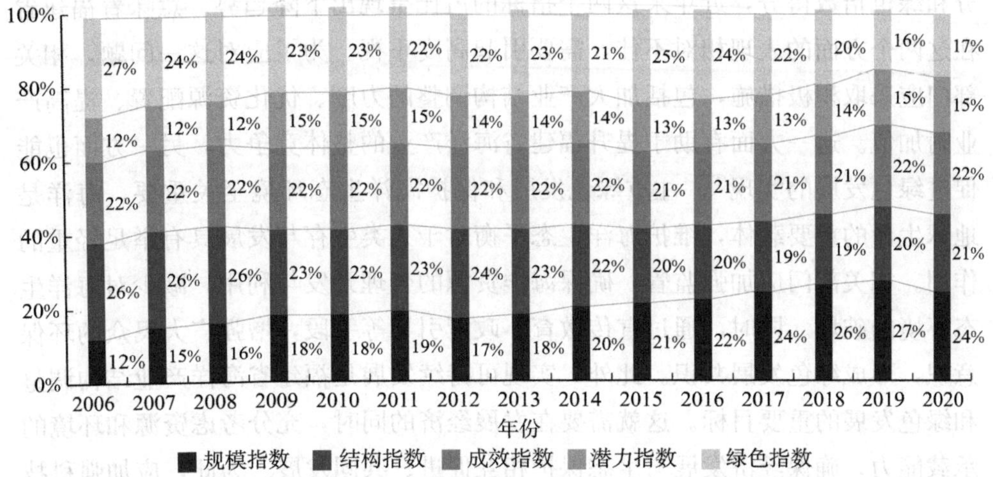

图 8-2　2006—2020 年福建省海洋产业景气总指数贡献分布

首先，从规模指数得分占比的变化趋势来看，福建省海洋产业规模指数得分占比呈现出稳步上升的态势。这意味着福建省海洋产业的规模在不断扩大，为整个产业的发展提供了坚实的基础。规模经济的优势逐渐显现，有助于提高产业效益和竞争力。一方面，福建省海洋产业规模的扩大表现为产业整体实力的提升。随着规模的扩大，企业可以实现生产要素的优化配置，降低生产成本，提高生产效率。此外，规模经济还可以带来研发能力的提升，使企业在技术创新、产品研发等方面具备更强的竞争力。另一方面，福建省海洋产业规模的扩大也有助于优化产业结构。在规模经济的支持下，海洋新兴产业得以快速发展，传统产业得到转型升级。这将有助于推动福建省海洋产业向高附加值、高技术含量、低碳环保的方向发展，提升整个产业链的竞争力。此外，福建省海洋产业规模的扩大还将带动相关产业链的发展。规模经济带来的市场需求增加，将刺激相关产业如航运、物流、旅游等的发展，形成产业链的互动和协同发展。这将进一步推动福建省海洋产业的整体发展，为地区经济增长注入新动力。福建省海洋产业规模指数得分占比的稳步上升，反映了福建省海洋产业规模的不断扩大，带来了规模经济的优势。在未来的发展中，福建省应继续发挥规模经济的优势，推动海洋产业的高质量发展，为中国海洋经济的繁荣做出更大贡献。为此，政府和企业应共同努力，加大政策支持力度，优化产业发展环境，提升创新能力，推动福建省海洋产业迈向更高端、更绿色、更智能的发展方向。

其次，福建省海洋产业结构和绿色发展水平的两个关键指标：结构指数得分和绿色指数得分，近年来这两个指标的占比呈现出下降趋势。意味着福建省在这两个方面的表现相对不佳，需要引起高度重视。为了应对这一问题，相关部门应采取积极措施，包括加大产业结构调整的力度、优化资源配置、提高产业附加值。这一方面有助于提升福建省海洋产业的整体竞争力，另一方面也能促进绿色发展的实现①。注重绿色发展和保护海洋生态环境至关重要。海洋是地球生命的重要载体，维护海洋生态平衡对于人类生存与发展具有举足轻重的作用。相关部门应加强监管，确保海洋资源的合理开发与利用，减少对海洋生态环境的破坏。同时，通过宣传教育、政策引导等手段，增强广大民众的环保意识，形成绿色发展共识。此外，实现可持续发展是福建省海洋产业结构调整和绿色发展的重要目标。这就需要在发展经济的同时，充分考虑资源和环境的承载能力，确保经济发展与生态保护相互促进、共同发展。为此，应加强科技创新，推广绿色低碳技术，降低产业对环境的负面影响②。政府部门应建立健全相关政策法规，为海洋产业结构调整和绿色发展提供有力保障。一方面，完善产业政策，引导企业转型升级，发展高附加值产业；另一方面，强化环保法规，确保企业和个人在发展经济的同时，严格遵守环保法规，切实保护海洋生态环境。总之，福建省海洋产业结构和绿色发展水平的下降趋势不容忽视。通过加大产业结构调整力度、优化资源配置、提高产业附加值、注重绿色发展、保护海洋生态环境以及实现可持续发展等多方面的努力，有信心扭转这一趋势，为福建省的绿色发展注入新的活力。

最后，成效指数得分和潜力指数得分在2006—2010年占比较低，但在2011—2020年保持了基本稳定的态势。这说明福建省海洋产业在经过一段时期的调整后，取得了较好成效。成效指数得分和潜力指数得分在2006—2010年占比较低的原因，可能与在此期间，福建省海洋产业正处于调整阶段，各个环节都在摸索中前进，因此成效指数和潜力指数的表现相对较差有关。然而，

① 黄一丹，邱李彬．福建省东山县海洋生态保护与海洋经济发展的耦合协调性分析［J］．台湾农业探索，2020（4）：28-34.

② 寇曼翎．海洋科技创新能力与海洋经济发展的动态关系研究——以福建省为例［J］．价值工程，2023，42（30）：5-9.

2011—2020 年，这两个指数得分保持了基本稳定的态势，说明福建省海洋产业在经过一段时间的调整后，已经取得了显著成效。这一成果的取得离不开福建省政府对海洋产业的高度重视和大力支持。在政策层面，福建省政府出台了一系列有利于海洋产业发展的政策，为海洋产业提供了良好的发展环境。在资金和技术层面，政府加大了对海洋产业科研创新的投入，推动了海洋科技成果转化，提高了海洋产业的科技含量和附加值①。海洋产业潜力在未来为福建省海洋产业发展提供新的动力。为了实现福建省海洋产业的可持续发展，需要从以下几个方面入手，加强海洋产业技术创新，提高产业技术水平，培育新兴产业；优化海洋产业结构，强化产业链条，提升产业整体竞争力；发挥海洋资源优势，推动海洋资源的高效利用，提高产业效益；加强人才培养和引进，提高海洋产业人才队伍的整体素质。最后，福建省海洋产业在未来的发展中，还应继续加强产业创新，提高产业效益，促进产业结构优化升级。只有这样，才能使福建省海洋产业在国内外市场中站稳脚跟，实现可持续发展。同时，也要注重与其他省份和国家的交流合作，借鉴先进的管理经验和科技成果，不断提升福建省海洋产业的发展水平。福建省海洋产业在过去的十年里取得了显著的成果，但未来仍需不断努力，加强创新，优化结构，提高效益，以实现更高水平的发展。福建省政府、企业和科研机构应共同努力，继续推动海洋产业的发展，为中国海洋经济的繁荣做出更大贡献。

总之，福建省海洋产业近年来在规模、结构、成效、潜力和绿色方面取得了显著的成绩。总体来看，海洋产业规模不断扩大，产业结构逐步优化，产业成效日益显著，绿色水平不断提升，发展潜力巨大。然而，与此同时也应看到，福建省海洋产业仍然面临一些挑战和问题。福建省海洋产业的规模优势尚未完全发挥。尽管规模指数逐年上升，但与一些沿海发达省份相比，仍有较大的差距。因此，需要加大产业规模的培育力度，充分利用福建省的地理优势和资源禀赋，进一步扩大海洋产业的规模。产业结构调整仍需深化。虽然近年来福建省海洋产业结构得到了优化，但仍然存在一些产能过剩、产业链条不完善等问题。为了提高产业效益，政府部门和企业应共同努力，进一步优化产业结构、强化产业链条、推动产业升级。绿色发展战略亟待加强。在海洋产业的发展过程中，环保和绿色发展是不可或缺的一环。然而，当前福建省海洋产业在

---

① 谢巧生．科技创新引领福建省海洋新兴产业高质量发展路径探析［J］．厦门特区党校学报，2022（5）：54－58．

绿色方面仍存在不足，如污染治理、资源节约等方面仍有待提高。因此，必须加大绿色发展的力度，推动海洋产业走向绿色、低碳、循环发展之路。此外，产业效益仍有提升空间。福建省海洋产业在经济效益方面取得了一定的成绩，但与沿海发达地区相比，仍存在一定差距。为此，需要通过优化资源配置、提高生产效率、创新产业发展模式等途径，进一步提升产业效益。为实现福建省海洋产业的可持续发展，政府部门和企业应共同努力，加大产业结构调整和绿色发展的力度。同时，继续关注规模指数和成效指数的变化，为产业的发展提供有力支持。通过优化产业结构、提高绿色水平、发挥规模优势和提高产业效益，福建省海洋产业将在未来取得更好的发展。

（三）福建省与东海整体海洋产业景气比较

为了更深入地了解福建省海洋产业景气发展水平，本章将福建省与东海整体海洋产业景气平均水平进行对比，先从总体发展趋势进行比较分析，再从规模指数、结构指数、成效指数、潜力指数和绿色指数五个维度分别进行比较分析。

1. 福建省与东海整体比较分析

由图 8-3 可见，福建省与东海整体海洋产业景气指数呈缓慢上升趋势，近年来福建省的发展略低于东海整体海洋产业景气指数的平均水平，其中以 2014 年较为明显。基于此，这里将海洋产业景气发展情况分为以下两个阶段。

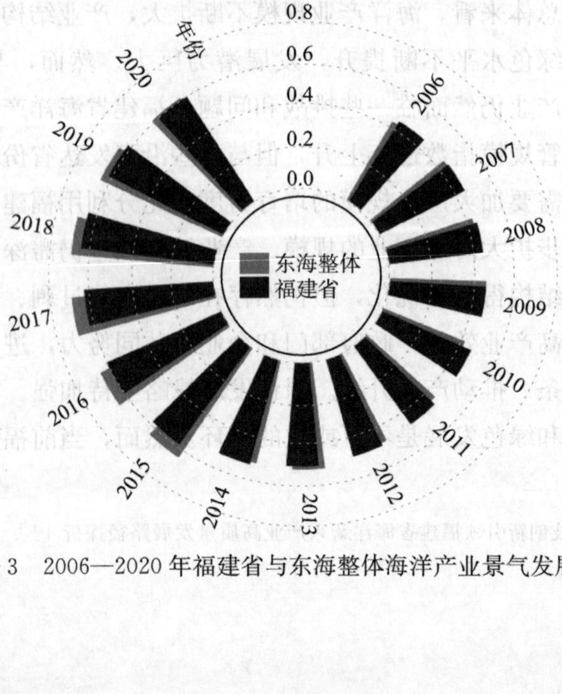

图 8-3　2006—2020 年福建省与东海整体海洋产业景气发展趋势

第一阶段（2006—2012年）。福建省海洋产业景气指数发展显著，超越了东海整体平均水平。这一成就的取得，得益于福建省在规模指数、成效指数以及潜力指数方面的全面突破。这些指数的快速上升，揭示了福建省在海洋经济发展上所具备的地理优势。福建省拥有得天独厚的地理优势，其沿海地理位置为其海洋经济发展提供了有力支撑。随着海洋经济生产总值的不断提升，福建省海洋产业得以优化升级，海洋科技也得到了长足发展。这不仅推动了海洋产业的快速增长，也使得海洋生态环境得到了改善。与此同时，东海整体则在努力提高自身的海洋生产能力，积极开拓渔业市场，提升国际竞争力。然而，在海洋生态环境建设方面，东海整体的发展相对较慢，导致海洋产业景气指数的发展水平低于福建省。从政策层面来看，福建省在海洋产业的发展上采取了一系列政策措施，旨在优化产业结构、提升产业效益、发挥海洋经济的潜力，同时注重海洋生态环境的保护。这些举措为福建省的海洋产业带来了持续的发展动力。反观东海整体，虽然也在推进海洋产业的发展，但在政策实施上相对分散，未能形成完整的产业发展体系。在海洋生态环境方面，由于发展较慢，一定程度上影响了海洋产业的可持续发展。综合来看，福建省在第一阶段海洋产业景气指数的领先地位，得益于其地理优势、政策支持和产业结构的优化。而东海整体则需要在海洋产业发展和生态环境建设方面加大力度，以实现海洋产业的可持续发展。中国应继续加大对海洋产业的支持力度，特别是在政策引导、技术创新和生态环境保护方面。此外，还需要加强区域间的合作，共享发展成果，实现沿海地区海洋产业协同发展。这样不仅能够推动福建省海洋产业的持续领先，也有助于东海整体提升海洋产业景气指数，实现中国海洋经济的全面繁荣。

第二阶段（2013—2020年）。东海地区整体海洋产业景气指数发展水平已经超越了福建省。这一成就的取得，缘于东海地区对海洋产业发展策略的调整和优化。具体来说，东海地区认识到，强化海洋生态环境建设，能够更有力地推动海洋产业经济社会的进步。因此，在发展海洋产业的过程中，东海地区积极调整了生产和生态的关系，实现了海洋产业的高质量发展。在此期间，2013—2017年东海地区整体和福建省的海洋产业景气指数发展水平呈现出不断提升的趋势。这主要得益于规模指数的大幅度提升，以及成效指数与潜力指数的缓慢提升。这一现象说明，在海洋产业发展的过程中，海洋经济生产总值的发展对海洋产业具有重要的推动作用，而海洋科技创新发展则能够促进海洋产业结构的优化和升级。然而，2018—2020年尽管海洋产业景气指数发展处于较高水平，但其总体评价值却出现了下降。这一现象主要缘于绿色指数得分的突然下降。这表明，在海洋产业的发展过程中，海洋生态环境的发展对海洋产业的影响巨大。同时，规模指数与成效指数也呈现出不同程度的降低。说明涉海就业水平与港口利用程度不高，海洋产业发展成果转化率较低，进一步影响了海洋产业的景气指数。综上所述，海洋产业的发展不仅需要关注经济效益，更应重视生态环境的保护。在今后的发展中，东海地区应继续加强海洋生态环境建设、优化产业结构、提升科技创新能力、促进产业发展成果的转化，以实现海洋产业的可持续发展。同时，福建省也应借鉴东海地区的成功经验，加快海洋产业的发展步伐，提升自身海洋产业景气指数水平。为了实现这一目标，中国政府应进一步完善海洋产业政策体系，加大对海洋产业的支持力度，提高海洋产业在国家战略中的地位。同时，加强区域间合作，推动沿海各地区发挥各自优势，共同促进海洋产业的发展。通过这些措施，中国海洋产业将在未来取得更为辉煌的成就，为实现经济社会的可持续发展做出更大贡献。

2. 福建省与东海维度比较分析

福建省作为中国沿海地区的一个重要省份，其海洋产业发展状况一直备受关注。与此同时，东海整体海洋产业的发展同样具有重要意义。为了深入探究福建省与东海整体海洋产业之间的差距及其成因，本节将围绕各个关键维度展开详细对比分析（图 8-4）。

（1）从规模指数角度看

福建省与东海整体平均水平呈波动上升的发展趋势。从 2006 年起，福建省的规模指数便高于东海整体水平。然而，在 2014 年，一个重要转折点出现，福建省的规模指数一度低于东海整体水平。但从那时起，两者之间的差距逐渐缩小，直到 2018 年后呈现出不断下降的趋势。福建省的规模指数得分值呈现波动上升的发展态势。近年来，福建省进一步优化海洋经济发展格局，福州和厦门作为国家级海洋经济发展示范区，已然成为未来福建省海洋经济空间布局的区位核心。厦门市重点布局海洋高端装备与新材料、海洋信息与数字产业、海洋生物医药等海洋新兴产业，截至 2020 年底，厦门市海洋新兴产业总产值达 1 380 亿元，占海洋经济总产值比重达到 35%。这为福建省海洋规模指数的提升奠定了基础。

2006—2020 年，东海的得分值变化幅度较大，这主要受到东海区域海洋发展政策的影响。为了实现海洋产业高质量发展，政策加紧了对海洋经济发展速度的控制，导致中国海洋经济在国际市场上的竞争力优势减弱，从而使得东

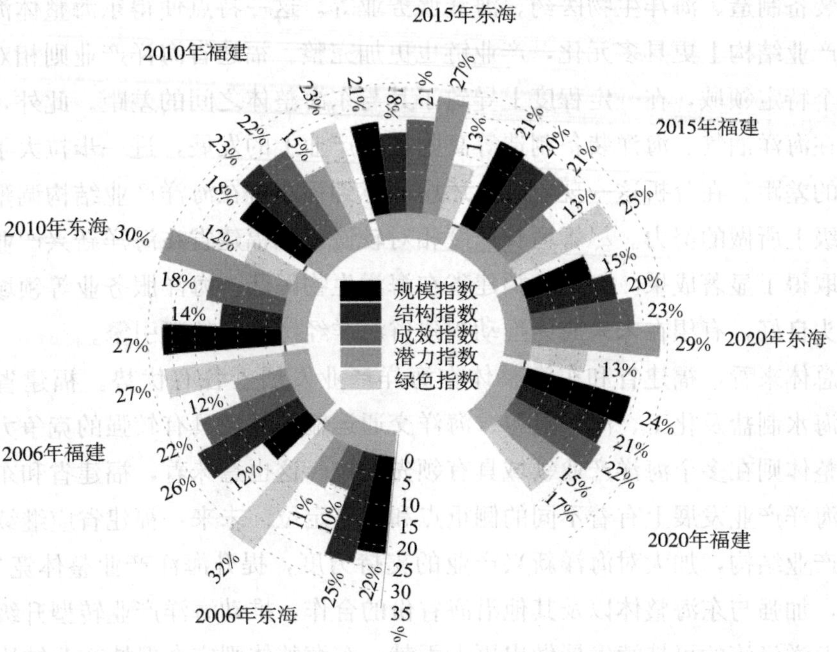

图 8-4　2006—2020 年福建省海洋产业景气分维度发展趋势

海整体规模指数得分值下降。然而，自 2014 年起，东海的得分值迅速上升，这得益于对海洋发展的重视。近年来，中国高度重视海洋强国建设，加快部署有关海洋经济发展的目标和战略计划，国家陆续出台了一系列涉海专项规划，旨在优化海洋经济空间布局和构建现代海洋产业体系。2021 年，《"十四五"海洋经济发展规划》的出台对未来五年海洋经济发展重点领域和产业格局进行了战略部署。在政策的大力支持下，中国海洋经济实现了迅速发展。截至 2021 年底，中国海洋经济总产值持续提升，达到 90 385 亿元，比上年增长 12.97%；主要海洋产业增加值为 34 050 亿元，比上年增长 10.0%，占海洋经济总产值比重达到 37.67%。这进一步表明，中国海洋产业结构得到了优化，发展潜力持续彰显。在未来，中国将继续加大海洋经济发展力度，推动海洋产业迈向更高质量、更高水平的发展。

(2) 从结构指数的角度看

可以发现，相较东海整体，福建省的表现更为平稳，但其增长速度相对较慢。东海整体的结构指数得分呈现出"W"形的波动趋势。这种差异的主要根源在于福建省海洋产业以渔业、海水制盐及化工、海洋能源、海洋交通运输为主导，而东海整体的海洋产业则覆盖了更广泛的领域，包括渔业、海洋油气、海洋装备制造、海洋生物医药、海洋服务业等。这一特点使得东海整体海洋产业在产业结构上更具多元化，产业链也更加完整。福建省海洋产业则相对集中在几个特定领域，在一定程度上导致了其与东海整体之间的差距。此外，东海整体在海洋油气、海洋装备制造等高附加值产业上的发展，进一步拉大了与福建省的差距。在分析这一现象时，还应注意到福建省在海洋产业结构调整和转型升级上所做的努力。尽管增长速度相对较慢，但福建省在海洋新兴产业的发展上取得了显著成果。例如，福建省在海洋生物医药、海洋服务业等领域的发展势头良好，有望在未来成为推动福建省海洋经济增长的新引擎。

总体来看，福建省和东海整体在海洋产业发展上各有优势。福建省在渔业、海水制盐及化工、海洋能源、海洋交通运输等领域具有较强的竞争力，而东海整体则在多个海洋产业领域具有领先地位。这也意味着，福建省和东海整体在海洋产业发展上有着不同的侧重点和战略定位。未来，福建省应继续优化海洋产业结构，加大对海洋新兴产业的支持力度，提升海洋产业整体竞争力。同时，加强与东海整体以及其他沿海省份的合作，推动海洋产业转型升级，为中国海洋经济的可持续发展做出更大贡献。东海整体则应在保持产业结构多元化的基础上，继续推进海洋产业技术创新，提升产业链水平，为中国海洋经济的持续繁荣注入新动力。综上所述，福建省和东海整体在海洋产业发展上各有特点，双方应充分发挥各自优势，取长补短，共同推动中国海洋经济的繁荣发展。在中国海洋产业迈向全球价值链中高端的过程中，双方都需要不断调整和优化产业结构，提升产业链水平，以实现海洋经济的可持续发展。

(3) 从成效指数的角度看

福建省和东海的成效指数发展呈现出不同的变化趋势。总体而言，福建省的成效指数发展呈现出波动上升的特点，而东海地区的成效指数则表现为直线式的上升。2006—2020 年，福建省的成效指数得分值从 0.102 逐步提升至 0.135。在此期间，2006—2009 年部分年份成效指数出现波动，其主要原因在于沿海城市国内旅游人数过多。为提升海洋经济发展水平，福建省在海洋产业发展过程中加大了对滨海旅游基础设施的投入，这一举措虽然在一定程度上推动了海洋经济的发展，但也导致了海洋生态环境的破坏，使得福建省的成效指数发展不稳定。相较之下，东海地区的成效指数得分值从 0.042 显著上升至 0.141，取得了明显的进步。这主要得益于东海各地沿海港口货物吞吐量、人均海洋水产品产量保持良好水平，为海洋成效指数的快速发展奠定了基础。

综合分析，福建省和东海地区在海洋产业发展、海洋经济提升以及海洋生态环境保护等方面均取得了一定的成果。然而，福建省在滨海旅游基础设施投入方面仍需适度调整，以平衡经济发展与生态环境保护的关系，从而实现成效指数的稳定增长。对于东海地区，继续保持沿海港口货物吞吐量和人均海洋水产品产量的优势，将有助于成效指数的进一步提升。福建省和东海地区在海洋产业发展和成效指数方面均取得了显著的进步，但仍然存在一定的问题和挑战。未来，两地应继续努力，相互借鉴，共同推动海洋产业的发展，实现海洋经济的可持续增长，同时关注海洋生态环境保护，为中国海洋事业的繁荣做出更大贡献。

（4）从潜力指数的角度看

福建省和东海地区的潜力指数得分值整体上呈现出波动上升的趋势。值得注意的是，这两个地区之间的差距逐渐加大，尤其是在潜力指数得分上，福建省的表现明显高于东海地区。2006—2009年，福建省和东海地区之间的差距较小，基本保持一致。然而，自2010年起，这两个地区的差距开始不断扩大。在此期间，福建省的潜力指数得分值从0.005上升到0.091，年均增长率为65.09%。相较之下，东海地区的潜力指数得分值从0.050上升到0.176，年均增长率为71.52%。这表明，尽管福建省的年均增长率较高，但东海地区的潜力指数提升速度更为迅速。东海地区之所以能够实现快速提升，得益于其在海洋科技创新投资方面的深入布局，以及在海洋科技人员培养上加大财政支持。东海地区将海洋产业发展视为财政优先保证领域，从而使得沿海渔民在从事海洋生产劳动时无后顾之忧。相较东海地区，福建省的潜力指数水平在2006—2020年间的发展较为平稳，主要是由福建省的浅海滩涂海湾可养殖面积下降以及海洋科技创新水平不高所致①。为了进一步提升福建省的潜力指数，相关部门需要在海洋科技创新和人才培养方面加大投入，以促进福建省海洋产业的可持续发展。总之，福建省和东海地区在潜力指数方面的表现各有优劣。福建省在潜力指数分值上具有明显优势，但东海地区的发展速度更快。未来，两地均需要在海洋科技创新和人才培养方面继续努力，以实现各自地区的持续发展。同时，福建省可以借鉴东海地区的成功经验，加强海洋科技创新和人才培养，从而提升自身潜力指数。

（5）从绿色指数的角度看

福建省和东海地区的绿色指数整体上呈现出较大的波动变化，其变化趋势

① 李艺全．福建省海洋经济高质量发展水平测度及提升路径研究［J］．海峡科学，2023（4）：82-88.

基本一致。这主要是因为两个地区在生态环境保护方面存在一定的问题。

福建省的沿海防护林遭受了违规侵占，基干林带甚至发现砍伐的痕迹。这些行为严重破坏了当地的森林资源，对生态环境造成了极大影响。此外，违规围（填）海现象在多地散发，尽管相关部门已经提出了整改要求，但问题并未得到有效解决，甚至在某些区域还出现了新增的违规现象①。禁养区内依然存在海水养殖场，大量养殖尾水通过溪流直排入海，导致海洋生态环境遭受严重破坏。这些问题的存在，使得福建省的绿色指数波动较大，生态环境可持续发展面临严峻挑战。另外，东海地区的绿色指数波动较大，其主要原因是当地经济发展方式较为粗放，产业布局不合理，导致整个区域的绿色指数维度发展不稳定，生态环境保护与经济发展之间的矛盾日益突出。

综上所述，福建省和东海地区在绿色指数上的波动变化，反映出两地在生态环境保护方面存在的突出问题。为实现可持续发展，两地需在以下几个方面加强整改：加强森林资源保护，严格执法，杜绝违规侵占沿海防护林和基干林带的现象；严格执行围（填）海政策，整改违规区域，遏制新增违规现象；加强禁养区管理，规范海水养殖业，减少养殖尾水排放；调整经济发展方式，优化产业布局，实现经济与生态环境的协调发展②。只有通过这些措施，福建和东海两地才能实现绿色指数的稳定增长，为中国海洋生态环境保护做出更大贡献。

第二节　分指数测算结果

（一）福建省海洋产业规模指数分析

2006—2018 年，福建省海洋产业规模指数呈现稳步上升的趋势。在此期间，该指数从 0.057 增长至 0.166，增幅达到了 191.23%（图 8-5）。这一结果充分说明，福建省海洋产业景气指数的发展深受海洋经济发展的影响。海洋经济发展水平的提升对海洋产业的发展起到了积极的推动作用，使得福建省整体海洋经济实力不断增强。进一步分析，2019—2020 年海洋产业规模指数出现了下滑。与前一个阶段相比，降幅明显增大。这表明，近年来海洋经济发展受到了疫情的冲击，从而影响了海洋经济的发展，进而对海洋产业产生了负面影响。

① 陈斯婷，吴耀建．福建海域生态环境现状和演变趋势分析［J］．海洋开发与管理，2014，31（11）：106-109.

② 丁刚，陈超敏．基于社会网络分析法的省域海洋环境治理政策工具选择研究——以福建省为例［J］．太原理工大学学报（社会科学版），2021，39（6）：52-59.

综上所述，福建省海洋产业的发展与海洋经济发展密切相关。在过去的十几年里，随着海洋经济的发展，福建省海洋产业的实力得到了显著提升。然而，在面临疫情等外部因素时，海洋经济发展和海洋产业之间的关系也显示出一定的脆弱性。为了应对这些挑战，中国应继续加大对海洋经济和海洋产业的支持力度，推动海洋产业转型升级，提高海洋经济的抗风险能力。同时，还需关注疫情等外部因素对海洋产业的影响，制定相应的政策措施，以减轻其对海洋产业的冲击。通过这些措施，有望实现福建省海洋产业和海洋经济的持续健康。

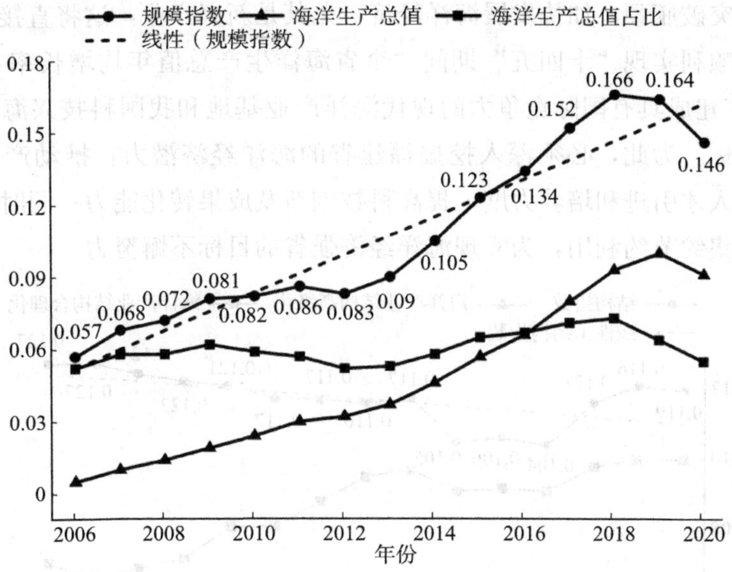

图 8-5　2006—2020 年福建省规模指数发展趋势

（二）福建省海洋产业结构指数分析

2006—2020 年，福建省的结构指数呈现出波动增长的态势，总体增长速度较为缓慢（图 8-6）。在这一过程中，结构指数经历了由低到高，再由高到低的“V”形变动。具体来看，从 2006 年开始，福建省的结构指数逐渐上升，直到 2015 年达到峰值。随后，指数有所回落，但在 2016 年再次出现增长，最终在 2020 年达到 0.127。在此期间，结构指数的增长率为 6.72%，这一数据表明，福建省的结构指数对海洋产业景气指数的发展起到了一定的推动作用。然而，也应看到，福建省海洋产业仍有很大的提升空间。为了更深入地理解福建省结构指数对海洋产业景气指数的影响，可以从两个方面进行分析。一方面，海洋产业结构的高级化水平；这意味着要提高海洋新兴产业和现代海洋服务业的规模，提升海洋经济的整体竞争力。另一方面，海洋产业结构的合理化水平；需要优化海洋产业结构，使其更加符合市场需求，更有利于促进海洋经济的发展。然而，福建省的海洋经济面临着一些不可忽视的问题。首先，海洋产业结构不尽合理，导致海洋新兴产业和现代海洋服务业的规模较小，无法充分发挥其带动作用。其次，海洋高新技术人才紧缺，使得科技创新及成果转化能力不足，制约了海洋经济的发展速度。最后，海洋资源的集约节约利用程度亟待加强，以确保海洋经济的可持续发展。面对这些挑战，需要寻找有效的解决方案，突破瓶颈，加快发展海洋经济，尤其是新兴产业，这将直接关系到福建省能否顺利实现“十四五”期间“全省海洋生产总值年均增长率8%以上，到2035年建成具有国际竞争力的现代海洋产业基地和我国科技兴海重要示范区”的目标。为此，必须深入挖掘福建省的海洋经济潜力，推动产业结构调整，加大人才引进和培养力度，提高科技创新及成果转化能力；同时，强化海洋资源的集约节约利用，为实现海洋经济强省的目标不懈努力。

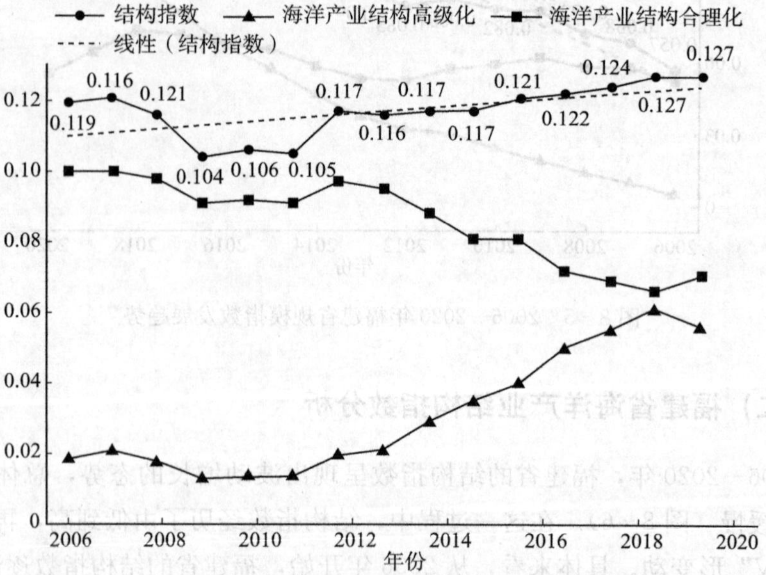

图 8-6　2006—2020 年福建省结构指数发展趋势

（三）福建省海洋产业成效指数分析

2006—2020年，福建省成效指数增长了32.35%，增长幅度较大，这在一定程度上反映了福建省在海洋产业发展、资源利用和环境保护等方面的努力取得了实效（图 8-7）。

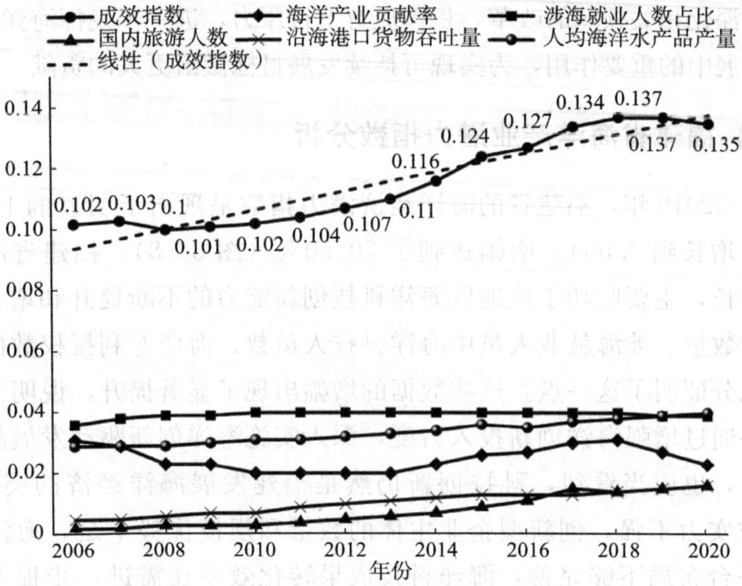

图 8-7　2006—2020 年福建省成效指数发展趋势

2006—2010 年，福建省成效指数的增幅相对平稳。然而，自 2011—2018 年，成效指数增长率大幅上升，该期间增幅为 31.73%，这标志着福建省海洋产业综合效益的凸显。随着成效指数的不断提高，福建省海洋产业景气指数也呈现出稳步上升的态势，这表明成效指数的发展对海洋经济发展具有较强的推动作用。尽管取得了如此显著的成果，福建省仍面临一定的下行压力。例如，2020 年成效指数增长率下降，增长幅度放缓，其中的原因可以从滨海旅游、滨海港口资源利用率和海洋水产品产量等方面进行分析。在滨海旅游方面，2006—2018 年沿海城市国内旅游人数增长幅度明显提升。这表明，滨海旅游的发展在不断提高福建省海洋产业景气指数水平，为福建省海洋经济的增长注入了活力。此外，2006—2020 年沿海港口货物吞吐量与人均海洋水产品产量均不同程度上升，意味着港口资源利用与海洋水产品产量的提高，也为福建省海洋产业的发展带来了积极的影响，进一步惠及了全体人民。与此同时，随着消费市场的持续完善，消费环境在不断优化。海洋产业对 GDP 增长的贡献率提高，社会服务更为全面，也为福建省海洋产业的进一步发展奠定了基础。总之，福建省在过去的十多年里，通过加大海洋产业投入、优化资源配置、保护海洋生态环境等多方面的努力，取得了显著的成果①。在未来，福建

① 许心炜，周顺骥，吴双静．福建海洋经济产业发展现状、问题与对策研究［J］．海峡科学，2024（1）：119-122．

省应继续深化相关领域的改革，积极应对下行压力，进一步发挥海洋产业在推动经济发展中的重要作用，为实现可持续发展目标做出更大的贡献。

（四）福建省海洋产业潜力指数分析

2006—2019 年，福建省的海洋经济潜力指数呈现出了明显的上升趋势，由 0.055 增长到 0.094，增幅达到了 70.90%（图 8-8）。福建省潜力指数的持续增长，主要归功于该地区海洋科技创新能力的不断提升和增强。海洋科研机构数量、涉海就业人员中海洋科技人员数、海洋专利授权数的不断增加，都充分证明了这一点。这些数据的增幅出现了显著提升，说明潜力指数的提高是通过增强海洋创新投入力度，深入实施海洋创新驱动发展战略的结果。然而，也应当看到，科技创新仍然是福建发展海洋经济的突出短板。海洋科技实力不强，创新型企业主体的数量和规模优势不足，海洋领域重大创新平台布局不够完善，海洋科技成果转化效率还需进一步提升，海洋人才队伍有待优化壮大。这些问题都需要在未来的发展中予以重点关注和解决。

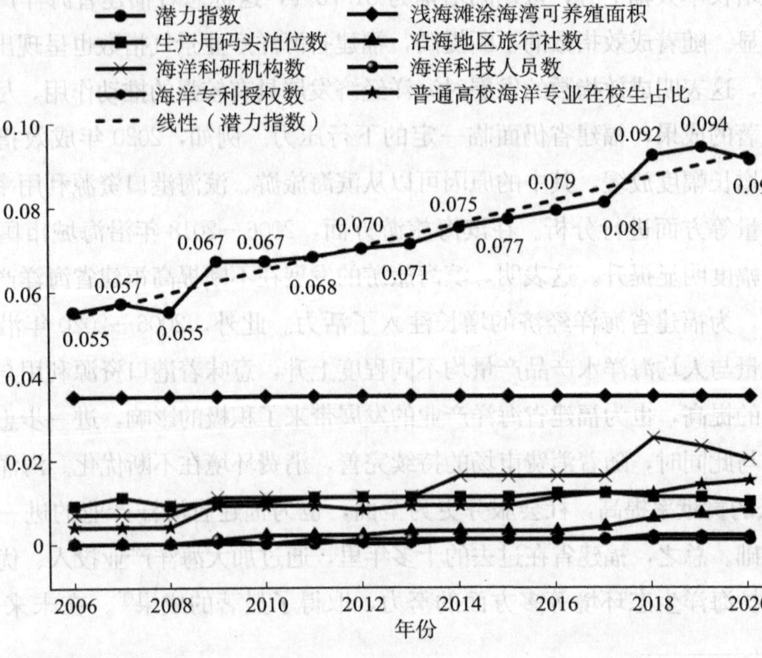

图 8-8　2006—2020 年福建省潜力指数发展趋势

当前，“海上福建”的建设为海洋强省提供了重要的政策机遇。在“十四五”时期，福建将深入贯彻落实习近平总书记来福建考察重要讲话精神，着力做好数字经济、海洋经济、绿色经济三篇大文章，加快建设“海上福建”，推进海洋经济高质量发展。福建省在海洋经济发展方面取得的成绩来之不易，这其中包含了广大海洋科研人员、企业和政府部门的努力。在新的历史阶段，要坚定信心，乘势而上，进一步发挥福建省的海洋资源优势，提高海洋科技创新能力，优化海洋产业结构，推动海洋经济高质量发展，为实现“海上福建”的宏伟目标而努力奋斗。

(五) 福建省海洋产业绿色指数分析

2006—2020 年，福建省绿色指数呈波动下降趋势（图 8－9）。在此期间，2006—2014 年，绿色指数持续下滑，表明福建省在海洋绿色发展的道路上仍有很长的路要走。福建省不断努力推进海洋绿色发展战略，并在 2015—2016 年期间取得了明显的成果。

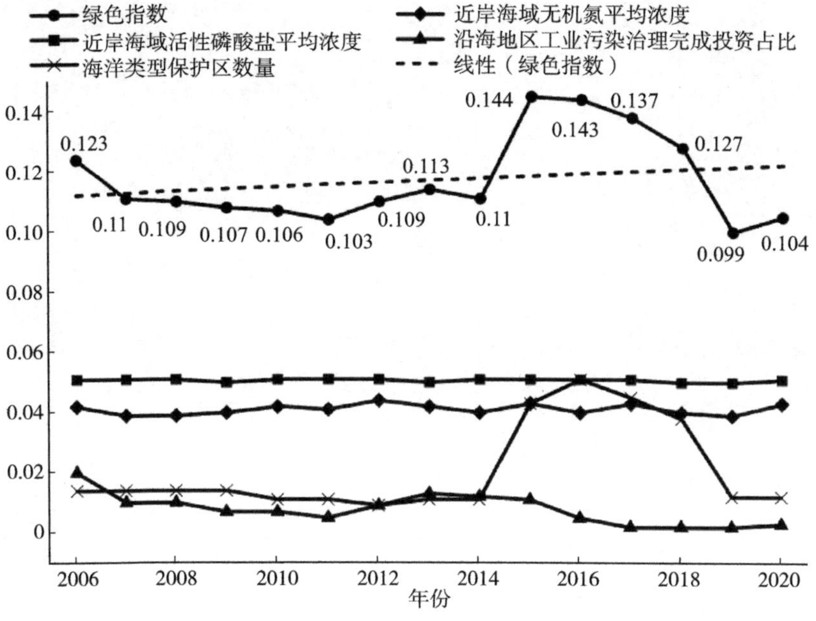

图 8－9 2006—2020 年福建省绿色指数发展趋势

在海洋强国战略政策的指导下，环保治理工作稳步推进，资源利用能力不断提升。然而，这些成果仍然具有一定的局限性，海洋资源集约化利用和海洋环境保护仍是亟待解决的问题。随着海洋开发向纵深发展，沿海地区对海岸带的需求迅速增长。在这种情况下，统筹规划港口岸线资源，推进一体化开发，实现自然岸线、滩涂和海域等资源的集约利用显得尤为重要。与此同时，陆源污染物排放、临海重污染工业、湾内粗放养殖、近海无序捕捞以及港口建设等活动仍在进一步加剧海洋生态环境的压力①。面对这些挑战，福建省必须统筹推进海洋经济高质量发展和海洋生态环境保护，以确保在实现经济增长的同时，海洋生态环境得到有效保护。为了实现这一目标，福建省需要采取一系列措施，包括加强海洋资源监管，提高海洋产业的技术水平和绿色化程度，加大对污染企业的整治力度，优化海岸带开发利用格局，以及加强近海渔业资源的管理和保护等②。总之，福建省在海洋绿色发展方面已取得了一定的成果，但仍面临诸多挑战。为实现海洋经济的可持续发展，必须进一步强化海洋资源集约化利用和海洋环境保护，确保在开发海洋资源的同时，保护好海洋生态环境。这是福建省在未来发展中需要不断努力的方向。

① 何秀玲．推动福建省海洋经济科学发展研究［J]．亚太经济，2013（6)：117-120.

② 狄乾斌，陈小龙，苏子晓，等．海洋渔业碳排放效率的时空演变及影响因素——以北部海洋经济圈为例［J]．生态经济，2024，40（2)：109-116.

第九章
上海市海洋产业景气指数分析

上海因海而生，海洋经济蓬勃发展，海洋生产总值位居全国前列，涵盖多领域，包括滨海旅游、海洋交通运输、海洋船舶、海洋化工、海洋油气、海洋渔业、海洋电力、海洋金融及海洋生物医药等①。根据 2023 年上海市海洋经济统计公报，上海市实现海洋生产总值 9 901.6 亿元，位居全国第四，比上年同比增长 9.4%，占当年全市生产总值的 21.0%，占当年全国海洋生产总值的 10.0%。海洋第一产业增加值 8.7 亿元，第二产业增加值 2 681.9 亿元，第三产业增加值 7 211.0 亿元，分别占海洋生产总值的 0.1%、27.1%和 72.8%。我国正处在中华民族伟大复兴的关键时期，经济稳中向好、长期向好的趋势没有改变，继续发展具有多方面优势和条件，但发展不平衡不充分问题仍然突出，特别是在构建新发展格局中，全国各地千帆竞发、百舸争流，上海面临着国家赋予更大使命、开展先行先试的新机遇。当前的上海，进入了高质量发展的新阶段，但对标中央要求、人民期盼，对照国际最高标准、最高水平，城市综合实力还有较大提升空间，国际影响力、竞争力和全球要素资源配置能力还不够强，创新驱动发展动能势能亟待加强②。锚定“全球现代海洋城市”建设，积极响应“海洋强国”政策战略，本章基于海洋产业规模、产业结构、绿色发展水平、产业成效、发展潜力等多维因素构建上海海洋产业景气指数评价指标体系，诊断上海海洋产业发展现状，为上海海洋经济的持续健康发展提供有力支持。

---

① 朱彧，徐承旭．基本形成“两核三带多点”海洋产业布局上海海洋经济总量平稳增长占全市 GDP 近三成 [J]. 水产科技情报，2019，46 (4)：234.

② 刘素荣，周昭，霍江林．数字经济、海洋科技创新与海洋经济高质量发展——基于面板门槛回归模型的实证检验 [J]. 中国石油大学学报（社会科学版），2023，39 (3)：71 - 81.

第一节 总指数测算结果

(一) 上海市海洋产业景气总指数变化趋势

上海市海洋产业景气总指数是对2006—2020年十多年间的数据进行统计分析的。如图9-1所示，该指数在2006年之初值为0.369，随后逐年上升，至2019年达到0.486。总体来看，这个指数呈现出稳步上升的趋势，虽然在2012年、2014年、2016年和2020年有所波动，但下降幅度并不显著，均在可接受范围内。以增长幅度为衡量标准，2006—2020年上海市海洋产业总指数增长率分别为1.62%、1.33%、4.21%、3.28%、4.65%、-0.23%、3.04%、-3.86%、4.73%、-2.26%、4.16%、0.89%、6.81%、-2.88%。从中可以看出，增长率的变化幅度较大，但总体上仍保持了上升态势。在这十多年中，2018—2019年的总指数增长率最高，达到了6.81%，显示出上海市海洋产业在这一时期的快速发展。相反，2013—2014年的增长率最低，仅为-3.86%，可能是因为在此期间遇到了一些挑战或瓶颈，导致海洋产业的发展受到一定影响。然而，自2014年以后，上海市海洋产业总指数逐渐回升，增长率也呈现出稳定的上升趋势。这表明，经过一段时间的调整和改革，上海市海洋产业已经找到了新的发展方向，重新步入了快速发展的轨道。上海市海洋产业景气总指数在过去十年的发展中，虽然经历了一些波折，但总体上保持了稳步上升的态势，尤其是2018—2019年，增长率达到了最高点，显示出上海市海洋产业的强大活力和发展潜力[①]。在未来，期待上海市海洋产业能够在政策的引导下，持续创新，突破发展瓶颈，实现更高质量的发展。

进一步深入分析上海市海洋产业景气总指数的构成，可以发现，各个分指数的特点和变化趋势各不相同。在这些分指数中，结构指数的表现最为稳定，保持着上升的趋势。相比之下，规模指数、成效指数、潜力指数以及绿色指数则呈现出较为波动的变化特点。在四个分指数中，绿色指数的波动程度尤为明显。从2006年的0.069起步，历经起伏，最终在2009年达到0.076的高点。然而，此后的绿色指数并未继续保持上升态势，反而出现了明显下降。除了在2011年、2016年和2017年短暂回升至0.07以上，其他时间均低于2006年的

---

① 丁攀，谭春兰．上海市海洋产业竞争力评估——基于波士顿矩阵及熵值法［J］．中国渔业经济，2015，33（3）：67-73.

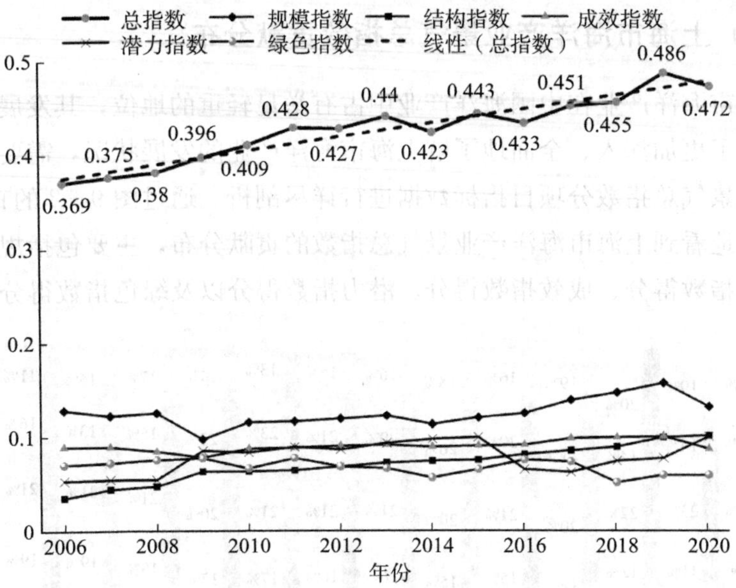

图 9－1　2006—2020 年上海市海洋产业景气总指数变化趋势

水平。规模指数的波动频率也相对较高，在 2006—2020 年的时间里，规模指数多次出现波动。相比之下，其他两项指数的变化趋势与总指数相近，只是在个别年份有所波动。综合以上分析，可以得出上海市海洋产业景气总指数在过去的十多年里，虽然经历了小幅度波动，但总体上呈现出稳步上升的趋势。进一步探讨构成总指数的分指数，可以发现，结构指数的稳定性最高，而绿色指数和规模指数的波动性较大。这一特点可能意味着，在未来的发展中，需要对这两项指数给予更多的关注和调整。尤其是在绿色指数方面，如何实现可持续发展，降低波动性，将成为面临的重要课题①。同时，对于规模指数的波动，也需要关注其背后的原因，适时调整发展策略，以确保中国海洋产业的稳定发展。

总之，在过去的十多年里，上海市海洋产业景气总指数呈现出稳步上升的趋势，展示了中国海洋产业的蓬勃发展。然而，也应认识到，在实现持续增长的过程中，关注和调整绿色指数和规模指数的重要性，只有这样才能确保中国海洋产业的长期稳定发展，为国家的繁荣做出更大的贡献。

① 盖美，朱莹莹，郑秀霞．中国沿海省区海洋绿色发展测度及影响机理 [J]．生态学报，2021，41 (23)：9266－9281.

（二）上海市海洋产业景气总指数贡献分布

上海市海洋产业在中国海洋产业中占有举足轻重的地位，其发展状况备受瞩目。为了更加深入、全面地了解上海市海洋产业的发展状况，需要对上海市海洋产业景气总指数分项目指标数据进行详尽剖析。通过图 9-2 的直观展示，可以清晰地看到上海市海洋产业景气总指数的贡献分布，主要包括规模指数得分、结构指数得分、成效指数得分、潜力指数得分以及绿色指数得分。

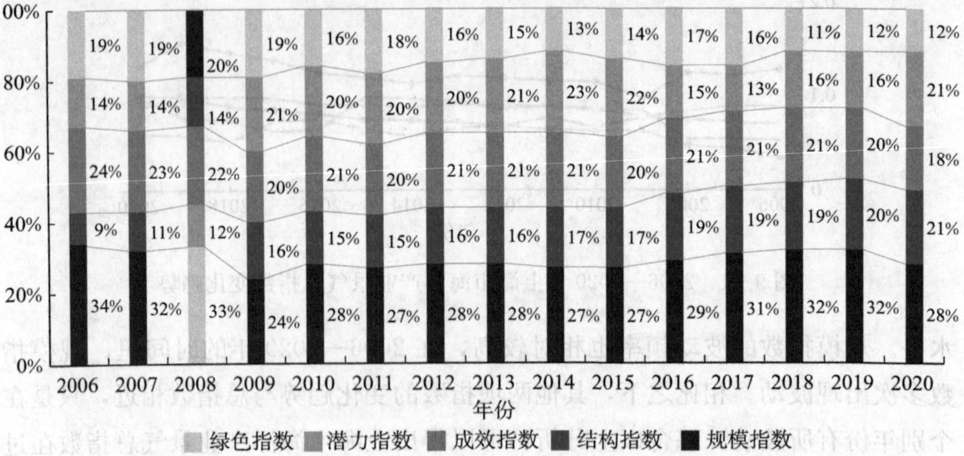

图 9-2　2006—2020 上海市海洋产业景气总指数贡献分布

首先，从规模指数得分占比的变化趋势来看，上海市海洋产业规模指数得分占比最大，这得益于上海市海洋产业在中国的地位和影响力。然而，近年来这一占比呈现出下降的态势。这种变化引发了对上海市海洋产业发展的关注和思考，规模指数得分是衡量一个地区海洋产业规模大小的关键指标。从这个角度来看，规模指数得分的提高，意味着上海市海洋产业规模的扩大。这不仅有助于提高海洋产业的整体实力，而且也有利于提升其竞争力。在这个过程中，上海市政府对海洋产业的支持和投入以及企业的共同努力都发挥了至关重要的作用。然而，近年来上海市海洋产业规模指数得分占比的下降，也警示着海洋产业发展并非一蹴而就，需要持续关注和调整。其中的原因可能有以下几点：一是随着全球经济形势的变化，上海市海洋产业面临了更大的竞争压力；二是中国其他地区的海洋产业发展迅速，逐渐缩小了与上海市的差距；三是上海市海洋产业内部存在一定的结构性问题，需要进一步优化和调整。针对这种状况，上海市应继续加大了对海洋产业的支持力度，推动产业结构调整，提升产业链水平，培育新的增长点。同时，要加强与国内其他海洋产业发达地区的交流合作，共享发展经验，共同推动中国海洋产业的整体提升。总之，上海市海洋产业规模指数得分占比的下降，虽然值得关注和警惕，但同时也提供了反思和调整的机会。只有通过不断优化产业结构，扩大产业规模，才能使上海市海洋产业在激烈的竞争中立于不败之地，为中国海洋产业发展贡献力量①。

其次，要深入了解上海市海洋产业结构的现状及其发展趋势。结构指数得分关注的是上海市海洋产业的产业结构，这一比重在近年来呈现出波动上升的趋势。意味着上海市政府及相关部门在推动海洋产业发展过程中，不断调整和优化产业结构，以期提高产业效益和可持续发展能力。结构指数得分的优化反映了上海市海洋产业结构的调整成果。通过持续优化产业结构，上海市海洋产业逐步形成了以高科技含量、高附加值、高效益为特征的现代化产业体系。这一举措有助于提高海洋产业的整体竞争力，从而使中国在全球海洋产业竞争中占据有利地位。探讨上海市海洋产业的发展潜力，潜力指数得分反映了上海市海洋产业在未来发展中的潜力大小。随着潜力指数得分的持续增长，可以看到上海市海洋产业在未来发展中具有更大的潜力。这将为产业持续增长提供强大动力，同时也为中国海洋经济的繁荣注入新的活力。此外，潜力指数关注的是上海市海洋产业的资源利用状况。在发展过程中，上海市充分认识到海洋资源的重要性，加大了对沿海资源的利用力度。潜力指数得分的提高，表明上海市在海洋产业发展中对资源利用的重视程度加大，有助于实现产业的可持续发展。上海市海洋产业在发展过程中不仅关注产业结构调整，还着力提高资源利用效率，以确保产业的可持续发展。这将为中国海洋事业的繁荣做出重要贡献，也为全球海洋治理提供了有益经验。综上所述，上海市海洋产业在产业结构调整、发展潜力和资源利用方面取得了显著成果。未来，应继续关注这些方面的发展，为中国海洋产业的繁荣和全球海洋治理贡献力量。

最后，来探讨上海市海洋科技创新和绿色发展水平的两个关键指标：成效指数得分和绿色指数得分。这两个指标对于衡量上海市在这两个领域的发展状况具有重要的参考价值。然而，近年来这两个指标的占比呈现出下降趋势，这一现象引起了高度重视。成效指数得分反映了上海市海洋科技创新的成果以及相关产业发展的效益。成效指数得分下降可能意味着上海市在海洋科技创新及

① 单天雷，金辉．全球海洋中心城市参与全球海洋治理的规划、短板与路径——以上海、青岛、深圳为例［J］．大连海事大学学报（社会科学版），2024，23（3）：19-29.

应用方面的成果不够显著，或者产业发展的效益不高。这无疑对上海市的经济发展和产业升级造成了制约。绿色指数得分反映了上海市在海洋环境保护和资源利用方面的成效。绿色指数得分下降可能说明上海市在海洋环境保护和资源利用方面存在问题，可能导致生态环境恶化、资源枯竭等不良后果。这不仅对上海市的可持续发展造成威胁，也对中国海洋资源的保护和利用带来挑战。针对这两个指标的下降趋势，需要对上海市的海洋科技创新和绿色发展政策进行深入剖析，找出问题所在，并提出针对性的改进措施。在此基础上，可以从以下几个方面着手：提高海洋科技创新和绿色发展领域的财政支持力度，为相关企业和研究机构提供资金保障，推动技术研发和产业升级。制定有利于海洋科技创新和绿色发展的政策措施，为相关企业和研究机构提供政策支持，鼓励创新和实践。加强海洋科技创新和绿色发展领域的人才培养，提高人才的综合素质和创新能力，为上海市的海洋事业发展提供人才支撑。积极参与国际海洋科技创新和绿色发展领域的合作与交流，引进国外先进技术和管理经验，提升上海市的整体竞争力。加大对海洋环境保护和资源利用的监管力度，严厉打击违法违规行为，确保海洋资源的合理开发和生态环境的安全。

（三）上海市与东海整体海洋产业景气比较

上海市作为中国的经济中心，其海洋产业的发展态势备受关注。为了更深入地了解上海市海洋产业景气发展的水平，本章将上海市与东海整体海洋产业景气平均水平进行对比，以揭示上海市在海洋产业发展方面的优势和不足。本章首先从总体发展趋势进行比较分析，接着从规模指数、结构指数、成效指数、潜力指数和绿色指数五个维度分别进行比较分析，以期为上海市海洋产业的发展提供有益的参考。

1. 上海市与东海整体比较分析

从图 9－3 中可以清晰地看到，上海市与东海整体海洋产业景气指数呈现出持续上升的态势。近年来，尽管上海市海洋产业发展速度略低于东海整体海洋产业景气指数的平均水平，但这并不影响上海市在海洋产业领域的地位[①]。事实上，上海市正积极推动海洋产业结构的优化升级，不断提高高附加值产业的比重，从而使海洋产业整体实力得到显著提升。相较上海市，东海整体海洋

---

① 程曼曼，陈伟，杨蕊．中国海洋经济高质量发展指标体系构建及时空分析——基于海洋强国战略背景［J］．资源开发与市场，2022，38（1）：8－15.

产业在技术创新能力方面表现尤为突出，绿色发展水平也相对较高。这得益于东海在海洋产业发展过程中，始终注重技术创新，大力推广绿色生产方式。这种做法不仅促进了海洋产业的持续发展，还使其在发展过程中能够有效减少对环境的影响，实现了经济与环保的双重效益。此外，东海整体海洋产业在产业结构调整方面也取得了显著成果。通过加强海洋新兴产业的发展，提升传统产业的转型升级，东海成功实现了海洋产业结构的优化。这种优化不仅提高了海洋产业的整体竞争力，还为地区经济发展注入了新的活力。对于上海市来说，今后在海洋产业发展过程中，应继续加大对技术创新和绿色生产的投入，以提高海洋产业的核心竞争力①。同时，借鉴东海整体海洋产业的成功经验，进一步优化海洋产业结构，促进海洋产业与环境的和谐发展。通过这些措施，上海市有望在未来的海洋产业发展中取得更好的成绩。总之，上海市与东海整体在海洋产业的发展上都取得了不错的成绩。双方在海洋产业结构调整、技术创新和绿色发展等方面各有优势，可以通过互相学习、合作共赢，共同推动中国海洋产业的繁荣发展。同时，上海与东海整体还需继续加大在海洋产业领域的投入，提高海洋产业整体竞争力，为中国海洋强国的建设贡献力量。

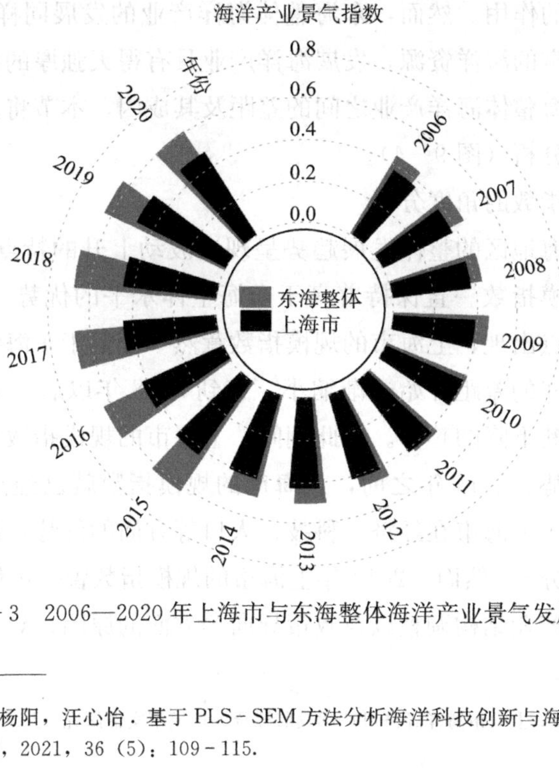

图 9-3 2006—2020 年上海市与东海整体海洋产业景气发展趋势

① 屈莉莉，程杨阳，汪心怡．基于 PLS-SEM 方法分析海洋科技创新与海洋经济发展的协同效应 [J]．统计与管理，2021，36（5）：109-115.

在海洋产业发展过程中，上海市和东海整体都面临着一系列挑战。首先，随着全球气候变化的加剧，上海市与东海整体都需要应对海洋环境恶化、海洋资源减少等问题。这要求他们在海洋产业的发展中，更加注重生态保护，采取措施减轻人类活动对海洋环境的负面影响。其次，上海市与东海整体都需要应对海洋产业市场竞争加剧的压力。在这种情况下，上海市和东海整体应加大科技创新力度，提高海洋产业的技术含量，以提升竞争力。此外，上海市与东海整体还需要培养一批具有国际竞争力的海洋产业龙头企业，以带动整个海洋产业的发展。为了应对这些挑战，上海市和东海整体可以展开合作，共享资源和技术，共同推动海洋产业的发展。例如，上海市可以借鉴东海整体在海洋产业结构调整、技术创新和绿色发展等方面的成功经验，加快自身海洋产业的发展步伐。同时，东海整体也可以从上海市的经验中学习，进一步提升自身在海洋产业领域的竞争力。

2. 上海市与东海分维度比较分析

上海市作为中国东部沿海地区的一个重要城市，其海洋产业发展状况一直备受关注。海洋产业是上海市经济发展的重要支柱，对于推动中国海洋经济发展具有举足轻重的作用。然而，东海整体海洋产业的发展同样具有重要意义。东海地区拥有丰富的海洋资源，发展海洋产业具有得天独厚的优势。为了深入探究上海市与东海整体海洋产业之间的差距及其成因，本节将围绕各个关键维度展开详细对比分析（图 9-4）。

（1）从规模指数的角度分析

上海市与东海地区的整体发展趋势呈现出波动上升的特点。自 2006 年以后，上海市的规模指数一直保持着高于东海整体水平的优势。然而，2014 年一个重要的转折点出现，上海市的规模指数竟然一度低于东海整体水平。但自此之后，两者之间的差距开始逐渐缩小，直到 2018 年以后，上海市的规模指数开始呈现出不断下降的趋势。在此期间，上海市的规模指数得分值呈现出波动上升的发展态势。2014 年之前，上海市的规模指数就已经高于东海整体水平。这主要是由于上海市在经济、科技、人口等方面的优势，使其在规模指数上具有较高的得分①。然而，2014 年上海市的规模指数曾一度低于东海整体水平，可能是由于产业结构调整以及政策导向等方面的原因，导致其规模指数暂

① 李璟瑶，陈璇．上海市海洋经济可持续发展综合评价模型实证研究［J］．海洋经济，2021，11（3）：38-47.

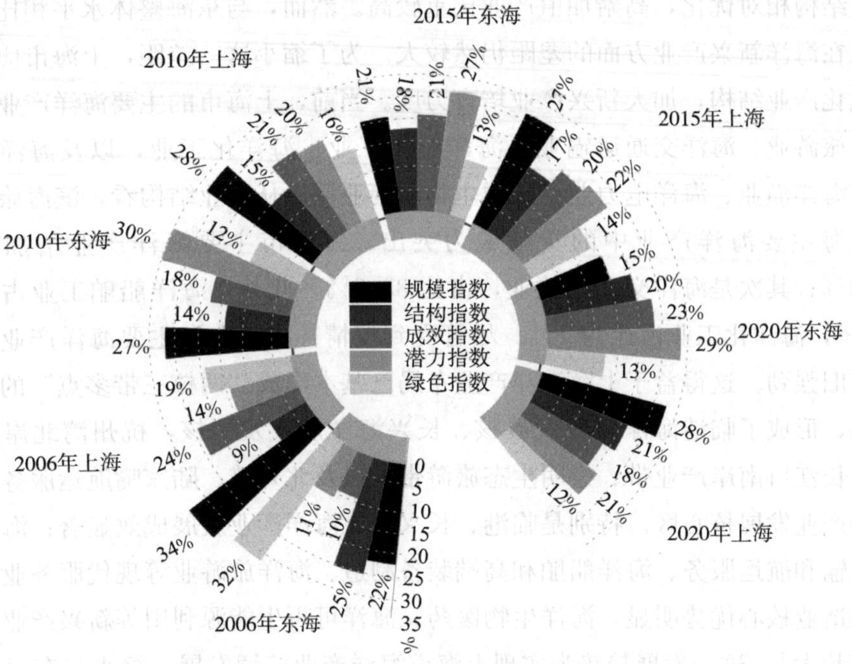

图 9-4 2006—2020 年上海市景气分维度发展趋势

时下滑。但从那时起，上海市与东海地区规模指数之间的差距开始逐渐缩小，这主要是由于上海市加大了改革发展的力度，优化了产业结构，提升了经济、科技、人口等方面的综合实力。而东海地区也在抓住了发展机遇，加快自身发展速度，从而使得两地在规模指数上的差距逐步缩小。直到 2018 年以后，上海市的规模指数开始呈现出不断下降的趋势。这可能是由于上海市在进行高质量发展，着力提升城市能级和核心竞争力，从而使得其在规模指数上的表现有所下滑。而东海地区则在继续加大发展力度，提升整体实力，使得其在规模指数上的表现相对稳定。在此期间，上海市的规模指数得分值呈现出波动上升的发展态势，这表明上海市在经济、科技、人口等方面的发展并非一帆风顺，但总体上仍保持着上升的趋势。而东海地区则在规模指数上表现出相对稳定的发展态势，说明其对综合实力的提升相对较为平稳。

（2）从结构指数的角度分析

上海市和东海整体的海洋产业发展呈现出一定的差异。相较东海整体，上海市海洋产业结构较为稳定，但其增长速度相对较快。这主要得益于上海市近年来致力于优化海洋产业结构，提高高附加值产业比重。相反，东海整体的结构指数得分呈现出“W 型”的波动趋势。这种波动的主要原因是上海市海洋产业结构相对优化，高附加值产业比重较高。然而，与东海整体水平相比，上海市在海洋新兴产业方面的差距仍然较大。为了缩小这一差距，上海市应进一步优化产业结构，加大新兴产业培育力度。当前，上海市的主要海洋产业包括滨海旅游业、海洋交通运输业、海洋船舶工业、海洋化工业，以及海洋油气业、海洋渔业、海洋电力业、海洋生物医药业等。从产业结构看，滨海旅游业在上海主要海洋产业中的贡献最为突出，占全市主要海洋产业增加值的58.3%；其次是海洋交通运输业，占比33.8%。此外，海洋船舶工业占比为5.4%，海洋化工业占比为1%。尽管受到疫情冲击，上海主要海洋产业的表现依旧强劲。这得益于上海海洋产业布局已基本形成“两核三带多点”的发展格局，形成了临港海洋产业发展核、长兴海洋产业发展核，杭州湾北岸产业带、长江口南岸产业带、崇明生态旅游带，以及北外滩、陆家嘴航运服务业等多个产业发展核心区。特别是临港、长兴两大海洋产业发展成效显著；海洋交通运输和航运服务、海洋船舶和高端装备制造、海洋旅游业等现代服务业和先进制造业核心优势明显，海洋生物医药、海洋可再生能源利用等新兴产业持续培育壮大[①]。这一发展趋势为实现上海市海洋产业持续发展、缩小与东海整体水平之间的差距奠定了基础。

（3）从成效指数的角度看

上海市和东海地区的成效指数发展呈现出不同的变化趋势。在这两个地区中，上海市的成效指数发展较为平稳，但提升速度较慢。相反，东海地区的成效指数则表现为直线式上升，显示出其快速发展的势头。2006—2020年，上海市的成效指数得分值从0.088逐步转变至0.086。虽然在这个过程中上海市的成效指数有所波动，但总体来看，其变动幅度较小，发展较为稳定。这可能是由于上海市作为中国的经济中心，各项基础设施完善、产业布局合理，使得成效指数的提升速度相对较慢。相较之下，东海地区的成效指数得分值从0.042显著上升至0.141，取得了明显的进步。这可能是由于东海地区在近年来加大了投入，提升了各项基础设施和产业布局的水平，从而使得成效指数呈现直线式上升。这种快速发展势头对于东海地区来说，无疑是一种积极的信号，预示着其在未来有望实现更大的发展。综合来看，上海市和东海地区在成效指数上的差异，可能与各自的发展历程、政策导向以及区域特点等因素有关。对于上海

① 汪克亮，蒋晓敏．中国海洋经济高质量发展的时空差异及影响因素研究［J］．海洋开发与管理，2024，41（3）：121－132.

市来说，如何在保持稳定发展的同时，加快成效指数的提升速度，是一个值得关注的问题。而对于东海地区，如何继续保持快速发展势头，充分利用优势资源，提升成效指数，则是其未来发展的关键。总之，从成效指数的角度来看，上海市和东海地区的发展各有特点。对于中国其他地区，也可以从上海与东海这两个地区的经验中吸取教训，结合自身实际情况，制定相应的发展策略，以实现成效指数的持续提升。这将有助于推动中国整体的发展水平，提高国民生活质量，为实现全面建设社会主义现代化国家的目标作出贡献。

（4）从潜力指数的角度看

在对上海市和东海地区的潜力指数进行深入分析后，可以发现，这两个地区在潜力指数得分值呈现出不同的变化趋势。总体来看，上海市的潜力指数得分值波动上升，而东海地区的潜力指数得分值则呈现出快速增长的态势。从潜力指数得分值的波动上升趋势来看，上海市的表现较为稳定。2006—2009 年，上海市的潜力指数得分值从 0.082 逐步上升至 0.099。在这一过程中，上海市在潜力指数方面的优势逐渐凸显，为地区的持续发展奠定了基础。然而，自 2010 年起上海市与东海地区之间的差距开始逐渐拉大。在这一阶段，上海市的潜力指数得分值继续上升，达到 0.099。与此同时，东海地区的潜力指数得分值也实现了显著增长，从 0.125 上升到 0.176。尽管上海市的年均增长率较高，但东海地区的潜力指数提升速度更为迅速，表现出强大的发展潜力。值得注意的是，尽管上海市和东海地区在潜力指数得分值上存在差距，但这两个地区的发展各有特点。上海市凭借其深厚的经济基础和区位优势，潜力指数得分值始终保持在较高水平。而东海地区则在短时间内实现了潜力指数的快速增长，显示出其强大的发展后劲。综上所述，从潜力指数的角度来看，上海市和东海地区各具优势，共同为地区的经济发展注入了活力。未来，这两个地区应在各自的优势领域继续努力，实现互补发展，共同为国家经济的繁荣作出贡献。同时，各地区也应关注其潜力指数的变化，以便及时调整发展战略，把握发展机遇，助力地区的持续发展。

（5）从绿色指数的角度看

东海地区的绿色指数表现出较为剧烈的波动变化。在这一背景下，上海市的绿色指数走势呈波动下降。值得注意的是，上海市在海洋产业发展上始终坚持绿色环保原则，其绿色发展水平较高。然而，相较东海整体水平，上海市在海洋资源保护以及生态环境治理等方面仍然存在一定不足。从海洋资源保护的角度来看，上海市应当继续加大海洋生态环境保护力度。通过实施严格的海洋资源开发管控政策，限制过度捕捞、违法采矿等行为，保护海洋生物多样性，确保海洋资源的可持续利用。在生态环境治理方面，上海市需要进一步改善海洋环境质量，包括加强海洋污染治理、减少污染物排放、提高污水处理率；加强海洋废弃物管理，提高废弃物资源化利用水平；加强海洋生态保护，恢复受损的海洋生态系统，提高海洋生态环境的自我修复能力。此外，上海市还应加强绿色发展技术创新。通过引进、消化、吸收先进的绿色技术，提高海洋产业的技术水平，推动产业转型升级。同时，加大绿色产业政策扶持力度，鼓励企业加大绿色研发投入，推广绿色生产方式和消费模式，形成绿色发展新动能。最后，上海市应加强绿色发展协同，与周边地区开展合作，共同推进海洋生态环境保护，实现绿色发展优势互补。通过区域协作，共享绿色发展成果，提高整个东海地区的绿色发展水平。总之，上海市在海洋生态环境保护方面仍需持续发力，通过加强海洋资源保护、生态环境治理、绿色发展技术创新以及区域协同，进一步提高绿色发展水平，为中国东海地区的绿色可持续发展做出更大贡献。

第二节　分指数测算结果

(一) 上海市海洋产业规模指数分析

2006—2019 年，上海市海洋产业规模指数经历了波动上升的过程。在这段时间内，该指数从 0.127 增长至 0.156，达到了海洋产业景气指数分维度的最高水平（图 9-5）。这一成果充分揭示了上海市海洋产业景气指数的发展深受海洋经济发展的影响。海洋经济发展水平的提升对海洋产业的发展起到了积极的推动作用，使得上海市的整体海洋经济实力不断提升。2006—2015 年，上海市规模指数呈现下降趋势，海洋经济规模与占比均较小。一方面，国内海洋经济大省的海洋生产总值几乎达到上海的两倍；另一方面，与发达国家的沿海城市相比，上海海洋经济占 GDP 的比例仍有较大差距。此外，海洋经济产业呈现出“全”而不“精”的特点。尽管上海市涉及大多数海洋产业，但除集装箱港和造船工业体系外，缺乏具有影响力的海洋产业，特别是技术水平领先的高新海洋产业。

2016—2020 年，上海市规模指数逐渐回升。上海市是中国海洋经济最发达、海洋产业聚集度最高的地区之一，拥有中船集团、中远海运集团、振华重工、宝武集团、上港集团五大龙头企业和近 2 万家涉海企业。上海在发展海洋经济方面具有独特优势，包括国家战略叠加和国际城市的优势、海洋科技人才

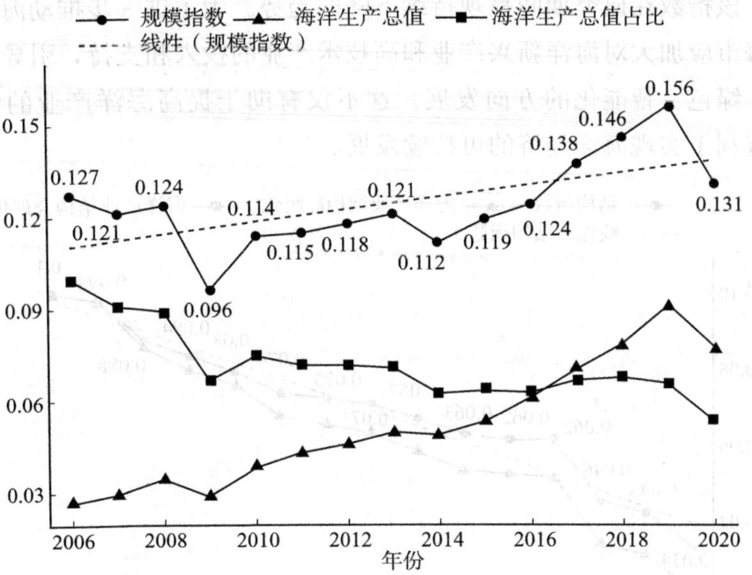

图 9－5　2006—2020 年上海市规模指数发展趋势

集中和学科门类齐全的优势以及地理区位和海洋资源优势。更为关键的是，发展海洋经济是新时代贯彻实施国家战略的要求，是上海经济转型升级的内在需求，也是推进长三角更高质量一体化发展的重要组成部分。因此，上海海洋经济发展应提升至战略高度予以把握和推进。上海市有望在新时代的背景下，充分发挥自身优势，推动海洋经济高质量发展，为全国乃至全球海洋经济发展贡献力量。

（二）上海市海洋产业结构指数分析

2006—2020 年，上海市的结构指数呈现出不断增长的态势（图 9－6）。具体而言，这一时期内上海市的结构指数从 0.034 增长到 0.100。这一数据变化有力地说明，上海市的结构指数对海洋产业景气指数的发展起到了积极的推动作用。首先，海洋经济产业结构在这段时间内不断优化升级。这一点从海洋产业结构高级化指数中可以看出。这个指数是通过计算海洋第三产业产值与第二产业产值的比值得到的。海洋第三产业包括滨海旅游业、服务业以及海洋交通运输业等，这些产业的发展表明，海洋科技转化更多地发生在海洋第二产业。其次，海洋产业结构合理化是指海洋产业结构由不合理向合理的发展过程，这是一个动态的变化过程，其最终目标是促进海洋产业生产要素的合理配置和协调发展，以实现各要素的动态均衡状态。从海洋产业结构合理化指数的变化可以看出，该指数在研究期间呈现持续下降的趋势。为了进一步推动海洋经济发展，上海市应加大对海洋新兴产业和高技术产业的投入和支持，引导海洋经济向高端、绿色、智能化的方向发展。这不仅有助于提高海洋产业的整体竞争力，也有利于实现海洋经济的可持续发展。

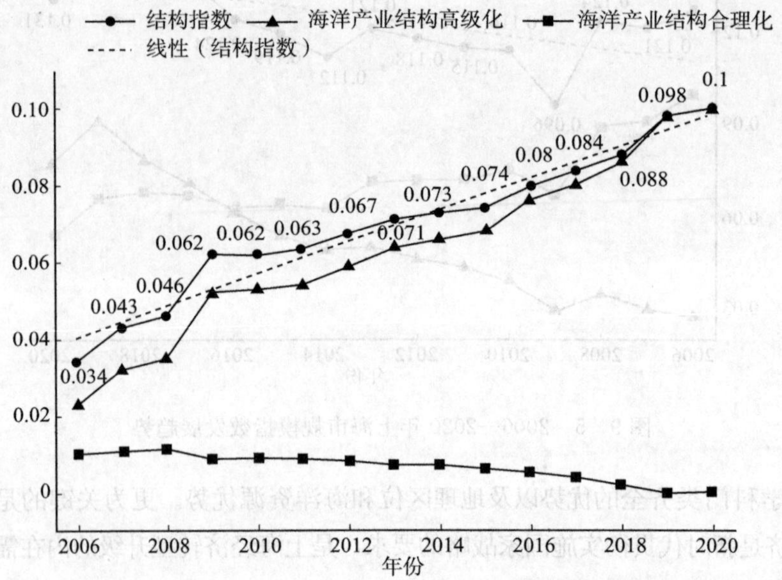

图 9－6　2006—2020 年上海市结构指数发展趋势

总之，上海市在 2006—2020 年间的结构指数增长，以及海洋产业结构的高级化和合理化，都对海洋产业景气指数的发展产生了积极影响。未来，上海市应继续优化海洋产业结构，加大对新兴产业和高技术产业的支持，以推动海洋经济的高质量发展。同时，还要关注海洋产业内部的协调和均衡发展，确保各个生产要素得到合理配置，从而为中国海洋经济的繁荣做出更大贡献。

（三）上海市海洋产业成效指数分析

2006—2010 年上海市成效指数的发展态势相对平稳，但总体呈现出下降的趋势（图 9－7），主要缘于如下因素的影响。首先是海洋经济区域协调机制亟待加强，从空间布局的角度来看，中国海洋经济区域已经展现出一定的差异化特色，主要体现在沿海地区的旅游业、港口资源利用以及海洋水产品产量等方面。然而，尽管有这些差异化特色，同质竞争的问题依然存在，这对海洋经济的健康发展造成了一定的影响。海洋综合管理机制的进一步完善也被提上了日程。目前，海洋资源的开发、管理、生产、经营的职能分散在各个行业部门中，这在一定程度上制约了海洋经济的效率和可持续发展。因此，未来在综合管理、法律法规、行业统计等方面亟待进一步加强。为了应对这些问题，中国需要采取以下措施：强化海洋经济区域协调机制。通过加强各级政府间的沟通与合作，优化资源配置，实现优势互补，降低同质竞争。建立海洋综合管理机制。将海洋资源的开发、管理、生产、经营职能进行整合，形成统一的管理体系，提高管理效率。完善法律法规。建立健全海洋资源保护与开发的法律法规体系，确保海洋经济的可持续发展。加强行业统计。对海洋经济的相关数据进行定期统计和分析，为政策制定提供科学依据。优化空间布局。根据各地区特色和优势，合理规划海洋经济发展方向，促进产业结构调整。加强科技创新。推动海洋科技研发，提高海洋资源的开发利用水平，培育新的经济增长点。通过以上措施的实施，有望推动上海市海洋经济区域协调机制的完善，提高海洋综合管理能力，促进海洋经济的可持续发展。同时，这也有助于中国海洋经济在全国范围内的均衡发展，为实现海洋强国的目标奠定基础。

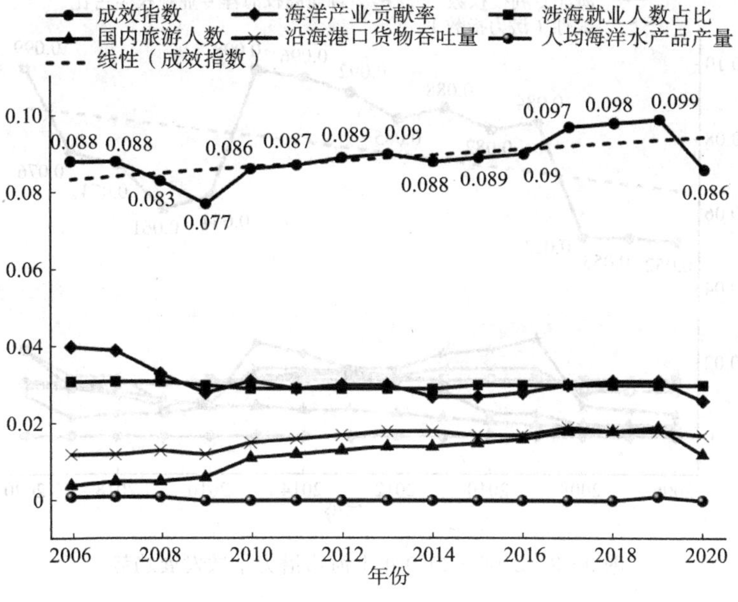

图 9-7　2006—2020 年上海市成效指数发展趋势

（四）上海市海洋产业潜力指数分析

2006—2020 年，上海市的潜力指数呈现出波动上升趋势。2006—2015 年，这一指数从 0.052 增长至 0.098，呈现出稳步增长的态势（图 9-8）。这得益于海洋科技创新的推动，为上海的高质量发展注入了源源不断的新动力。然而，2015—2017 年上海市的潜力指数出现了一段下降的趋势。这主要是由于海洋经济自主创新能力的相对有限及海洋经济创新成果转化率不高。此外，产学研机制亟待进一步优化，相关金融支持也相对有限，科研产业链尚未完善。因此，上海市意识到加强科技创新、提高海洋经济核心竞争力的重要性。为了应对这些挑战，上海市开始采取措施，充分利用海洋科技人才的优势，加大研发投入，推动海洋科技成果转化。这些举措有助于培育具有国际竞争力的海洋企业，从而提升上海市的海洋经济实力。2018—2020 年上海市的潜力指数再次呈现出上升的趋势。这得益于近年来上海致力于构建与国家海洋强国战略目标相适应的海洋新兴产业和以现代海洋服务业为支撑的现代海洋产业体系。同时，海洋科技创新能力明显增强，为上海市的持续发展奠定了坚实的基础①。

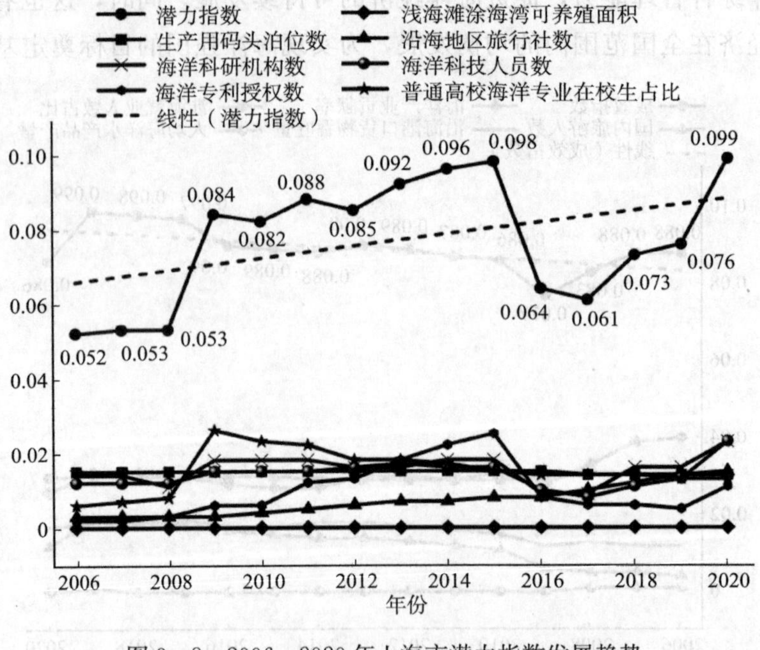

图 9-8 2006—2020 年上海市潜力指数发展趋势

总之，上海市在海洋科技创新方面取得了显著成果，为其海洋经济和整体发展提供了强大动力。未来，上海市应继续加大科技创新力度，优化产学研机

① 周明华，曾惠霞．中国三大海洋经济圈海洋经济韧性的差异与成因［J］．商业观察，2024，10（12）：33-36.

制，提升金融支持力度，搭建完善的科研产业链，以实现海洋经济的可持续发展。

（五）上海市海洋产业绿色指数分析

2006—2020 年，上海市绿色指数呈现波动下降趋势（图 9－9），这一现象反映出上海市在海洋绿色发展道路上面临的严峻挑战。为实现海洋经济的可持续发展，上海市必须重视生态保护，加大生态建设力度，确保海洋资源的合理开发和海洋生态的健康稳定。

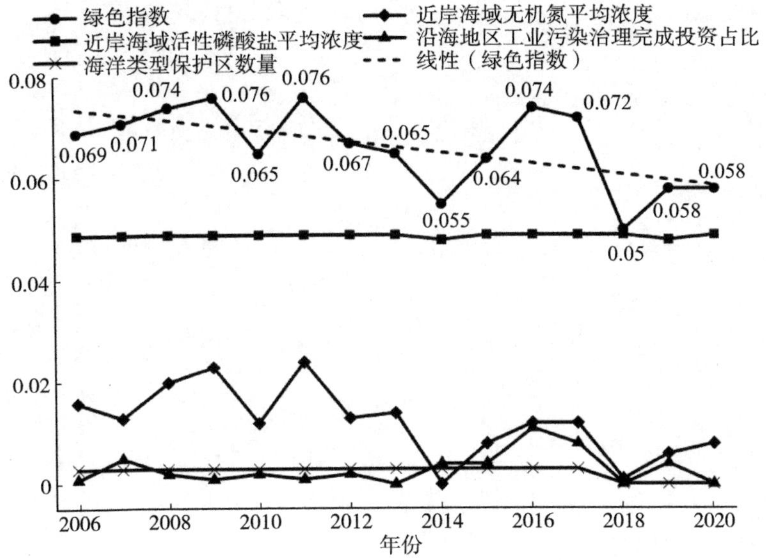

图 9－9　2006—2020 年上海市绿色指数发展趋势

首先，要认识到，海洋经济是上海市经济发展的重要支柱。然而，在追求经济增长的同时，也不能忽视对生态环境的保护。海洋资源的过度开发和污染问题已经对上海市海洋生态环境造成了严重影响。因此，加强生态保护，实现海洋经济可持续发展是当务之急。其次，上海市应在发展海洋经济的过程中，充分考虑生态环境因素。这意味着在制定海洋经济发展规划时，要将生态保护纳入重要考量范畴。通过实施严格的海洋环境保护政策，限制过度开发和污染行为，确保海洋资源的合理利用，实现经济与环境的双赢。此外，上海市还需加大生态修复力度，改善海洋生态环境。针对已受到破坏的海洋生态系统，采取有力措施进行修复，恢复其生态功能。同时，加强海洋生物多样性保护，维护海洋生态系统的稳定。最后，上海市应建立健全海洋生态环境监测、预警和应急体系，通过对海洋生态环境进行持续、全面的监测，及时发现和预警潜在的生态环境风险。在发生突发环境事件时，能够迅速采取应急措施，减轻对海洋生态环境的影响。总之，上海市在发展海洋经济的同时，必须高度重视生态保护，切实落实海洋环境保护政策。通过加强生态保护，实现海洋经济可持续发展，为上海市的繁荣发展提供有力支撑。同时，这也是中国在海洋绿色发展战略中必须关注的重要课题。

第十章 国外海洋产业发展典型案例借鉴

本章旨在通过分析美国、英国、挪威、韩国和日本等海洋产业发达国家的典型案例，系统总结其产业发展模式、成功经验及景气状况，进而为我国海洋产业的转型升级、未来规划与可持续发展提供有益借鉴和启示。第一节聚焦美国，介绍其海洋产业的三大核心领域：海洋工程装备制造、海洋生物医药和海洋油气产业。重点分析美国在科技创新与产业升级方面的突出优势，并探讨其在全球海洋经济中的领导地位。第二节探讨英国的海洋产业，特别是在海洋可再生能源与海洋油气领域的发展，展示英国在可再生能源技术创新和环保政策实施方面的突破，为其他国家提供重要的参考。第三节以挪威为例，分析该国在海洋渔业和船舶制造业的领先地位，揭示挪威如何依托丰富的海洋资源与高效的管理模式，实现产业的可持续发展。第四节关注韩国，主要探讨其造船业和海洋旅游业的发展，展示韩国如何通过全球营销战略和产业链整合，在竞争激烈的全球市场中占据一席之地。第五节分析日本，聚焦其在海洋渔业、海洋交通运输业和海洋旅游业的优势，展现日本在这些传统领域中保持竞争力的策略，并介绍其在可持续发展与技术创新上的成就。总体而言，本章通过对五个国家海洋产业的深入剖析，归纳其各自的产业优势与经验教训，为我国海洋产业的未来发展指明方向，助力我国提升在全球海洋经济中的竞争力。

第一节　美国海洋产业发展景气及经验

（一）海洋工程装备制造业

海洋工程装备是人类在开发、利用和保护海洋所进行的生产和服务活动中使用的各类装备，核心是海洋资源开发装备，主要包括用于海洋资源勘探、开采、加工、储运、管理及后勤服务等方面的大型工程装备和辅助性装备[①]。美国的海洋工程装备制造业是全球领先的行业之一，特别是在超深水平台领域，掌握了全球领先的研发技术，垄断了海工装备的运输、安装及水下生产系统安装和深水海底铺管作业等关键业务。美国企业在提供高效、环保的海洋工程解决方案方面处于世界领先地位，不断推动技术进步和环境可持续性，同时在全球市场中保持强有力的竞争优势。展望未来，美国将继续保持其在全球海洋工程装备制造业中的主导地位，依托创新技术和绿色发展战略，推动海洋产业进一步发展。

1. 政策支持

21 世纪初，美国启动了“综合海洋观测系统”（IOOS），旨在通过全球海洋观测网络收集数据，服务于海洋科学研究、灾害防治与蓝色经济发展。2022 年，美国发布了《美国 IOOS 企业战略计划（2022—2025）》，明确了未来五年的优先发展事项。2023 年，美国政府向国家海洋和大气管理局拨款 1 400 万美元，用于升级 IOOS 的网络和通信系统，并加强与地方团体的合作。这些政策不仅推动了海洋观测技术的发展，也为海洋工程装备制造业提供了坚实的数据支持，助力行业未来的发展。此外，2022 年美国政府颁布的《海洋能源安全法》进一步推动了海洋能源开发的基础设施建设，包括海底电缆、管道和液化天然气设施，为未来海洋工程装备制造业的创新、安全和发展提供了法律框架。

2. 国际合作与竞争

美国的 General Electric 与丹麦的 Vestas 在海上风电技术方面开展合作，推动全球海上风电装备技术的创新与升级。此外，美国企业还与亚洲国家的公司开展合作，开发和建造高技术含量的海洋工程装备，如深海钻井平台和液化天然气船舶。跨国合作不仅促进了技术创新，也成功帮助美国企业进入了新兴市场。与此同时，国际竞争也激发了美国装备制造企业的技术创新，在海洋风能和深海钻探等领域，美国企业与欧洲和亚洲的竞争对手不断提升技术水平，推动了全球海洋工程装备制造业的进步与发展。

3. 技术创新

在海洋电力设备方面，罗得岛州的 Block Island Wind Farm 项目是美国首

① 王颖，韩光，张英香．深海海洋工程装备技术发展现状及趋势［J］．舰船科学技术，2010，32（10）：108－113，124．

座离岸风电场，标志着美国在海上风能领域的重要突破。此外，依托先进的海洋探测技术和设施，美国的“综合海洋观测系统”不仅用于环境监测，还为深海钻探和油气资源开发提供了可靠的数据支持。美国企业在深海油气资源开发技术方面取得了显著进展，尤其是在水下完井、连接和浮式生产系统技术领域。未来，随着新技术的应用，美国的海洋工程装备制造业将持续引领全球技术创新，为深海资源开发提供更高效、更安全的解决方案。

4. 坚持绿色发展战略

美国正在开发电动和混合动力船舶，并使用液化天然气和生物燃料以减少碳排放，提升能源效率。同时，在船舶和海洋设备制造过程中，采用无毒涂料和可降解材料，以减少对海洋生态的负面影响。此外，美国还积极开发潮流能、波浪能和海洋热能转换技术，以将这些可再生海洋能源技术在未来进一步推动海洋装备制造业的绿色转型，减少对化石能源的依赖，确保行业的可持续发展。

（二）海洋生物医药业

美国是全球海洋生物医药研究的先锋，依托伍兹霍尔海洋研究所海洋生物实验室、巴尔的摩海洋生物技术中心、佛罗里达哈勃海洋研究所海洋生物医学研究室及斯克里普斯海洋研究所四大海洋生物技术中心，形成了以圣地亚哥、波士顿和迈阿密为核心的研究集聚区。美国发起的第一次海洋生物普查计划（2000—2010）大幅扩展了对海洋物种的认知，将已知的物种从约 23 万种扩展至近 25 万种，专家推测海洋中仍有至少 100 万种未被发现的物种。这些海洋生物资源为全球生物医药领域，尤其是未来药物开发提供了巨大的潜力和发展空间。随着技术的进步和科研的深化，海洋生物医药产业正在迎来新的突破与机遇，海洋资源的开发和保护也愈发受到关注①。

1. 科研与技术创新

得益于其强大的科研基础和创新体系，美国拥有世界领先的生物技术研发能力。美国的研究机构，包括大学、政府实验室和私人企业，都在生物科学领域进行了大量的基础和应用研究，这些研究为海洋药物的发现和开发提供了丰富的知识和技术基础。美国在生物技术领域的领先地位，特别是在基因组学、

---

① 白福臣，刘辉军，张苇锟．海洋生物医药产业集聚“新”模式：一个理论模型及应用［J］．海洋开发与管理，2021，38（3）：70－77．

合成生物学、纳米技术等先进技术应用上，为海洋药物和生物制品的开发提供了技术支持，这些技术使得从海洋生物中提取和合成新药物成分变得更加高效可行。尤其是合成生物学的应用，使得科学家克服了传统提取方法的限制，能够在实验室中优化海洋生物产生的产物，这不仅加速了药物研发的进程，减少了对自然资源的依赖，还有助于保护海洋生物多样性。从僧袍芋螺分泌的毒液肽中提取而来的齐考诺肽，是第一个直接来源于海洋天然产物的海洋药物，它的镇痛效果比吗啡更好且不会产生耐受性，在 2004 年被美国食品药品监督管理局批准以用于镇痛治疗①。提取自海洋生物海鞘的抗癌药物曲贝替定主要用于治疗软组织肉瘤和卵巢癌，曲贝替定的研发标志着海洋生物制品在抗癌领域的巨大潜力②。美国食品药品监督管理局批准的 20 余种海洋衍生药物，除了用于止痛的齐考诺肽，还有用于治疗癌症的阿糖胞苷、艾日布林、曲贝替定，用于治疗高甘油三酯血症的 ω-3 脂肪酸等。

2. 政府政策和资金支持

美国政府在推动海洋生物医药产业的发展方面，持续通过政策支持和资金投入加速行业创新与应用。例如《海洋生物技术发展法案》通过简化监管流程和提供资金支持，极大地加速了海洋药物的研发与商业化进程。此外，未来发展也将更加注重可持续性和生物多样性保护，美国通过"海洋生物资源国家储备计划"来确保海洋资源的可持续利用。美国政府还通过国立卫生研究院、国家海洋和大气管理局等机构提供重要的资金支持，推动海洋科学研究和生物技术的创新。

3. 强健的产业生态

强健的产业生态保障了海洋药物和生物制品从研发到商业化的全过程，通过产业各个组成部分的紧密合作，美国海洋药物和生物制品行业能够持续地推出创新产品，为全球医药科学的进步做出贡献。美国海洋药物和生物制品产业的产业生态包括研究机构、制药公司、生物技术创业企业、政府和监管机构、资金支持机构以及行业协会。研究机构和大学方面，美国拥有世界级的研究机构和大学，在海洋生物学、药物化学、生物技术等领域进行前沿研究，这些机构不仅提供基础科学研究，还是新药研发和生物技术创新的重要来源。制药公

① Olivera, B. M., Miljanich, G. P., Ramachandran, J., & Adams, M. E.. Channel - targeting conotoxins as natural drug leads. Toxicon, 1994, 32 (6): 745 - 754.

② Cuevas, C., Francesch, A., & Alcaide, M.. Discovery of Yondelis® (Trabectedin, ET - 743). Expert Opinion on Drug Discovery, 2000, 5 (3): 223 - 233.

司和生物技术企业方面，美国的制药公司和生物技术企业在海洋药物研发和生物制品创新方面起到了领头羊的作用，这些企业通过与研究机构合作、收购创新初创公司或自主研发，不断推出新的海洋药物和生物制品。它们不仅拥有强大的研发能力，还具备将研发成果商业化的经验和资源，如辉瑞、默克、生物化学海洋等公司在海洋药物领域均有显著贡献。政府和监管机构方面，美国政府及其监管机构，如食品药品监督管理局、国家海洋和大气管理局、国立卫生研究院等，为海洋药物和生物制品的研发提供了政策支持和监管指导，这些机构通过提供资金支持、制定行业指导原则、审批新药上市等方式，确保了海洋药物研发的质量和安全，同时加速了创新成果的应用。关于资金支持机构，风险投资公司、政府资助计划及其他金融机构为海洋药物和生物制品行业的研发提供了必要的资金支持，这些资金支持不仅帮助初创企业和研究项目克服研发早期的资金难题，还促进了技术创新和新药开发的加速。风险投资在推动生物技术创新方面尤为关键，为行业带来了新的动力和活力。关于行业协会，如美国生物技术产业组织、海洋药物学会等行业协会为海洋药物和生物制品领域的专业人士提供了交流和合作的平台，这些组织代表行业向政府与公众传达行业诉求，促进了行业内的信息交流和资源共享，推动了有利于行业发展的政策制定。

（三）海洋油气产业

随着陆地传统油气资源储备的下降，浅海油气开发逐渐进入稳定期，深海油气成为重要的替代能源。当前，全球海洋油气勘探新发现的平均作业水深已超过 500 米，这标志着全球已进入深水油气开发的新阶段。自 1859 年在美国宾夕法尼亚州钻出第一口油井以来，美国一直是世界能源巨头之一，到 2021 年，美国每天能生产约 1 100 万桶原油和约 1 000 亿立方英尺①的天然气。美国海洋油气产业因其深水勘探技术在全球领先、丰富的海底资源、完善的产业链与基础设施建设以及先进的环境保护技术，而在世界能源领域占据核心地位。特别是墨西哥湾与阿拉斯加海域深水油气田的开发成功，显著增强了美国的能源生产能力和自给自足水平，进一步巩固了其在全球能源市场的影响力，并推进了油气开采技术与环保措施的进步。

1. 政策支持

美国政府通过制定一系列具体的政策文件，如《美国能源政策法案》和

① 立方英尺为非法定计量单位，1 立方英尺等于 0.028 3 立方米。

《美国海洋能源安全法案》，明确了税收优惠、简化审批程序、加强国际合作等方面的具体措施，为海洋油气产业提供了有力的政策支持。以《美国能源政策法案》为例，该法案为海洋油气产业提供了包括税收减免、贷款担保、研发资金支持等在内的多项优惠政策，这些政策降低了企业的运营成本，鼓励了更多的资本进入该领域，通过简化项目审批程序缩短了项目从立项到实施的周期，为企业创造了更加宽松的市场环境。随着《美国能源政策法案》和《美国海洋能源安全法案》的逐步更新，未来政策可能会更加注重深水油气开发的可持续性，支持新能源与传统油气行业的融合发展，从而确保美国在全球能源市场中的长期竞争力。

2. 保持深水科技创新优势

美国一直致力于深海技术研发创新，并取得许多重大创新成果，在深海油气领域保持国际先进水平。美国自 1968 年启动“大洋钻探计划”以来，目前在全球范围内拥有近 3 000 口大洋钻井，为深海资源的开发和利用提供了科学依据和技术支持。21 世纪，美国先后资助多项深海技术开发计划，各类高新技术在国际深海油气资源勘探与开发过程中不断得到实践和运用。多波地震勘探技术主要被用来解决岩性油气藏的勘探开发问题，这项技术使用多个地震数据收集通道同时记录地震波反射信号，从而生成高分辨率的地下三维图像，极大地提高了对油气藏结构的识别能力，在墨西哥湾的 Thunder Horse 油田采用了这种技术对地下结构进行详细勘探，成功识别了位于水下约 1 830 米处的巨大油气藏。深水钻井平台是专为在深水环境下进行钻探作业而设计的特种设备，能够在极端的海洋环境中稳定作业。2010 年，壳牌公司的 Perdido 钻井平台投入使用，该平台位于墨西哥湾，水深约 2 438 米，是世界上最深的海上钻井和生产平台之一，该深水钻井平台的开发标志着美国在超深水油气开发技术上的领先地位。水下油田开采系统指的是一套安装在海底，用于控制井口流体、收集油气并将其输送到海面的设备和系统。考虑到复杂的海底地质条件和高压高温的环境，由雪佛龙运营 Jack/St. Malo 深水油田项目，通过水下油田开采系统开发了水深超过 7 000 英尺（约 2 134 米）的油田，石油净产量达到每日 5.6 万桶。随着科技的进步，未来的深水油气开发可能会在技术上实现更多突破。例如人工智能、自动化钻井设备和无人深潜器等技术有望在深水勘探和开发中得到广泛应用，进一步提高开发效率并降低风险。此外，未来的多波地震勘探技术可能会更加精确，使得油气藏的勘探更加高效。

3. 加强海洋油气安全监管

由于深海油气开采风险高、复杂性强，受海洋环境不可预测的影响，易发生意外，造成人员和财产损失。2010 年 4 月 20 日，“深水地平线”深海钻油平台在美国墨西哥湾水域发生爆炸并沉没，导致原油大量泄漏。该事故造成了数名工作人员伤亡。据统计，从 2010 年 4 月 20 日至 7 月 15 日，大约共泄漏了 320 万桶石油，导致至少 2 500 平方千米的海水被石油覆盖，对海洋生物和生态系统造成了严重的损害[①]。为应对此次原油泄漏事件，美国政府采取了一系列措施。首先，美国政府颁布了为期 6 个月的钻探禁令，暂停所有新的深海钻探活动。在此期间，政府对深海钻探技术、设备和管理流程进行了全面的检查和评估。其次，美国政府重组了矿产资源管理局，将其拆分为三个独立的职能部门：海洋能源管理局、安全与环境监管局以及自然资源收入办公室。这一改革确保资源使用费征收与安全监管职能的分离，提高了管理效率。此外，美国政府还在 2012 年提出了海洋油气开发五年计划，该计划明确了监控管理的安全性保障措施，包括加强设备检查、提高工作人员安全培训、实施更严格的安全标准，进一步推动墨西哥湾、库克湾等海域油气资源的开发。这些措施为油气产业的发展提供了良好的政策环境，确保了产业的繁荣和安全。

第二节　英国海洋产业发展景气和经验

（一）海洋可再生能源产业

自 20 世纪 90 年代以来，以海上风能、潮汐能、波浪能发电等为代表的海洋可再生能源进入商业化发展阶段。英国是全球海洋可再生能源领域的领导者，其海上风能、潮汐能和波浪能等新能源的研究和产业化在世界上名列前茅。面对全球海洋能源领域的竞争，英国在苏格兰成功发展了世界领先的海洋可再生能源产业集群，建立了欧洲海洋能源中心。该集群是由一些大型、高影响力和创新力的企业组成，其中较为著名的有 Aqua - marine Power 和 Marine Current Turbines 等企业。这些企业的波浪能和潮汐能的装机容量居世界前列，既提升了英国海洋能源产业的景气度，也为全球海洋能源产业的发展做出了重大贡献。

---

① 廖国祥，马嫒，高振会．墨西哥湾溢油事故对我国深海溢油污染防治管理的启示 [J]. 海洋开发与管理，2012，29 (5)：70 - 76.

1. 以公共研发平台建设推动产业发展

海洋能源行业发展迅速，技术和商业模式各异，但海洋研究中心的工程设施建设难度大，需要探索公共研发平台建设，促进产业发展。2004年，英国建成了全球第一座大规模海洋能源实验中心（欧洲海洋能源中心），成为世界上第一个海洋能源生产设备测试和认证中心。该实验中心已发展成为世界上最权威的海洋能源设备测试和认证机构。同时，英国还拥有世界领先的海洋能源测试中心，其中包括位于奥克尼群岛的欧洲海洋能源中心（EMEC）和位于康沃尔郡的Wave Hub。其中Wave Hub是一个位于康沃尔郡海尔海岸附近的波浪能测试中心，旨允许在康沃尔海岸测试全尺寸波浪装置。Wave Hub由一台容量为20兆瓦的海底转换器组成，最多可以允许4名设备开发人员同时进行测试。据估计，全面投入运营后，Wave Hub将有能力在10年内为地区经济提供高达7 600万英镑的收入，并有可能为当地创造170个直接就业岗位。随着能源测试中心的深入探究，海洋能源产业的市场景气将显著提升。此外，怀特岛的Perpetuus潮汐能源中心和威尔士的Morlais潮汐示范区等项目的开发有效激发了全国各地的投资建设。2020年，英国政府呼吁开发创新海洋能源项目，例如漂浮式海上风电、潮汐流和波浪能。对此，英国政府投入大量资金建造了一个十四维的试验场地以及两个小规模场地，用于测试小型或全尺寸海洋能源生产设备的真实海洋状态。该中心开展了100多个研究项目，通过降低投入成本，促进了能源开发设备的商业化，并引领了英国新的海上能源部门的发展。

2. 技术促进产业发展

全球能源格局已发生巨大变化，新一轮的能源转型聚焦清洁、低碳、智能和高效的可再生能源。早在2010年，英国政府发布《英国海洋科学战略（2010—2025年）》，明确了其海洋愿景：清洁、健康、安全、富饶、生物多样化的海洋[①]。为此，英国政府的2050年碳排放目标旨在将二氧化碳排放量减少到1990年排放水平的80%。潮汐流和波浪技术有潜力帮助实现碳排放目标以及创建多功能且安全的能源系统。有研究指出，潮汐流或波浪装置每产生1千瓦·时的电力，与联合循环燃气轮机（CCGT）发电厂产生的相同电力相比，可节省394克二氧化碳。除了开发技术和项目外，英国还创建并保留了世

---

① 王金平，吴秀平，曲建升，等．国际海洋科技领域研究热点及未来布局［J］．海洋科学，2021，45（2）：152-160.

界领先的专业知识和研究设施，旨在推进潮汐流和波浪技术的研究，并有效推动了海洋能源相关领域的开发、理解和知识资本的阶跃变化。例如，成立于2003年的SuperGen英国海洋能源研究中心（UKCMER）已建立了强大的大学网络，包括普利茅斯大学、伦敦帝国理工学院、爱丁堡大学、埃克塞特大学、赫瑞瓦特大学、卡迪夫大学和斯特拉斯克莱德大学。他们在资源评估、设计工程、能源产量建模、结构分析和网络集成等领域展示了强大且国际认可的能力。另外，开发设备原型、测试和商业化通常会将工业界、供应链和学术界聚集在一起，充分利用研究的专业知识。英国强大的大学研究基础也催生了许多创新型衍生公司，比如奥克尼群岛专门从事海洋可再生能源的海洋咨询公司Aquatera，以及斯特拉斯克莱德大学新兴的潮汐开发商Nautricity。其中Aquatera是英国最早专门从事海洋能源的公司之一，自2000年以来完成了300多个与海洋能源相关的项目，并直接支持了40多种不同的技术，其中包括20个阵列项目。Aquatera的专家团队已通过英国政府繁荣基金获得开拓智利、秘鲁和印度尼西亚海洋能源出口市场的机会。该公司还在菲律宾、新加坡、日本、美国、哥伦比亚、巴巴多斯、澳大利亚、挪威和毛里求斯开展业务。同时，公共部门在海洋能源的相关研究和创新中也发挥了重要作用。最引人注目的是苏格兰波浪能公司的发展，该公司由苏格兰政府于2014年成立，该机构的发展是为了应对一系列市场挑战，并重点关注创新和技术解决方案。

3. 加大政府财政支持

英国海洋能产业快速发展主要得益于多渠道、高强度的资金支持。英国政府在海洋能基础理论研究、关键技术研发、海上试验、示范运行等诸多方面提供了大量资金支持，确保了整个产业链条有充足的资金保障。在资金补助和奖励政策方面，自2000年以来，英国政府为海上发电设施的研发设立了专项建设补助金，鼓励参与海洋可再生能源开发的企业在这一领域进行创新。例如，在2004年，设立了5 000万英镑的特别基金来支持附属机构。2006年，英国贸易和工业部设立了海洋可再生能源基金，资金总额为5 500万英镑。其中，4 200万英镑用于资助波浪能和潮汐能示范计划，1 300万英镑用于波浪和潮汐能支持计划。2009年，英国投资了4 860万英镑的公共资金来发展海洋可再生能源部门。2014年，苏格兰政府成立了苏格兰波浪能组织，为大约88个波浪能支持项目拨款4 000万英镑。这种大规模的财政支持有力地推动了波浪能和潮汐能部门的发展，同步提升了英国海洋能源的景气度。在经济政策方面，英国采用的是基于配额模式的政策体系，在《可再生能源义务法令》中，明确将可再生能源义务作为英国政府可再生能源的主要激励机制[①]。在 2022 年，英国政府实施浮动式海上风电示范计划（FOW），该计划包括超过 3 100 万英镑的英国政府资金以及超过 3 000 万英镑的行业资金。英国共有 11 个项目获得资助，用于开发浮动式海上风电技术。

4. 完善产业配套政策

2010 年以后，英国政府致力于继续保持海洋领域的全球领先地位。尤其值得一提的是，2015 年英国政府实施可再生能源制度转型，将可再生能源义务制度逐渐转为差价合约制度，从而使海上风电产业得到迅猛发展。2015 年，英国海上风电新增并网容量为 56.61 万千瓦，以 506.05 万千瓦的累计装机容量位居世界第一[②]。另外，为了支持以苏格兰地区为重点的海洋能源集群的发展，英国制定了一系列政策措施。2003 年发表的《能源政策白皮书》阐述了开发海洋能源的重要性，并打算通过明确的政策和计划促进海洋能源的发展。2007 年 5 月修订的《可再生能源义务法》进一步强调了政府对海洋可再生能源的支持，同时鼓励企业和研究机构增加海洋能源技术的研究和开发。2010 年，英国政府提出了《2010 年海洋能源行动计划》，其中解释了海洋能源发展的目标、优先领域和时间表，并为海洋能源部门的可持续发展提供了重要指导。随后，2011 年发布的《英国海洋可再生能源发展路线图》，进一步提出了到 2020 年和 2030 年的发展目标，分别为海洋能装机容量达到 2010 年英国电力需求总量的 15%和 30%～45%。这些目标的制定，旨在鼓励和支持英国的海洋能产业快速发展，同时也为全球海洋能源产业的发展提供借鉴和参考。另外，随着海洋可再生能源的快速发展，英国政府调整了潮汐、波浪和海上风电项目的许可规则，包括《2005 年苏格兰海洋环境行动计划》、2008 年的《苏格兰海：更好地了解他们的国家》《2009 年海洋和沿海地区准入法》和 2010 年的《海洋法（苏格兰）》，它们均以《海洋和海岸带准入法案》作为实现海洋可持续发展目标所搭建的法律基础。这些新政策的出台为苏格兰海洋能源产业集群的发展提供了有力保障。这些强大的治理体系旨在用战略性、综合性和集中性的系统取代分散、临时和官僚的海洋管理流程，为苏格兰海洋能源部门集群

① 王金平，吴秀平，曲建升，等．国际海洋科技领域研究热点及未来布局［J］．海洋科学，2021，45（2）：152－160.

② 牛峰，陈双，李亚，等．英国海上风电行业发展前景展望——基于差价合约制度的分析［J］．海洋开发与管理，2019，36（9）：68－74.

的可持续发展提供了良好的环境①。由此看来，英国政府高度重视海洋可再生能源部门和其他产业的协调发展，从政府管理的角度积累了许多协调发展的成功经验。除此之外，英国政府还出台了一系列优惠政策，鼓励包括海上风能、波浪能、潮汐能等海洋可再生能源在内的可再生能源的发展，如《可再生能源法》《可再生能源产业指导目录》《海上风电开发建设管理暂行办法》《可再生能源中长期发展规划》等。这些政策涵盖了规定的总量目标制度、强制上网制度、分类电价制度和费用分摊制度等。

（二）海洋油气产业

全球对海洋油气资源的开发投资和规模不断扩大，各国高度重视海洋油气的勘探开发工作，并在持续推进。随着海上油气储量的发现和增加，海洋油气资源的勘探和开发将成为各国能源供给的重要方向。自20世纪60年代，英国在北海海域发现了大量油气资源，此后，英国迅速成为欧洲油气生产大国。在接下来的20年，英国年出口原油达到5 000万吨，成为西方世界第四大石油生产国、第五大出口国。据统计，英国海上油气生产满足了国内2/3的油气需求、46%的能源需求，提供了28万个就业岗位，缴纳了各种税收约35亿英镑，还通过货物和服务的出口为英国创造了约123亿英镑的收入。通过加大油气资源的勘探力度、提升现有油气资源的开采技术、延长油气产业链等手段，继续保持海上油气产业的产量、就业岗位数、景气程度以及对全球经济的贡献度。

1. 加强油气产业管理

英国高度重视油气开发利用监测，规范研发，强调油井监测，以实现油气资源的科学、合理、有效开发。英国采取了以下措施实施油气勘探开发监管：一是监督油气产权采购活动，确保其公开、公平、公正，同时监管合同执行、税收和关税的征收情况；二是监控油气勘探、开发和生产的具体活动，严格控制技术计划的研究与执行，监测资金投入、技术应用以及油井的管理，特别是钻井对环境的影响；三是建立专门监管机构，如英国石油和天然气监管委员会，负责整体勘探与开发的监督；四是注重管理支持和服务，提高油气资源管理效率。同时，建立有效的油气资源管理支持和服务体系，包括政策研究、技

① Scarff G，Fitzsimmons C，Gray T. The new mode of marine planning in the UK：Aspirations and challenges [J]. Marine Policy，2015，51：96 - 102.

术标准（规范）的制定、数据管理和信息服务；五是重视石油科技的研发、研究和评价，推进油气商业化勘探。英国政府高度重视石油科技的研发，新建国家海洋研究中心——英国海洋研究中心。通过构建科技创新合作的生态系统，以研究和寻求一些社会重大挑战的解决方案，促进了油气的商业发展，确保英国在海洋油气领域处于世界领先地位①。此外，建立稳定的油气矿产权管理体系可以显著提高油气储量管理的效率。英国已经建立了一个基于欧盟供应的石油和天然气矿产资源权利管理系统。其中，油气矿产权管理主要包括以下内容：一是油气区块按照有关法律划分，将陆上和海上陆架区的勘探区域划分为若干区块，分批招标；二是制定招标程序和招标标准，明确招标标准和程序，明确合同类型和条款；三是按照资本投资、技术、环保等标准和时限要求，建立高效的区块返还制度，对油气区块部分或全部返还开采权；四是建立基于保险费、租金（特许权使用费）、特许权使用费和矿业县免税的石油和天然气储量税收政策体系。

2. 完善法律法规体系建设

经过数十年发展，英国政府构建了完备的油气资源管理法律法规体系，涵盖《大陆架法》《石油法》《天然气法》《石油所得税法》《天然气征税法》以及《陆上与海上石油生产条例》和《陆上与海上石油勘探开发许可证规则》等。英国油气资源管理职责归属贸易和工业部（DTI），其下设的能源资源开发司、矿区使用费办公室等部门具体承担油气资源的行政管理工作。英国石油天然气管理委员会作为贸易和工业部的附属机构，负责监管英国境内及大陆架区域的油气资源勘探与开发，覆盖勘探方案的审查、生产监督、信息技术支持，以及相关政策的制定与实施。英国有国家石油、天然气公司，英国石油公司（BP）、英国天然气集团公司（BC）皆在20世纪90年代完成了民营化改革，成为名副其实的世界超大型非国有国际油气公司。而其他大量的中小油气公司、服务公司及外资公司与BP、BG一视同仁，享有同等的权利。另外，英国还有许多石油、石化协会和中介组织，在企业与政府之间发挥着重要的桥梁作用。

3. 海洋油气安全保障

安全是海洋油气业的首要任务，是所有离岸活动的基础。在过去，技术落后，海洋油气开采工人的安全难以保障。然而，随着科技的不断进步，许多安

① 赵玉杰．全球海洋经济发展危机、动力机制与演变路径［J］．海洋开发与管理，2024，41（4）：63-72.

全隐患已逐渐得到控制。在这方面，英国堪称行业典范，始终走在全球前列。作为全球首个实现工业化的国家，英国在其工业化进程中积累了超过300年的丰富经验。在1997年，英国推出了石油与天然气行业的旗舰安全项目“Step Change in Safety”，其目标是将英国打造为全球最安全的工作环境。在全球石油和天然气行业中，由于“Step Change in Safety”的创建，该行业的致命和重伤率显着改善，下降了近70%。与此同时，作为重大事故的潜在先兆的重大碳氢化合物排放数量也大幅减少。2016年，英国发布《国家海上安全战略》，该战略突出强调了海域对英国繁荣和安全的重要性，展示英国如何组织和利用广泛的国家能力，以确定、评估并解决海上安全挑战。英国实现国内外海上安全的核心包括两个关键原则：整合与合作。英国充分整合本国资产、人员及设备，尽可能发挥出最大的影响力，并确保政府部门间、政府与工业界、国际合作伙伴间的有效合作，从而实现国家海上安全。

4. 减少碳排放，促进产业可持续发展

根据数据显示，英国天然气生产的碳足迹约为进口液化天然气碳足迹的1/4。在清洁能源生产方面，英国首相承诺，至2030年实现全民使用海上风电，海上风电的发展目标将从30吉瓦提升至40吉瓦[①]。由于英国是一个迅速衰退的石油和天然气生产国，在确保能源安全的前提下，随着石油和天然气等传统能源的不断减少，以及风电、海上风电的不断开发普及，就能使英国在2050年实现碳排放降至零的目标。石油和天然气行业对于推动和投资清洁技术也至关重要，英国通过利用该行业现有的供应链、专业知识和关键技能来实现零排放的目标，例如碳捕获、使用和存储。2023年，英国政府已确认苏格兰东北部的Acorn项目和亨伯河的Viking项目被选为英国第三和第四个碳捕获利用和存储集群。英国政府对海洋可持续产业的景气预期保持乐观态度，并承诺将打造一个新的蓬勃发展的碳捕获、利用和存储行业，到2030年可为英国提供多达50 000个就业岗位。

第三节　挪威海洋产业发展景气及经验

（一）海洋渔业

在全球范围内，渔业和水产养殖生产是可获得营养食品的重要来源，也是

① 林香红．国际海洋经济发展的新动向及建议［J］．太平洋学报，2021，29（9）：54－66.

人类健康的基础。纵观挪威历史，人们以捕鱼、捕鲸和海豹捕捞为生。这是沿海地区生活和文化的基础，许多沿海社区仍然依赖海洋捕捞①。渔业一直是挪威商业和工业的核心组成部分，因为挪威控制着世界上大量的渔场。北海、挪威海岸、巴伦支海和挪威海都是高产区，主要鱼类就在挪威海岸附近产卵。地理优势使得挪威涌现了许多大规模且具有影响力的企业，其中较为著名的有“SalMar”和“Cermaq”等，这些企业使得挪威的海鲜产品畅销全球。

1. 新兴技术带动产业发展

挪威拥有绵长且生物多样性丰富的海岸线和长达数百年的捕鱼传统，在水产养殖和渔业方面拥有丰富的专业知识。其中，海虱是目前水产养殖业面临的最紧迫的挑战之一。挪威企业一直在利用他们的创造力来防止这种害虫攻击鱼类，通过在港口创建港口围栏，使用电脉冲在海虱附着在鱼身上之前将其灭活。这样可以阻止网箱内的感染并进一步扩散到周围环境，而不会对鱼造成任何损害。如今，大多数海水养殖设施都位于峡湾或海岸线沿岸，废弃饲料、粪便、鱼类逃逸和高浓度寄生虫将对当地环境和野生鱼类种群产生大量负面影响。SalMar 建造了世界上最大的近海养鱼场 Ocean Farm 1，并将其安装在挪威海岸附近。开阔的海洋为鱼类生产提供了更大的空间、自然通风良好的水以及更强的水流。洋流对于减少平静的沿海水域中的寄生虫浓度和污染特别有效。另外，距离海岸较远也可以最大限度地减少与野生鱼类的相互作用以及杂交等问题。与此同时，挪威环境愿景公司（EVN）开发了自主近海养鱼船，该船的鱼栏配备了独特构造的自主电流偏转器，可以保护较小的鱼免受潜在致命洋流的影响，同时允许较大的鱼，随着它们变得更强而游得更深。该船设计用于在无遮蔽区域抛锚，适合在世界各地的大多数地点使用。随着新兴技术的不断进步，挪威未来海洋渔业的市场景气将明显提升。

2. 合作战略促进产业发展

国际合作是挪威管理制度的一个重要方面②。欧盟与挪威签订了三项渔业协定，即双边协定、三边协定和邻国协定。双边协定涵盖北海和大西洋，三边协定涵盖斯卡格拉克海峡和卡特加特海峡（丹麦、瑞典和挪威），邻国协定涵盖瑞典在北海挪威水域的渔业。其中，双边协定和三边协定允许设立联合种群

① 杨振姣．海洋生态安全视域下北极海洋空间规划研究［J］．太平洋学报，2020，28（1）：76－88.

② 陈思行．挪威渔业管理概述［J］．海洋渔业，2002，（1）：47－50.

TAC、转让捕捞可能性、联合技术措施以及与控制和执法相关的问题。另外，非法、不报告和不管制捕捞（IUU 捕捞）是当前世界渔业管理面临的最严重问题之一。IUU 捕捞是一个跨国问题，只能通过国际合作来应对。挪威目前与欧盟委员会、俄罗斯、冰岛、英国、立陶宛、瑞典、丹麦、荷兰、德国、葡萄牙、加拿大、波兰和爱沙尼亚就反 IUU 措施签署了合作协议。为了打击此类违法行为，挪威已采取了一系列措施，旨在破解渔业监管难题，寻求有效的解决方案。挪威政府将以此作为挪威渔业管理的首要任务，继续加大执法力度，强化捕捞活动和鱼类上岸的管制。

3. 建立科学的渔业管理制度

挪威的渔业政策和管理以可持续捕捞海洋生物资源的原则为基础。挪威政府的目标是采用基于生态系统的渔业管理方法，以确保海洋生物资源的可持续收获。其中具有代表性的海洋综合管理计划包括《巴伦支海和罗弗敦群岛海域海洋环境综合管理计划》和《挪威海综合管理计划》。该计划为管理区域内的主要人类活动（油气工业、渔业和航运）制定了总体框架，以确保巴伦支海-罗弗敦群岛海域海洋生态系统的健康和可持续生产①。通过实施基于生态系统的渔业管理方法，了解种群规模和其他特征，以及种群所属的生态系统，以保证挪威渔业的稳步发展。此外，挪威在渔业管理和海洋研究方面拥有 100 多年的经验。1990 年，渔业局和海洋研究所相继成立。海洋研究所不仅是挪威最大的海洋研究机构，也是海洋生态系统和水产养殖科学调查和咨询领域的领先组织。该研究所是挪威渔业和沿海事务部的主要顾问，同时监测和研究巴伦支海、挪威海和北海的生态系统以及沿海地区的生态系统。相对于传统的海洋监测计划，海洋研究所对海洋生态学采取整体方法，利用现代研究船和设施来监测和研究整个海洋生态系统，同时测量生态系统的所有组成部分，为理解生态关系提供了新的前景和改进方向。1946 年，挪威成为世界上第一个设立渔业管理部的国家。挪威渔业已发展成为一个受到严格监管的行业，有配额和许可证要求。

4. 政府对渔业的支持

2018 年，挪威为渔业部门提供了 14.066 亿挪威克朗（1.729 亿美元）的融资服务，而 2.728 亿挪威克朗（3 350 万美元）通过成本回收费收回。2018 年，挪威通过直接惠及渔业部门个人和企业的政策提供了总计 9.747 亿挪威克

① 林香红．挪威海洋产业发展态势研究［J］．海洋经济，2020，10（6）：77－80.

朗（1.198 亿美元）的支持，自 2008 年以来总计增加了 36%，相当于产值的 4.8%。挪威政府对个人及企业的直接支持源于各种政策，例如收入支持、特殊保险制度，这些直接支持政策的共同目标是维持或增加渔民的收入。2018 年，挪威在此类政策上为每位渔民花费了 2 556.6 美元。在经济合作与发展组织中，2018 年每位渔民的平均支出为 496.8 美元。相对于就业，对个人和企业的直接支持自 2008 年以来增加了 14%，2018 年达到每位渔民 10 680.3 美元。其他政策旨在降低投入成本，其中包括对燃料、其他可变投入（如减少冰或诱饵成本的付款）和固定投入（如对船舶建造和现代化或购买装备的支持）的支持。2018 年，挪威在降低投入成本的政策上为每位渔民花费了 8 123.7 美元。

（二）海洋船舶制造业

挪威作为一个海事大国，建造船舶的历史超过 150 年，在生产传统船只方面拥有悠久的历史经验，特别是渔船、近海船只、客船、游艇以及专业船只，如用于沿海作业的工作船、勘探船、海底采矿船和研究船。挪威拥有 300 多家船用设备生产商，生产的设备占世界市场份额的 9%，所生产的产品包括船舶推进器、船舶动力主机、电子货物装运设备、航海电子导航仪器、电子地图和船舶稳定系统。挪威作为海洋国家领先地位的关键，一是行业自身适应和创新的能力；二是公共支持体系，尤其是针对环保解决方案和近海石油勘探领域的公共支持体系。

1. 政府战略支持

2015 年 8 月，挪威政府推出了一项名为“海洋机遇——绿色未来的蓝色增长”的新海洋战略。该战略回顾了政府为发展海洋产业和创造价值所做的努力和相关措施，并提出了应采取的具体行动。根据该战略，政府的主要目标是确保海洋产业的可持续增长和价值创造。为实现这些目标，该战略提出了具体行动，涉及挪威船队注册、绿色增长、海洋管理、从业人员、研究、开发和创新、全球监管框架、海洋相关集群以及北极地区的海洋价值创造。挪威的海洋战略特别包括以下行动：确保挪威继续成为拥有大量注册船队的领先海洋大国，政府将继续实施航运税制，加强净工资计划，并放宽对挪威国际航运船只的贸易区限制；促进海洋产业的绿色增长，并鼓励使用环保技术和替代燃料为船只提供动力；确保高效、以客户为中心的海洋管理；提高挪威海洋产业从业人员水平；增加研究、开发和创新，加强海洋产业的价值创造和竞争力；建立协调一致的全球监管框架，开放市场，提高海洋安全及环境和社会标准的要求；促进海洋产业与其他海洋产业之间互动，发展强大的挪威海洋相关产业集群，相互借鉴学习；将确保在全球高北地区实现可持续的海洋价值创造，同时考虑到安全和环境等问题。

2. 研发投入与创新能力

2014年，挪威造船和海上平台行业的私人研发支出总额为4.32亿挪威克朗（约2.95亿元人民币），相当于其他运输设备部门分类制造业研发总支出的96%，该分类包括造船和船舶制造、铁路车辆和机车制造、航空和航天器及其零部件制造。挪威船舶工业在技术创新方面一直走在世界前列。首先，挪威船舶工业在设计和建造方面持续引领创新，并以其先进的设计理念和技术应用而闻名，不断推出更加环保、高效和安全的船舶设计。挪威的造船厂采用先进的建造技术和工艺，确保船舶的质量和性能达到国际领先水平。其次，挪威船舶工业在船舶自动化和智能化方面取得了重要突破，随着数字化和智能化技术的发展，挪威船舶工业不断将这些先进技术应用于船舶的设计和建造中，挪威还在船舶智能化方面进行了积极探索，利用大数据和人工智能技术优化船舶的航行和维护，提高船舶的性能和可靠性。此外，挪威船舶工业在环保和可持续发展方面也取得了显著进展，致力于开发更加环保和高效的船舶。2000年，挪威船厂交付了其为MRF航运公司所建造的世界上第一艘以液化天然气作为燃料的渡船"Glutra"号。作为船用燃料，液化天然气可以降低15%～20%二氧化碳的排放、98%以上硫氧化物的排放、85%～90%氮氧化物的排放，且着火点和爆炸极限高于柴油。挪威在船舶节能减排、废弃物处理等方面进行了深入研究和实践，为全球船舶工业的可持续发展做出了重要贡献。

3. 完善的产业体系和配套服务

挪威的船舶工业形成了完整的产业链，从船舶设计、建造、维修到配套设备生产等各个环节都一应俱全，这意味着挪威的船舶工业可以实现高度的自我配套，减少对外部供应链的依赖，提高整体的生产效率和竞争力。挪威的船舶工业还拥有完善的配套服务体系，包括金融、保险、法律、人力资源等多个方面。挪威的金融市场发达，可以为船舶工业提供多样化的融资服务，帮助企业解决资金问题。挪威的保险行业也提供了全面的风险保障，为船舶工业的稳定运营提供了有力支持。挪威的法律体系完善，为船舶工业的合规运营提供了坚实保障。挪威还注重人力资源的开发和培养，拥有一批高素质的船舶工业人才，为行业的持续发展提供了源源不断的动力。挪威的船舶工业还注重与国内外相关产业的协同发展，与石油、天然气等产业有着紧密的联系，这些产业的发展为船舶工业提供了广阔的市场需求和技术支持。挪威的船舶工业也积极参与国际合作，与全球各地的船舶工业企业和研究机构开展广泛的合作与交流，不断吸收和引进国际先进的技术和管理经验。

第四节　韩国海洋产业发展景气及经验

（一）海洋船舶制造业

从1962年开始，韩国政府推出了两个“五年计划”，进入了工业化初期阶段，开始着重发展重工业。20世纪70年代，韩国政府将造船业作为先导产业，提出了“造船立国”的口号，政府投入巨额资金建设大型现代化造船厂，同时引进欧洲的先进技术与设备。此外，为了支持造船业的发展，政府还提供了出口补贴、低息贷款等政策，进而降低造船企业的出口成本，扩大韩国船舶产品的国际市场份额。20世纪80年代，韩国造船业得到了进一步的发展，开始建造出口船只，逐步进入国际市场。进入21世纪以后，韩国造船业继续保持强劲的发展势头。自2018年，韩国造船业持续获得全球30%以上的船舶订单。韩国船舶设备的最大出口市场是亚洲，以2019年为基准，中国、日本、新加坡占韩国船舶设备出口总额的51%①。

截至2020年，韩国造船海洋设备工业协会下属企业有265家，集中在与韩国三大造船厂相邻的釜山和庆南地区。韩国三大造船厂即韩国造船海洋工程公司、三星重工和大宇造船海洋工程公司（现已被韩国韩华集团收购，更名为韩华海洋）在2022年的销售额高达217亿美元。2022年全球新船订单量为4 193万修正总吨，其中韩国船企承接1 564万修正总吨，占比37%。按船种来看，韩国承接订单中，65%为液化天然气运输船、27%是集装箱船，二者占比之和达到92%。韩国在天然气运输船、油轮和集装箱船方面表现出色，并在研发设计和生产方面脱颖而出。

1. 政府政策支持

为促进韩国海洋船舶工业发展，韩国政府制定了长期发展规划，如《环保船舶开发普及基本计划》（2021—2030年）和《2024年环保船舶普及实施计划》，旨在推动环保船舶的研发和普及，提高韩国造船业的环保技术水平。《2024年环保船舶普及实施计划》投入总计2 422亿韩元（约13亿元人民币）

① 汤梦迪．中韩船舶产业国际竞争力及其影响因素比较研究［D］．吉林大学，2022.

的国家及地方经费，将48艘普通船舶转换为环保船舶，其中28艘转换为电力船舶和混合动力船舶，同时该计划还将在船龄较小的20艘船舶上设置大气污染物减少装置。韩国政府还加大了对造船业的投资力度，韩国产业通商资源部发布了“韩国造船业新一代引领战略”，计划在2028年前投资约7 100亿韩元（约合39.5亿元人民币），在抢占高端技术研发领先地位、打造先进制造体系及完善相关法律、制度和基础设施三大战略方向持续发力，以增强韩国造船业的全球竞争力。在抢占高端技术研发领先地位方面，韩国围绕液化天然气、氨和氢三大核心燃料进一步加大相关船型的研发力度，确保其核心竞争力，并加大自主航行船舶研发力度，开展相关技术的海上实证研究和标准制定工作。在打造先进制造体系方面，韩国将通过在船舶设计和建造领域推广数字化转型和机器人技术，提高生产率并缩短建造周期。此外，面对劳动力短缺难题，韩国政府将为每年培训超过3 000名造船领域的技术人才提供支持。韩国政府在推动船舶制造业未来发展方面已经制定了多项长远战略和政策。例如，《环保船舶开发普及基本计划》（2021—2030年）和《2024年环保船舶普及实施计划》，旨在加快环保船舶的研发与应用。这些计划不仅涵盖了船舶的电力化和混合动力改造，还包括减少大气污染物排放的技术提升。

2. 质量管理和供应链优化

韩国海洋船舶企业建立了高效的质量管理体系和供应链管理系统，提高了生产效率和产品质量。韩国造船业通过建立强大的供应链来支持其生产活动，包括与本地钢铁企业、电子设备供应商和其他零部件制造商建立紧密的合作关系，这种垂直整合的供应链模式不仅确保了材料和零部件的稳定供应，而且还有助于降低成本和提高生产效率。韩国造船企业已经建立了高效的供应链体系，通过与本地钢铁企业、电子设备供应商等紧密合作，确保了生产过程中的材料和零部件的稳定供应。未来，韩国将进一步推动供应链的数字化转型，利用大数据和人工智能技术优化供应链管理，从而提高生产效率和产品质量。

3. 专注于生产高附加值船舶提高竞争力

高附加值船舶通常指的是那些技术复杂、设计先进、建造难度大的船舶，如液化天然气船、液化石油气船、豪华邮轮、深海钻井平台等。这些船舶通常具有更高的售价和利润空间，它们的建造需要雄厚的技术实力和经验积累①。

① 卢建，林滨．高附加值船国际产业转移的实证与机制探讨［J］．中国造船，2009，50（4）：193-202.

韩国造船业专注于生产高附加值船舶这一市场细分领域，以便与其他国家的低成本制造商区分开来，保持竞争力。韩国大宇重工公司开发的具有高效船体设计和节能船舶动力系统的LNG运输船舶，采用了先进的冷却技术和船舶，气体处理系统，以确保安全可靠地运输液化天然气。该公司也凭借其在该领域的技术优势赢得了大量订单。

4. 全球营销战略

韩国造船企业采取积极的全球营销战略，通过参加国际船舶展览、建立海外销售办事处和与国际船东建立长期合作关系来扩大其市场份额。这些企业不仅关注传统的造船市场，如欧洲和美国，还积极开拓新兴市场，如东南亚和非洲，增加在这些地区的市场份额。韩国的现代重工集团和三星重工业与巴西石油公司等能源公司签订了多个海洋平台建造合同，包括浮式生产储油船和半潜式钻井平台等项目，韩国企业还在巴西建立了钻井平台组装厂和维修基地，以提供及时的售后服务和技术支持。通过这种方式，韩国造船业能够不断寻找新的商机，即使在全球造船市场波动时也能保持稳定的订单量。

（二）海洋旅游业

韩国位于朝鲜半岛南部，有长达三面的海岸线，共有3 348个海岛。海岸线长14 962千米，其中大陆海岸线长7 752千米、岛屿岸线长7 210千米。韩国拥有众多美丽的海岸线和海岛，如济州岛、釜山等，吸引了大量国内外游客，这些海岛不仅自然风景优美，还提供了各类丰富的海洋活动，如潜水、钓鱼等，满足了游客对韩国海洋旅游的多元化需求。韩国政府积极推动海洋旅游业的发展，加大对海洋旅游基础设施的投资，提升海洋旅游服务质量。近年来，得益于其丰富的海洋资源和政府的大力支持，韩国海洋旅游业发展迅速。就韩国济州岛而言，2019年济州岛的入境游客数量达到了1 513.7万人次，同比增长了13.1%；全年旅游收入达到了15.6万亿韩元，同比增长了19.7%。

1. 政府政策支持

韩国政府充分认识到海洋旅游业对国家经济发展的重要性，制定了一系列有针对性的政策来支持海洋旅游业的发展。韩国早在20世纪60年代就认识到旅游业的重要性，并把它作为发展国民经济的重要手段。为了从国家层面扶持和指导旅游业，韩国在1975年就颁布了《观光基本法》，并成为促进旅游业发展的一部重要法律。该法涉及旅游资源的开发、旅游设施的建设、旅游服务的质量提升等各个方面。该法明确提出要保护和利用包括海洋在内的各种旅游资源，开发和保护海岸线、海岛、海洋生物等海洋旅游资源，鼓励和支持建设游艇码头、潜水基地、海滨浴场等高品质的海洋旅游设施。韩国政府为了促进海洋旅游业的发展，在2013年首次设立了海洋旅游基金。自2013年以来，韩国政府不断加大对海洋旅游基金的投入，并通过该基金支持了一系列海洋旅游相关项目的开发和实施。这些项目涵盖了海洋旅游资源的开发、基础设施建设、市场推广和人才培养等多个方面，旨在提升韩国海洋旅游业的整体竞争力和吸引力。韩国政府未来将进一步加大对海洋旅游业的支持力度。除了继续实施《观光基本法》及《环保船舶开发普及基本计划》等现行政策，未来可能会出台更多针对性的政策来推动海洋旅游的创新和可持续发展。

2. 利用大型国际活动提升旅游形象

韩国通过举办大型国际活动成功提升了其旅游形象，吸引了更多的国际游客。一方面，韩国积极举办各种国际体育赛事和文化艺术活动，如亚洲运动会、世界杯足球赛、国际电影节、音乐会和展览等，这些大型体育赛事和文化艺术活动能够吸引全球范围内的媒体和观众关注。通过各类艺术活动，韩国还进一步推广了其独特的艺术风格和文化魅力，增强了国际游客对韩国旅游的兴趣。另一方面，韩国政府还联合旅游部门，通过旅游博览会、旅游年等大型国际旅游推广活动向全球游客展示韩国的旅游资源和产品。旅游推广活动不仅提供了与潜在游客直接交流的机会，还通过推出特色旅游线路、优惠政策和旅游奖励等方式，吸引了更多游客前来体验韩国的魅力。此外，在大型国际活动期间，韩国充分利用社交媒体和网络平台，通过直播、短视频、社交媒体营销等手段，将活动盛况和韩国的旅游形象传播给全球观众。这种数字化的传播方式不仅扩大了活动的影响力，还增强了观众对韩国旅游的认知和兴趣。这些活动不仅展示了韩国的文化魅力和经济实力，也向世界展示了其独特的旅游资源和优质的服务。通过举办这些活动，韩国成功地将其海洋旅游业推向了国际舞台，进一步提高了其在全球旅游市场的竞争力。

3. 有效利用旅游资源

韩国充分利用其丰富的海洋旅游资源，并通过创新产品和强化基础设施建设，为游客提供丰富多样的旅游体验。首先，韩国深入挖掘其独特的海岸线、海岛和海洋生物资源，确保这些资源实现最大化效益和可持续发展，向游客展示了其海洋旅游的独特魅力和多样性。其次，为了满足不同游客的需求和兴趣，韩国不断创新海洋旅游产品，推出了一系列具有吸引力和竞争力的旅游项目，包括潜水旅游、海岛探险、游艇租赁等多样化的海洋活动，以及结合传统文化和现代科技的虚拟现实海洋旅游体验等创新产品。最后，为了提升服务质量和游客体验，韩国加强了旅游基础设施的建设和维护。高品质的游艇码头、潜水基地和海滨浴场等设施的建设，为游客提供了安全、舒适和便捷的旅游环境。这些举措共同促进了韩国海洋旅游业的高质量发展，为韩国经济增长和国际形象塑造做出了积极贡献。未来，韩国将更加注重海洋旅游资源的综合开发和创新利用。一方面，韩国可能会加强对海洋生态系统的保护，确保旅游资源的可持续利用，例如推广生态旅游和低碳旅游。另一方面，随着科技的进步，韩国有望推出更多创新的海洋旅游产品，如智能化海洋探险、深海潜水体验等。为满足不同游客的需求，韩国可能会加强旅游基础设施的升级改造，建设更多高品质的度假村、海滨度假区和综合旅游设施。此外，韩国还可能通过跨行业合作，如与科技公司、文化机构和国际旅游公司合作，推动海洋旅游产品的多样化和高附加值化，进一步提升旅游业的整体吸引力和市场竞争力。

（三）海洋电力业

韩国作为三面环海的国家，海上风力比太阳能和陆上风力更有利。近年来，韩国逐渐将其海洋领土视为可再生能源的来源之一，包括海上风能、波浪和潮汐能。韩国政府在 2017 年发布计划呼吁加强对可再生海洋能源的投资，计划在 2030 年使波浪发电和潮汐发电达到 1.2 吉瓦，使海上风力发电的目标容量达到 12 吉瓦，这将使波浪能和潮汐能在韩国整体可再生能源所占份额从 2020 年的不到 0.1%增加到 2030 年的 2%。韩国政府还制定了明确的目标，旨在到 2030 年将可再生能源的比例提高到国内总发电量的 20%。

1. 政府政策支持

韩国政府对可再生能源的发展给予政策支持，尤其是在海上风力发电领域。为了推动海洋电力业的发展，韩国政府实施了一系列政策。《新再生能源法》为海洋电力的开发和利用提供了法律保障，并设定了明确的发展目标。同时，韩国政府实施了《可再生能源投资组合标准制度》，要求电力供应商必须包含一定比例的可再生能源，确保海洋电力在市场中的稳定地位。政府还资助了“海洋可再生能源技术开发支援事业”，旨在支持海洋电力技术的研发和创新。为了降低投资成本和风险，政府还提供了“可再生能源税收优惠政策”。政府通过制定“海洋能源产业发展五年计划”，为海洋电力产业的长期发展提供了明确的指导和支持。

2. 技术创新

韩国在海上发电技术方面不断创新，提升了海上风电的发电效率和可靠性。韩国的企业和研究机构在风力涡轮机的设计、制造以及安装技术上取得了显著进步，三星重工业开发的海上风力涡轮机能够在恶劣的海洋环境下稳定运行，提高了整个项目的经济性和可靠性。韩国在海底电缆的设计和制造方面也取得了重要突破，新一代海底电缆具有更高的输电容量、更低的损耗和更强的耐久性。这使得韩国能够建设更大规模的海上风电场，并将电能输送到更远的地方。韩国在海洋电力领域广泛应用数据分析和预测模型。通过对海洋环境、机组运行等数据进行分析和建模，可以预测风电场的发电能力、评估项目的风险、优化运维策略等。这些技术的应用有助于提高海洋电力项目的效率和可靠性。

3. 产业链整合能力

韩国在海上风电领域建立了完整的产业链，包括涡轮机制造、海上平台建设、安装服务以及后期的运维服务。这种产业链的整合能力，不仅提升了项目的执行效率，还降低了成本。通过产业链内部的紧密合作，韩国能够提供一站式的海上风电解决方案，增强了其在国际市场上的竞争力。韩国海洋电力业在供应链管理方面也表现出色，韩国企业能够与全球优秀的供应商建立紧密的合作关系，确保关键设备和材料的及时供应。同时，韩国还通过建立现代化的物流体系，实现了设备和材料的快速运输和分发，提高了项目的执行效率。

4. 国际合作

韩国海上发电行业的成功也得益于与国际领先企业的合作。通过技术交流、合资项目等形式，韩国不断吸收和引进国际先进的技术和管理经验。这种国际合作不仅加快了韩国海上风电技术的发展，也帮助韩国企业在全球海上风电市场中占据了一席之地。韩国与丹麦的维斯塔斯和德国的西门子等海上风电巨头开展了多个合作项目，通过技术引进和共同研发，提升了韩国在海上风电领域的技术水平。韩国与印度尼西亚、菲律宾等国家合作，共同开发海上风电项目。韩国企业提供先进的海洋电力技术和设备，帮助当地建设高效、可靠的海洋电力设施，促进当地能源结构的优化和可持续发展。韩国还积极参与国际组织的海洋电力合作项目。韩国还与国际可再生能源机构合作，共同推动海洋电力的研究和发展；与国际能源署合作，参与海洋能源技术的评估和推广工作。

第五节　日本海洋产业发展景气及经验

（一）海洋渔业

水产品是全球公认的健康食物，在全球粮食和营养安全中发挥着关键作用。同时，可持续水产养殖发展和有效渔业管理对保障国际市场水产品供给至关重要，能够提升海洋渔业产业的景气度。日本作为一个拥有 29 751 千米海岸线的岛国，拥有世界上最大的专属经济区之一，其温暖和寒冷的洋流沿着海岸流动，创造了世界上最丰富的渔场之一。渔业在日本的粮食生产中发挥了重要作用，提供了各种鱼类和渔业产品，并构成沿海地区区域经济的一个关键因素。2007 年，日本渔业总产量为 500 万吨（不包括海藻），其中 76.6 万吨来自水产养殖。日本拥有世界上多产的渔场，丰富的资源长期以来一直是最重要的鱼类消费国，既是世界上最大的生产国之一，也是渔业产品的主要进口国，为世界水产品的供给和消费做出了重要贡献。

1. 完善渔业管理体系和法律法规

日本在渔业实践方面形成了自己的一套价值观和习惯，以及一套复杂的渔业管理体系。日本的渔业管理是根据《渔业法》对沿海渔业实行渔业权制度，对近海和远海渔业实行渔业许可证制度。例如控制渔民或渔船的数量和调节渔具、区域和季节。继 1996 年批准《联合国海洋法公约》之后，日本于 1997 年根据《海洋生物资源养护和管理法》引入了“总允许渔获量”（TAC）制度，作为产量（捕获量）控制依据。日本还引入了“总允许捕捞期”（TAE）制度，该制度通过调节捕捞努力量的总水平，如捕捞作业的总天数，进一步加强了投入控制。通过投入和产出控制相结合，有望促进渔业可持续发展。同时日本也正在将许多物种从“总允许捕捞期”（TAE）制度转换为“总允许渔获量”（TAC）制度。关于近海水域，要求所涉各类渔业企业代表组成“区域渔业协调委员会”，该委员会将与国家和地方政府协商，拟定资源恢复计划，其中将以协调的方式执行各种养护和管理措施，包括 TAC 和 TAE。在沿海水域，推行“资源管理型渔业”，由沿海渔民与地方政府共同管理。同时，日本渔业发展离不开完善的法律法规。其中《渔业合作协会法》为渔业合作社提供了法律框架，渔业合作社承担行使共同渔业权利的责任，并在日本社区渔业管理方面发挥重要作用；《渔业资源养护法》规定了日本沿海水域渔业资源养护的基本框架；2001 年，日本通过更新《沿海渔业促进法》，制定了《渔业基本法》，旨在确保渔业资源的可持续利用，为国家提供稳定的鱼类和渔业产品，以及日本渔业整体的健康发展，不仅包括渔业部门，还包括加工和分销部门；出台《确保可持续水产养殖生产法》，以确保健康和可持续的水产养殖生产。以上规范的法律和制度体系为日本渔业整体的健康发展和产业景气度提供了有力保障。

2. 建立渔业产品的分销体系，提升水产品的利用率

日本每年进口的鱼类和渔业产品有 3 710 万吨用于人类消费。日本国内鱼类和渔业产品的总供应量为 9 820 万吨，其中 75%、7 365 万吨用于人类消费。因此，为了加强对渔业产品的质量控制和满足消费者对食品新鲜和安全的更高意识，日本在 1999 年修订了日本农业标准（JAS）法。该法律要求所有食品都要有适当的标签，鱼类和渔业产品的标签必须包括新鲜鱼类的捕鱼区域和加工渔业产品所用材料的描述。另外，基于传统的吃鱼文化，特别是对绝对新鲜的生鱼的欣赏，日本建立了渔业产品的营销和分销体系，在登陆点和消费中心建立了鱼市网络。在 2004 年 6 月日本修订了《批发市场法》，以促进更安全、更可靠和更有效的分销系统，满足消费者的需求，同时反映相关的社会经济变化。2006 年，日本生产支持了约 59%的全国鱼类和渔业产品消费，而日本渔业进口商也首次获得国际非政府组织海洋管理委员会（NSC）的认证。2007 年，由日本渔业协会与日本政府、其他相关组织和学术组织合作，根据《海洋捕捞渔业鱼类和渔业产品生态标签准则》，建立了一个新的认证计划“日本海洋生态标签（MEL-Japan)”。关于“日本海洋生态标签”的技术指南和准则有助于日本渔业适当实施生态标签制度。

3. 技术导向提升产业竞争力

日本高度重视海洋科技的发展，实施科技治海战略[①]。2001 年，日本国家渔业科学研究所成为独立于日本政府的渔业研究机构，加强了对渔业的综合科学研究。同时，日本海洋养殖协会和地方海洋养殖中心也通过释放数十亿种苗和保护海草或海藻床等苗圃，促进了种群的增加和水生环境的保护恢复。2003 年，日本政府的渔业研究机构规模扩大，接管了日本海洋养殖协会和日本海洋资源研究中心的职责，进一步加强种群活动的研究。其中包括节能、卫星船舶监测、提高渔业的效率和盈利能力、改善水产生物资源的渔场和苗圃，以及促进增加种群数量和

① 孙吉亭，周乐萍．新常态下我国海洋环境治理问题的若干思考［J］．中国海洋大学学报（社会科学版），2021，(1)：32-39.

水产养殖，包括蓝鳍金枪鱼的养殖、开发和推广，生物能技术等。

4. 建立新资源管理体系

2020年，日本制定并发布《新资源推广路线图》，在广大渔民和其他有关机构的理解和配合下，稳步实施，使得公众对新资源的景气预期持看好状态。为实现更有效的渔业资源管理，以及到2030年将渔业产量恢复至444万吨的目标。该路线图计划对约200种渔业物种进行资源评估，将80%的渔业生产纳入“总允许渔获量”（TAC）管理，并引入基于部长许可的个人配额（IQ）制度。其主要目标是将当前渔民自愿进行的资源管理转变为基于新渔业法的“资源管理协议”。为了推进基于TAC、IQ和资源管理协议的管理，将对符合高产量渔业品种和预计基于最大可持续产量（MSY）进行种群评估的物种，考虑将其纳入新的TAC管理候选物种范围。另外，针对幼鱼，日本政府决定将幼鱼放归等作为资源管理的一部分，并优先采取以下措施：第一，对过去已进行过放归的种群进行种群评估，对已实现目标的不再进行种群评估资源创造或有效性未被认可的；第二，在高效的资源创造和覆盖的渔业品种方面，与各县合理分工；第三，对于大比目鱼、河豚等广泛洄游渔业品种，推动多县实行联合放流幼鱼的举措。

（二）海洋交通运输业

海洋交通运输业是海洋经济的重要支柱产业之一。日本四面环海，经济发展所必需的资源能源大部分依赖进口，对外贸易几乎全部依赖于海运。因此，海运业可以说是支撑日本国民经济的“生命线”。一方面，国际海上运输至关重要，日本99%以上的对外贸易是通过海上实现的；另一方面，日本运营的船舶是一种可行的运输方式，为人们创造了更多的就业机会。日本政府十分重视海运业，由此涌现了许多具有影响力的海洋运输企业。其中日本邮船在客运、邮政、快递等领域拥有巨大的优势；商船三井擅长运送铁矿石、石油、天然气等；而川崎汽船则在资源方面和集装箱货运方面具有优势。这些企业对全球海洋交通运输行业的发展有着突出贡献。

1. 技术创新带动产业发展

随着科技的快速发展，海运业的景气程度将大幅度上升，未来也会有更多企业蜂拥而至。而对于日本海运业的未来，不得不提到全自动船舶的商业化。自主船舶是物联网、信息通信技术、人工智能和最先进的图像识别技术的复杂结合。由40多家专门从事集装箱船、客运渡轮、人工智能和电信业务的日本公司组成的财团正在幕后努力，使这些船舶成为商业现实。他们的目标是到2025年让完全自主的船舶投入运营，到2040年让一半的日本沿海船舶实现自主运行。技术创新也提升了自动化无人船舶的前景。该行业正在“海上自主水面舰艇”（MASS）进行试验。其目的是通过相关法律框架确保安全、可靠和环境可持续的航运。日本目前进行的技术创新包括先进分析、船载传感器、通信技术、港口停靠优化、区块链、大数据以及自主船舶等。

2. 战略合作保障市场竞争力

其中较为典型是集装箱航运业，往往为了应对运力供应过剩，而通过并购进行横向整合。航运公司也通过投资码头运营和其他物流服务来追求垂直整合。它们以财团和联盟的形式进行合作。因此，1996—2022年期间，前20家航运公司的集装箱运力份额从43%增加到91%，而在过去5年里，4家最大的航运公司提高了市场份额，从而控制了全球一半以上的运力。自2015年以来，此类联盟的运营商成员控制的全球运力比例已经上升到80%以上。如今，前九大集装箱运营商通过3个战略联盟组织向航线提供服务，其中不包括规模较小的运营商。整合使承运人及其联盟在与港口当局的谈判中拥有更强的地位，因为他们既是码头的租户，也是航运服务的提供商。

3. 政府主导规划产业布局

日本政府一直十分重视海洋运输业的发展，较为突出的政府战略是成为领先的液化天然气（LNG）加注中心。随着国际海事组织于2020年实施更严格的法规，以及到2050年将温室气体排放量减少一半（与2008年相比）的目标，液化天然气有望成为主要的船用燃料。作为最大的液化天然气进口国，日本处于较为有利的地位，可以与最大的船用燃料加注中心新加坡一起向全球贸易航线供应船舶。因此，NYK Line、K Line、丰田、住友等海运集群企业与政府相关企业联手，成立了 Central LNG Shipping Japan Corporation 和 Ecobunker Shipping Corporation。从技术上讲，这些年轻的合资企业专注于船对船加油，于2020年10月首次在日本进行。该战略旨在通过改善供应链和建立频繁的全球直航来增强日本的国际竞争力，通过货运量、低成本和便利来增加收入和就业。另外，随着全球变暖，针对北极航线的开发，日本在国家层面制定了相应的政策和规划。通过借助北海道身处东亚、面向北极的独特地理优势，正在进一步将北海道打造为北极航线开发与利用的基地。

4. 政策引领产业经济

2021年，日本颁布了《海上运输法等部分修改法，以加强海运业基础》。

该法旨在满足社会需求，例如减少温室气体（GHG）排放，同时维持和加强工业基础，以便航运、造船和船员能够共同发展并支持日本经济。该法在修正的同时，对海上运输法、造船法、沿海航运法、海员法、海员就业保障法和船舶安全法六项现有法律进行了集体修改。以上法案的修正，既是为了促进造船业供给侧和航运业需求侧的投资，旨在创造良性循环，同时也是为了改革沿海航运的劳工实践。

（三）海洋旅游业

将海洋作为观光资源是近些年兴起的热潮。在未来，随着人们对海洋观光的需求提升，海洋旅游业的景气度将持续向好。一方面，是因为人们消费能力的提升和旅游观念的转变；另一方面，也与航海等相关技术的进步有关。日本海岸线长达 29 751 千米，海洋专属经济区面积达 450 万平方千米，为其海洋经济发展提供了极其丰富的资源和场所。近年来，日本显著增强了对以亚洲区域为核心的国际游客群体的海洋旅游吸引力，通过一系列策略性举措，诸如构建规模化的游轮旅游港口设施及优化入境检查流程以促进便捷性，为海洋旅游业的蓬勃发展奠定了坚实的基石。作为“绿色产业”“清洁产业”，海洋观光产业对于提升日本经济景气具有特别重要的意义。

1. 政府支持

日本政府对旅游业的重视程度令人瞩目，将旅游业定位为重要的战略性产业，大力推动旅游事业的发展。21 世纪之初，日本政府确立以旅游业为核心驱动力，旨在重振国家经济的“观光立国”战略，将旅游业提升至国家战略产业的显赫位置。2002 年 12 月，日本国土交通省颁布了《全球旅游发展战略》，标志着旅游业正式跃居日本经济版图中的关键领域之一。日本正在加强目的地管理组织模式，并拥有 80 个候选目的地管理组织（DMO），这对于更好地了解该国旅游供求情况至关重要。这些组织可作为“旅行公司”提供旅行产品，并在日本观光厅（JTA）的支持下，实施营销和立法等措施。同时，面对容量扩张的挑战，日本正采取多措并举的策略，包括放宽 Airbnb 等短租平台上的私人住宅度假租赁政策、在非核心区域增设高端酒店，以及增强航空枢纽的运输能力等措施，以有效缓解旅游接待压力。此外，日本政府机构与相关企业之间的公私合作（public - private partnership，PPP）也将推进日本的海洋旅游事业。例如为酒店和旅游景点提供支持、帮助酒店强化在线业务和在网站上提供充分信息。

2. 充分利用海洋资源

日本作为拥有漫长海岸线和丰富海洋资源的国家，对海洋旅游业高度重视。日本国家旅游局为支持环保旅游业，开展了多项旅游活动。其中包括“adult study trip”，濑户内海生态旅游委员会通过对濑户内海的壮丽海洋景色和特色的牡蛎养殖的宣传，将乘船观光与研究该地区的当地环境、历史和文化结合起来。既提供当地导游阐述该地区的历史，又为游客提供了第一手了解牡蛎贸易的机会。同时，日本还将滨海旅游与烹饪体验进行完美结合，积极实施美食旅游密集型战略，为开展全面探索海洋和滨海旅游与美食体验之旅等活动奠定了基础[①]。另外，日本国家旅游局实施合作策略，致力于探索并推广独具创新的海洋旅游线路。具体而言，通过与岘港、新加坡及巴生港等国际知名邮轮港口的深度合作，策划“多港联动、一站尽享”的高端旅游线路，着重于生态观光体验、海滨度假休闲以及丰富多彩的水上运动等特色旅游产品的开发。日本通过对本土海洋资源的宣传已经成功吸引外国游客访问官方旅游网站，截至 2016 年 4 月，官方网站访问量已突破 200 万人次，在同行中位居次席。

3. 发展可持续旅游业

日本坚持海洋开发与保护并重，走可持续发展道路。《海洋基本法》规定了海洋开发与利用，应与海洋环境保护相协调，日本的海洋产业已经走上了可持续发展的道路[②]。日本通过对海洋环境的保护，展现海洋的本质景观，提升海洋旅游的吸引力。其中，海中公园制度的实施是重要举措之一。该制度允许环境大臣在国立与国定公园所覆盖的海域范围内，划定并指定海中公园区域，并进行妥善的管理与合理的开发。

① Yu L，Wang Y，Katsumata S，et al. Ocean and coastal tourism：National or regional culture on culinary selection of inbound tourists [J]. Ocean & Coastal Management，2024，249：106981.

② 侯昂好．“海洋强国”与“海洋立国”：21 世纪中日海权思想比较 [J]. 亚太安全与海洋研究，2017，(3)：42-52，125-126.

第十一章　东海海洋经济发展存在的问题与对策建议

海洋经济是构筑海洋强国的关键基石。东海区域，作为拥有丰富海洋资源、先进海洋科技及深厚海洋人文底蕴等显著海洋优势的重要地带，通过紧密结合国家战略规划与自身实际情况，实现了海洋经济的蓬勃发展。如今，它已然成为驱动区域经济繁荣和拉动国民经济增长的强大引擎，在推进海洋强国战略的进程中发挥着举足轻重的作用。然而，伴随着海洋经济的纵深发展，东海海洋经济也迎来了前所未有的挑战。根据党的二十届三中全会对于高质量发展的部署要求，海洋资源环境开发利用、海洋科技创新、海洋产业体系建设等，都迫切需要朝着更高层次、更高质量的方向发展，以实现海洋经济的可持续性。与此同时，新质生产力作为推动海洋经济转型升级的重要力量，正逐渐成为促进海洋经济发展的新引擎。对于东海海洋经济而言，积极培育和发展新质生产力，不仅有助于破解当前所面临的问题，更为今后的可持续发展注入了强大动力。因此，本章将深入分析东海海洋经济发展面临的现实问题与挑战，在此基础上提出了具有针对性和前瞻性的对策建议。

第一节　东海海洋经济发展存在的问题分析

改革开放以来，东海三省一市凭借其独特的区位优势和丰富的资源基础，积极投身于发展海洋经济的探索热潮中，并且取得了斐然的成绩。东海地区海洋生产总值持续攀升，近年来在全国所占比重一直稳定在43%以上。尤其在2021年，东海地区海洋生产总值更是突破4万亿元大关，为区域经济发展和国民经济增长做出了巨大贡献[①]。然而，随着东海海洋事业的纵深发展，一些制约海洋经济可持续发展的问题亟待解决和突破，集中体现在海洋资源环境约束加剧、海洋科技赋新能力较弱、海洋产业结构有待优化和产业链供应链韧性不足等方面。海洋经济是推进海洋强国的重要着力点，"十四五"规划和2035年远景目标纲要提出"积极拓展海洋经济发展空间"，在新时期和新阶段，东部海洋经济圈既面临挑战，也拥有机遇[②]。因此，有必要对东海海洋经济发展面临的现实困境进行客观审视和切实分析，从而为解决海洋经济发展难题，实现东海海洋经济可持续发展提供有借鉴意义的思路。

（一）海洋资源环境约束持续加大

随着东海地区经济的高速增长以及对海洋开发广度与深度的不断拓展，海洋资源的不合理开发利用造成的海洋资源环境承载力下降问题日益突出。当前，沿海地区资源约束依旧处于紧张态势，区域人口密集、产业集聚，海洋能源、深海矿产和淡化水等海洋资源的需求急剧增长，然而海洋经济发展方式仍较为粗放低效，难以为继。同时，海岸带高强度且缺乏规划的开发利用，进一步加大了海洋资源获取的难度和成本，海洋资源利用的供需矛盾与生态保护压力并存，近海环境质量不佳、海洋和海岸带生态系统退化等问题仍亟待解决。

一是海洋生态环境系统恶化，生物资源衰退状况没有得到根本好转。东海海域流系复杂，入海河流众多，沿岸分布的江苏、浙江、福建和上海经济高度发达，随着沿海工业化发展和人口集聚，每年都有大量未经妥善处理的陆源污染物被直接排入海洋，对海洋生态环境造成重大损害。此外，一些低效海洋产业所采取的高投入、高消耗、高排放的生产模式，仍在持续对海洋生态空间资源构成威胁，使得海洋环境污染加剧，生态系统严重失衡。据《2021年中国海洋生态环境状况公报》数据显示，东海海域未达到第一类海水水质标准的海域面积显著高于其他三大海域，达到了11 660平方千米，其中劣四类水质海域面积占比接近50%，部分海域水体富营养化严重，赤潮、绿潮等海域灾害的发生频率为四大海域中最高且累计面积最大。同时，气候变化带来的海平面上升还将引发海岸线和岛屿的退化，并加重土地盐碱化程度，造成沿海栖息地

① 刘曙光，黄悦，尚英仕．中国海洋经济高质量发展耦合协调度及其区域差异性研究［J］．海洋开发与管理，2023，40（10）：3-11.

② 孙才志，梁宗红，翟小清．全要素生产率视域下中国海洋经济增长动力机制研究［J］．地理科学进展，2023，42（6）：1025-1038.

大面积萎缩。而长期高强度的捕捞、盗采砂矿、水体污染和大规模围（填）海工程则进一步加剧了海洋资源环境压力和安全隐患，其中渔业资源更面临跌破资源红线，部分鱼类濒临灭绝的严峻形势，严重阻碍了东海海洋渔业、海水综合利用业和海洋休闲旅游业等产业的可持续发展。

二是海洋近岸空间资源趋紧，深远海开发利用不足。沿海近岸部分港口服务缺乏差异化竞争优势，部分产业集聚区规划布局也盲目混乱，这种无序开发以及同质化布局造成了资源利用的重叠与冲突。例如，港口航道的建设会占据大量海面资源，对其他海洋领域产业的发展形成制约，进而引发各产业对海洋空间资源的激烈争夺以及粗放型利用；甚至有许多以消耗大量海洋资源为代价建设的产业新城和产业园区，由于缺乏有效的运营管理，处于废弃或低效运转的状态。同时，临海空间资源的分布也不够均衡，城市居民生活区、临港产业集聚区和港口集运区的布局混杂交织，城市发展和港口运营间的矛盾凸显，土地资源短缺和亲水空间匮乏等问题日益加剧，严重影响了城市居民生活的环境质量和海洋产业的健康发展。此外，我国深远海空间开发与发达国家仍有较大差距，利用活动主要以油气勘探开采、国际光缆铺设施工为主，且我国对国管海域、专属经济区与大陆架区域的海洋资源本底掌握不清，未形成体系化、制度化、规范化的管理链条，已产生无序无度利用的苗头性问题。

（二）海洋科技创新赋能有待增强

海洋科技是推动海洋开发的第一生产力，在内外部压力交织、国家海域安全形势日益复杂的背景下，海洋战略科技力量已经成为世界各国保护海域安全、拓展海洋资源开发广度与深度，以及保护和修复海洋生态环境的根本保障。“十三五”以来，东海地区积极开展海洋科技关键技术的攻坚工作，海洋科技发展按下了“快捷键”，跑出了“加速度”，在基础理论、关键核心技术、应用研究等方面取得了积极进展。在 2021 年中国大陆海洋科技指数排名中，杭州市和上海市分别位列第二、第三位，其中上海已成为全国船舶和海工装备制造业技术标准化程度最高的地区之一。根据 2022 年三大海洋经济圈测算的区域海洋创新指数得分，东部海洋经济圈为 42.64 分，位居第一；除海洋创新环境指数外，其他 3 个分指数得分均在三大海洋经济圈中居于首位，展现了强劲的综合创新能力。其中，海洋创新绩效分指数得分尤为突出，充分展现了东部海洋经济圈极强的创新投入转化能力，促进了海洋经济的快速发展。然而，要实现海洋科技创新能力的实质性突破和系统化升级，引领海洋经济高质量发展，海洋科技创新体系建设仍面临诸多问题和挑战。

东海地区在海洋科技创新领域主要存在以下几方面短板：一是海洋科技创新策源功能不足。东海海洋科技创新资源丰富，优势突出，但长期以来，我国对海洋基础研究的投入一直处于匮乏状态，在原创性理论方法、颠覆性技术开发等方面明显滞后，核心技术自给率不足，配套设备和海洋重大科技基础设施缺乏突破性进展，在高端原材料、关键元器件等方面仍相对落后，需依赖国外进口，特别是在深海技术、深远海海上风电、海洋生物医药、高技术船舶和海工装备等前沿技术领域的竞争力和国产化水平还有待进一步提升①。

二是成果转化体制机制运行不畅。东海海洋科研经费投入规模虽然在总量上较为可观，但却存在要素配置分散以及效率低下的问题。例如，上海市的科研经费投入虽处于全国领先地位，但大量科研项目资金的投入所带来的成果转化效果却并不理想，投入与产出不成比例，海洋科技资源要素的规模和数量优势并未成功转化为市场价值和产业优势②。与此同时，与山东、广东等海洋强省相比，浙江和福建在研究与试验发展（R&D）经费支出方面则明显不足，R&D投入占比偏低，再加上产业需求导向不清晰，海洋基础与应用科学技术研究发展缓慢，海洋科研成果产出和转化项目缺乏长效的利益驱动机制。在成果转化与产学研深度合作方面，东海地区海洋领域产学研合作链条还不够紧密，科研院所在海洋药物和生物制品领域尚缺乏国家级产业发展创新平台，也并未与现有平台、高校和企业形成协同创新格局，产业研发技术转化项目的影响力有待提高，成果转化案例显示度有所不足。此外，区域间海洋科技研究基础和海洋科教管理服务业的发展不够均衡，比如浙江省的海洋科技服务机构大多集中在杭州、宁波等经济发达地区，而经济相对落后地区海洋科技基础薄弱，服务平台数量稀少，给海洋科技推广和科研成果转化造成了一定障碍。

三是海洋高层次人才较为匮乏。随着海洋事业的纵深发展，涉海人才需求的方向和结构也发生了转变，然而当前我国海洋领域科研院所和涉海高等院校

---

① 马仁锋，王腾飞，吴丹丹．长江三角洲地区海洋科技-海洋经济协调度测量与优化路径［J］．浙江社会科学，2017（3）：11－17，155．

② 林昆勇．中国海洋科技创新发展的历程、经验及建议［J］．科技导报，2021，39（20）：19－32．

建设无法满足海洋经济社会发展需要，传统单一型海洋产业人才已相对过剩，而具备丰富海洋专业科学素养、同时了解产业和经济知识的复合型人才则比较稀缺，海洋战略性新兴产业和特色产业的创新型人才更是凤毛麟角。同时，现有人才管理制度对于国际顶尖海洋科技人才的吸引力不强，尤其在突破海洋关键技术、推动海洋科学发展的战略科学家和领军人才引进上存在较大障碍。在众多沿海城市积极推进海洋中心城市建设的背景下，东海三省一市还面临着激烈的涉海人才争夺态势，高端人才出现了一定程度的流失，进一步加剧了人才短缺的状况。在海洋科研资金投入、涉海专业人才的科教水平和国家科技创新平台资源等方面，东海地区还有很大的提升空间。

四是涉海企业技术创新的主体地位有待提高。虽然海洋技术创新企业的主体地位已经在各省份的政策和战略中得到明确，但涉海企业整体数量偏少，且规模较小，缺乏充足的中试资金支持及完善的中试条件，企业承接科技成果转化与产业开发的能力不强，且大多数涉海企业仍普遍存在创新意识薄弱、创新动力不足、创新效果不佳的问题。

（三）海洋产业结构有待优化

海洋产业是海洋经济发展的核心部分，东海各省份一直以来都高度重视海洋产业建设，并出台了一系列政策措施，致力于做强现代海洋产业集群。随着众多重点项目相继落地投产，东海三省一市已经形成了较为完善的海洋产业结构，第一、第二、第三产业门类齐全，且第三产业所占比重均高于第一、第二产业。在政策利好、海洋制造业技术水平不断提升以及海洋市场需求活力持续释放的情况下，东海海洋产业在“十三五”期间取得了更大进步，产业结构持续优化，新业态新兴海洋产业得到了快速发展，持续发挥其对于海洋经济的“引擎”作用。然而东海省份之间海洋第三产业的发展并不均衡，内部融通不足，上海、浙江、福建等地第三产业增加值占比均在50%以上，而江苏第三产业的发展速度和规模则明显落后，2021年第三产业占比仅为47.6%。另外，从产业结构内部特征来看，东海三省一市的海洋经济依然以传统产业为主。以上海为例，据《2022年上海市海洋经济统计公报》数据显示，以海洋旅游业和海洋交通运输业为代表的传统产业分别占全市海洋产业增加值的48.6%和41.7%，海洋船舶工业占比为6.9%，其余包括海洋工程装备制造业、海洋生物医药业等新兴产业在内的海洋产业占比合计仅为2.8%。由此可知，东海海洋产业结构仍有较大的调整空间。

第一，海洋新兴产业培育缓慢，产业核心竞争力不强。战略性海洋新兴产业是引领海洋经济未来发展的重要决定性力量，而东海三省一市海洋战略性新兴产业尚在培育和壮大阶段，总体规模不大，产业结构调整的任务十分艰巨，短期内难以成为新的海洋经济增长引擎。海洋战略新兴产业的成长和扩张需要国家和省级层面的统筹规划、产业发展意见的指导以及政策的扶持，然而在现实情况中，海洋经济活动的管理过程以及利益相关方之间的协调不够高效，海洋新能源、海水淡化产业发展政策扶持机制也不够健全，产业发展质量不佳。东海区域的人才、资本、信息、管理和科技创新等资源的整合也不够合理和充分，深海矿产开发、海洋新能源、海洋生物技术及核心海洋装备技术尚待突破，海洋科技创新成果的产业化转化机制和效率有待完善①。陆海产业链联动性较差，海洋生物医药、海洋高端装备等基础关联产业支撑不足，相关企业规模较小，行业间低端竞争比较激烈，涉海龙头企业的竞争力和影响力有限。

第二，传统海洋产业结构和发展模式亟须优化升级。海洋传统产业主要是指海洋渔业、海洋船舶工业、海洋油气业、海洋盐业和盐化工业等。由于传统海洋产业存在高能耗和资源依赖性特征，东海地区传统海洋产业仍普遍存在海洋资源开发方式粗放、集约利用效率低下的问题。强度过高的海洋捕捞作业致使东海渔业资源日益萎缩，近海海域生态系统的破坏问题已不容忽视。海洋渔业的衰退在一定程度上引发了海洋养殖业的大力发展，然而东海海域海水养殖存在尾水、废水偷排和药残超标现象，海洋产品深加工技术和产品品质粗糙，近岸海水水质下降，生态环境恶化。此外，滨海旅游业和交通运输业的无序扩张会对近海岸线、海岛、湿地等海洋环境要素造成巨大损害，进一步加剧近岸生态系统的脆弱性。油气资源勘探开采技术工艺落后，油气资源的勘探规模有限、效率低、效益不高，海洋污染风险较大。因此，必须加大污染防治技术投入和覆盖范围，严格污染物排放标准和监督机制，促进渔业和养殖业生产方式向绿色化、智能化方向转变。

第三，深远海产业发展空间有待拓展。东海海洋产业发展存在重近海、轻远海的情况，海洋资源开发不够立体和深入。随着东海地区规模化深远海开发项目的启动，深远海渔业、养殖业、海上风电业的推进已势在必行，然而东海

① 李大海，吴立新，陈朝晖．“透明海洋”的战略方向与建设路径［J］．山东大学学报（哲学社会科学版），2019（2）：130－136．

地区实用性海洋科技和工程化水平相对滞后，海上作业装备的机械化、智能化、信息化水平仍待提高，配套装备的自主研发能力也较为薄弱，深远海产业建设成本过高，产业化程度提升缓慢。

（四）海洋产业链供应链韧性不足

海洋产业链主要是指行业之间形成的经济链条，涵盖了海洋产业的上、中、下游各个环节；而供应链则是涉海企业生产经营活动的网格化延伸，包括核心企业主体、多元层级的供销商和网络终端的消费者。与传统经济体系相比，海洋经济对资源环境的依赖程度更高，受国际环境的制约也比较明显，海洋产业的发展面临着许多不确定性，其产业链供应链抗冲击能力和快速恢复能力还有待加强。在地缘政治变局、新冠疫情、气候变化、数字技术深入应用的大背景下，产业链供应链向绿色化、智慧化、韧性化方向发展势在必行。当前，东海各省份各行业的海洋产业链已基本形成，正加快现代化海洋产业链与供应链的融合发展速度，但海洋产业链深度不够、产品线不丰富、产品附加值低、上下游企业数量少且规模小等问题依然存在。同时，东海地区海洋产业自主创新能力较弱，部分海洋产业的关键技术短期内难以攻克，核心零部件和装备设施的研发与应用依赖进口，新兴产业供应链和产业链的稳定性较差。一些关键设备和核心器件的供应商也极为单一，无法支撑海洋新技术的产业化应用，产业链供应链还有很广阔的延伸空间。此外，区域间海洋经济发展产业链、资金链、技术链缺乏统筹协调，地方保护主义现象依然存在，海洋资源资产价值评估、海洋产权交易、海洋数据服务、企业信息对接平台等领域仍需要开拓创新，以减少因企业间、政企间和银企间信息不对称带来的问题①。

以海洋能源产业为例，当前东海三省一市的海工装备、船舶制造等行业多处在产业链加工制造环节，在深海平台如深水半潜式生产平台、海外圆筒形浮式生产储油船、深水养殖装备等大型深水装备领域，具备先进的集成制造、集成总装能力，但深水高端船舶和深水平台船型的自主设计能力尚不具备，本地产业链配套率不到30%。数字化、智能化技术自主研发与应用也有所不足，东海地区海洋能源资源开发和现代通信与信息技术、网络技术、大数据、物联

① 狄乾斌，高广悦，於哲．中国海洋经济高质量发展评价与影响因素研究［J］．地理科学，2022，42（4）：650-661.

网和人工智能等技术与国际先进水平仍有较大差距，核心工业设计软件、高端装备制造产业链有待提升。此外，东海三省一市海洋产业国际供应链不畅的问题也日益突出，并存在关键环节断裂、梗阻的风险。例如，大宗物资运输高度依赖马六甲海峡等几个关键海上通道；海洋油气开发、海洋监测探测、海洋船舶等若干产业的关键技术装备受制于人的风险尚未消除。综上所述，东海地区应通过一系列积极调整，切实强化对产业链核心环节的管控，以期构筑安全稳定、富有韧性的产业链与供应链。

第二节　东海海洋经济发展对策建议

（一）拓展深远海发展空间

由于近海空间的利用趋于饱和，资源环境问题也不断凸显，为了寻求海洋经济新的增长极，东海地区海洋产业务必向深海寻求更广阔的发展空间。

第一，优化海域开发格局，拓展海洋新质生产力发展空间。全面推广海域立体分层开发，加快制定形成标准体系，厘清从立体分层设权、用海审批登记到集约开发利用全过程的管理体制。拓展深远海开发利用空间，通过结合海洋新质生产力，如深海长时间序列智能观测技术、深海自航观测技术和深海高精度地形高效测量技术等，并在支持深远海养殖和海洋牧场用海的基础上，积极探索深远海风电等更多元的用海模式，加快资源利用进程。引导各沿海地方将深远海开发利用纳入国土空间规划，将战略布局重点由近岸浅海向远海和深水转移。杜绝闲置用海和低效用海，建立闲置用海调查与收储机制，释放海域空间资源，健全海域使用全过程监督机制，及时淘汰低效用海。

第二，加快推进深远海工程核心技术攻关和装备研发。一是培育以全方位科技创新为主导的海洋领域新质生产力增长动能，以数字技术革新和数据要素应用推动海洋新材料、海工装备、海洋生物医药等关键核心技术的突破①；二是加强顶层设计，围绕深远海工程制定发展规划，聚焦关键共性技术、前沿引领技术全力攻关，健全协同创新机制，打造深远海技术装备的原创技术策源地和成果孵化基地；三是依托涉海龙头企业对海洋资源要素进行整合，加速延伸、强化和补充产业链，提高深远海产业的国际竞争力。聚焦海底管缆铺设、

① 谢宝剑，李庆雯．新质生产力驱动海洋经济高质量发展的逻辑与路径［J］．东南学术，2024（3）：107－118，247．

海上特种船舶、岛礁建设、深远海资源开发等领域，加大资金和人才投入，加快海工装备研发，构建现代化海洋产业体系；四是加大对重大海洋科技装备研发和应用的政策支持力度。对基础性、前瞻性深远海科研项目、深远海工程技术装备中试基地、产业化示范基地给予更多政策支持。

第三，加快深海产业布局优化，提升深海产业发展动能。东海各省份应遵循党中央和国务院有关推动战略性新兴产业发展精神，研究出台深海战略性新兴产业发展支持政策，加快解决深海技术成果产权模糊、深海科技成果转化和产业化激励机制不健全、深海产业培育进展缓慢等问题。积极发挥企业在深海资源开发、装备制造和深海生物及基因技术产业化中的主体作用，更好地发挥政府在规划引导、政策支持、市场监管等方面的作用，着重提高深海装备和深海生物产业的市场规模和国际竞争力，加快推动深海矿产资源开发利用，提升深海领域自身发展动力。

第四，加强深海活动统筹，提高深海活动质量。随着深海利用强度的加大，不排除各行业、各主体对深海需求重叠的情况。东海各省份在积极进军深海之际，需响应党的二十届三中全会关于深化海洋经济领域改革重要部署，壮大海洋创新动能，深化海洋交流合作。例如，深海调查活动、深海调查支撑保障平台容易出现同质化发展现象和低水平重复趋势，亟须加强各部门、地方及企业等深海力量的统筹，加强区域深海事务协调。加强深海战略性基础性工作布局，推动深海运载平台建造、深海基础设施建设，提升深海活动支撑保障水平，有效提升深海活动质量。

（二）强化海洋资源集约利用

习近平总书记高度重视海洋资源的有序开发利用，强调要维护海洋资源再生能力，着力推动海洋经济向质量效益型转变。绿色发展是高质量发展的底色，提高海洋资源供给质量和效益是海洋产业可持续发展的前提，维护海洋生态系统的完整性和稳定性是海洋产业发展的底线。新质生产力为海洋生态系统保护与可持续发展提供了新的路径和方向，东海三省一市应坚持新质生产力落地生根，以智能化、绿色化来实现海洋生态环境治理和资源利用的现代化①。

① 夏飞，陈修谦，唐红祥．向海经济发展动力机制及其完善路径［J］．中国软科学，2019，(11)：139－152.

第一，加强海域、海岛等海洋资源的精细化管理。展开海域立体分层设权，完善东海海域资源产权制度。东海地区海域广阔，海岛众多，应完善海洋资源资产产权制度，规范沿海居民对近海海域、未开发海岛的利用标准，严格管控围（填）海，加快围（填）海历史遗留问题处置。运用数智化技术强化对行业用海的精细化管理，严控海域开发规模和强度，提高各类海洋产业节约集约用海标准，严格限制低水平、同质化、高能耗、高污染建设项目准入。

第二，强化对自然资源开发利用的政府监管和风险防范。加强海洋生态环境监测系统的应用，实现海洋监测高效化、数据集成化以及测管一体化等，不断提升海洋生态环境的治理水平①。严格按照“源头严防、过程严管、后果严惩”的要求，构建立体化、全覆盖的海洋监管网络，构建流域—河口—近岸海域污染防治联动机制，分区分类实施陆源污染源头治理，全面开展入海排污口排查整治，拓展入海污染物排放总量控制范围，加快推进重点海域综合治理。加强对沿海环境风险较大行业企业、海上生产设施等风险隐患排查，健全沿海工业园区、企业及其周边海域环境风险防控体系，防范溢油、危险品泄露、核辐射等重大环境风险，全面提高预防和应对海洋生态环境重大突发事件能力，扎实推进海洋资源开发保护管理，努力使海洋资源发挥最大的环境、经济和社会效益。

第三，坚持规划用海，科学构建生态海洋规划体系。根据党的二十届三中全会关于高质量发展的要求，科学编制东海海洋空间规划，明确不同海域的功能定位和开发强度，实现海洋资源的合理布局与集约利用。同时，应完善陆海环境保护协同机制，通盘考虑陆海资源和产业结构，以流域为抓手加强陆源污染防治和环境管理，将海洋环境承载力和陆域污染排放总量作为产业布局的重要依据和硬性约束条件②。

第四，通过加强海域资源合理配置，统筹协调各行业用海，提高海域资源利用效率，维护海洋生态环境良性循环，大力倡导和鼓励多种资源的开发利用，拓展海洋发展空间。由于海洋经济的快速发展，海洋资源对海洋经济增长的推动作用减弱，支撑我国海洋经济发展的因素发生了深刻转变，因此必须加

① 全永波，金纪岚．海洋新质生产力赋能海洋环境治理的理论逻辑、关键问题与推进路径［J］．海洋开发与管理，2004（9）：1－9.

② 全永波，宁粟凡．新质生产力促进海洋治理能力提升：理论逻辑与路径分析［J］．浙江海洋大学学报（人文科学版），2024，41（3）：1－7.

快海洋资源集约化开发利用，但需注意的是，东海各省份应根据各自海域的具体情况统筹安排海洋资源开发。

（三）推进海洋科技创新集聚

海洋科技创新已成为当前构筑新动能、塑造新优势，推动实现海洋经济高质量发展的关键[①]。东海三省一市的海洋发展格局需要从加强培育海洋产业创新力量、不断完善科技创新体制机制、注重引进培养创新人才队伍三方面着手，集聚一批高能级海洋领域创新平台支持国际海洋科技城建设。

第一，加快构建海洋经济服务创新平台。建好用好国家重点实验室、东海海洋研究院、国家工程技术（上海）研究中心、自然资源部第三海洋研究所等科研平台，争取在透明海洋、海底发现、健康海洋、海洋装备等领域承担国家级、省级重大科技项目，提高平台影响力和凝聚力。

第二，推动企业创新平台建设。要着力鼓励企业参与基础研究，提升企业原始创新能力，大力支持企业成立实验室和高水平研究院，引导企业围绕重点发展领域整合研究资源，搭建基础研究合作平台，在政府层面探索与行业龙头企业设立基础研究联合基金或计划，开展面向行业共性问题的研究，形成海洋特色鲜明的"政产学研金服用"创新创业共同体，加速技术、产业、资本、数据等要素集聚。在海洋工程装备、海洋生物、海洋信息服务等领域，还应聚焦海洋核心技术研发与产业化需求，搭建一批投资与孵化相结合的海洋科技创新空间[②]。

第三，加强海洋产业创新要素积累。一是完善海洋科技创新体系，优化整合各级各类涉海重点实验室、工程研究中心、技术创新中心、制造业创新中心等创新平台，吸引国内外优秀创新团队、研究院所、创投机构、服务机构加盟入驻。二是畅通海洋科技成果转化渠道，发展线上线下相结合的海洋科技成果交易，建设具有全国影响力的海洋领域特色高新技术交易平台。发挥政府投资引导基金作用，主动对接国家级、省级海洋科技成果，建立接续支持机制，推动具有产业化前景的项目落地。完善科技资源共享、项目成果保护和利益共享机制。三是利用市场机制引进高端涉海人才，加强"两院"院士、战略科技人

---

① 殷伟，郁晓萌．我国海洋经济高质量发展研究进展——基于"资源—科技—生态"三大系统视角 [J]．中国海洋大学学报（社会科学版），2024（2）：1-11.

② 傅伟，邱力生．我国海洋经济发展示范区规划设计与发展路径 [J]．社会科学家，2020（4）：43-47.

才、高水平创新团队的引进培育，聚集博士后青年人才，选拔海洋领域有突出贡献的中青年专家。

第四，一是以产学研高度融合为目标，探索“高等院校—科研院所—地方企业—应用场景”的良性循环，建设海洋创新技术示范基地，构建“科教产用”融合的海洋科技人才培养模式，为发展海洋新质生产力、推动高质量发展培养海洋科技创新人才。二是围绕海洋产业与海洋环境治理的具体需求，重点支持海洋生态、区域治理等相关方向的学科建设，提高学科专业设置的科学性、实用性和前瞻性，培养一批适应海洋领域新质生产力需求的复合型人才。三是引进海洋重点产业优秀人才，健全人才配套政策。通过顾问指导、项目合作、兼职引进等柔性方式引进海洋高端人才参与海洋新质生产力与海洋生态环境治理的发展；建立更开放的全球海洋人才引进和管理制度，加大一流顶尖人才和高水平创新团队的引进力度，促进人才引进。

（四）加快传统海洋产业转型

当前，海洋资源与生态环境约束日益增强，然而东海三省一市海洋传统产业占比较高，且依然存在能源、资源消耗水平高，排放水平较高等问题，实现“碳达峰”“碳中和”面临一定的发展压力，海洋产业若要始终保持走在前的竞争优势，就需要不断探索新路径，培育新的增长点。

第一，优化资源配置，促进海洋产业联动发展。建设海洋产业园区，推动产业集聚。除传统产业外，重点发展海洋生物医药、海洋新材料、海洋能源等新兴产业，推动海洋产业与其他相关产业融合发展。推动海洋创新链与产业链深度融合，以市场需求为指引、以高新技术产业化为动力，积极发展海洋新技术、新工艺和新模式。通过培育创新企业，打造企业主导的技术攻关部门，不仅可以深化产业技术攻关，还可以实现产业与创新的精准结合。此外，依托国家重点实验室、海洋研究院等科研平台，聚焦海洋新质生产力的研发与应用，推动东海海洋科技创新与产业升级①。同时，构建成果转化链条，聚焦产业需求，推动重大科技项目与科技成果转化协同贯通，推动海洋产业链与创新链深度融合。围绕产业链部署创新链，深入了解海洋产业的发展需求，并运用大数据、云计算等数字技术对海洋产业未来趋势进行预测，有针对性地开展创新活

① 于会娟，卢宝周，李大海．海洋新质生产力的内涵特征、发展路径与政策建议［J］．中国海洋大学学报（社会科学版），2024（4）：11－18.

动，以促进海洋产业的高质量发展。

第二，数字赋能传统产业智能化发展。深刻把握党的二十届三中全会“全面深化改革”的重大原则，推动海洋经济数字化转型和智能化升级。通过立足“海洋强国”“数字强省”建设，深入实施“智慧海洋”工程，利用云计算、大数据、人工智能等技术实现海洋渔船、港口设施等智能化管理，提高管理效率，提升生产效益和安全性。大力推进互联网、大数据、人工智能与海洋产业发展的深度融合，围绕未来海洋产业，开展海洋信息关键技术开发与系统构建，形成未来海洋信息产业生态体系。建立智慧海洋产业联盟，整合产业链上下游企业资源，促进产业协同发展。设立智慧海洋产业发展基金，积极对接国内涉海类龙头企业和大型央企、互联网企业，吸引重大项目落地，构建海洋渔业、海洋工程装备制造、海洋服务等产业的数字化平台。还要围绕创新链布局产业链，加速海洋科技创新成果中试转化，实现产业化和市场化，打造从基础研发到试制改进的多环节耦合的“双链”结构，不断强化科技创新对海洋产业高质量发展的驱动作用①。

第三，加速推进传统海洋产业向绿色低碳节能方向转型。树立资源集约开发利用的理念，逐步建立海域资源配置市场化机制。对高能耗、高污染的用海项目，提高生态门槛，设立严格标准，进行用海评估，探索有偿使用。鼓励企业研发和应用绿色低碳可持续发展技术，重视对海洋生态环境质量数据检测、污染来源及排放物化解等技术和方法研究，提高水质保障能力，为海洋产业绿色发展提供技术支持。推广生态高效养殖方式、建立海洋生态保护区、开展海洋垃圾清理、设立海洋生态修复项目等先进经验，覆盖绿色海水养殖技术。深化绿色金融向海发展，指导金融机构通过强化重点项目库信贷支持力度、创新完善绿色金融产品体系等方式，持续优化涉海领域绿色发展金融服务供给②。

(五) 打造现代海洋产业集群

党的二十大报告提出“推动战略性新兴产业融合集群发展”，旨在通过融合发展和集群建设，高效整合生产要素和创新资源，突破关键技术约束，

① 陈诗波，陈亚平，王雅兰，等. 科技创新支撑现代化海洋产业体系建设：机理、困境与对策[J]. 调研世界，2024 (2)：88-96.

② 钟鸣. 新时代中国海洋经济高质量发展问题 [J]. 山西财经大学学报，2021，43 (S2)：1-5，13.

提升战略性新兴产业发展能级。不同于一般意义的产业空间集聚，产业融合集群突破了要素资源简单堆砌的范畴，强调不同产业间的相互配合、分工协作，以及产业链与创新链的深度融合，有利于海洋领域新质生产力的加快形成。建议以海洋经济高质量发展的重大需求为牵引，以加快先导性、支柱性产业培育壮大为重点，以提升产业自主创新能力为核心，积极发展以海洋战略性新兴产业为核心的现代产业集群，进一步增强海洋领域对经济社会发展的贡献力[①]。

第一，合理设计海洋产业应用场景，创新海洋产业融合发展模式。各地应结合区域自然资源禀赋，根据生态环境容量、已有海洋产业基础和发展潜力，响应区域海洋资源开发利用对高性能装备和技术的需求，有针对性地发展海洋新兴产业。同时还需聚焦海上清洁能源开发，推进海上能源基地建设，积极探索能源、资源集成的海洋综合开发利用模式。创新人工智能、大数据、虚拟现实等新一代信息技术与海洋战略性新兴产业的融合模型和在传统产业中的应用场景，实施新兴技术应用场景融合示范工程，推动海洋产业数字化、智能化转型。

第二，建立海洋科技创新平台，加强政府管理及服务。一是积极推动行业联盟组建，支持海洋战略性新兴产业领域的骨干企业与科技机构合作，共同建设技术研发、创新服务平台以及创新中心，强化平台支撑、政策集成和要素保障，提升产业集群开发管理的专业化水平，加强纵向衔接配套、横向联合互动，打造融合共生的集群生态系统。二是制定海洋与金融互惠的相关政策以及推动蓝色金融产品创新，应用蓝色债券、金融租赁和政府引导基金等工具深度助力海洋集群不同阶段的发展。三是布局发展研发设计、商务咨询、检验检测认证、供应链金融、运营管理、售后服务等服务业态，鼓励创建新型服务联合体。四是鼓励集群内企业与区域内外科研机构联合组建新型海洋技术研发平台以及创新孵化基地、产业创新联盟等海洋科技产业化载体，打造海洋产业技术创新策源地。围绕产业链部署创新链，积极探索政府引导与市场化联动的协同创新路径和创新机制，在集群内、跨集群、跨区域整合创新资源。

第三，强化海洋集群产业谋划设计和推动产业集群绿色集约发展。一是要进一步完善海洋科技创新专业服务机制和符合市场规律的海洋科技成果转

---

① 于会娟，韩立民．推动海洋战略性新兴产业融合集群发展［J］．经济，2024（8）：56－59.

化机制，支持创建市场化运作的海洋科技中介组织及专业化创新服务公司，为集群企业的技术创新活动和技术升级改造提供信息、咨询、技术交易、市场预测等全方位服务。二是要围绕碳减排环境目标，全面落实行业和集群环境管理制度，严格执行安全、环保、节能、质量等集群建设和招商引资标准，通过抬高入群门槛、加强集群运营动态监测预警、优化集群污染排放配置、鼓励集群绿色技术研发与推广等，强化集群生态责任，形成技术先进适用、能源梯度循环、资源接续保护、生态环境友好的绿色海洋产业集群发展体系。

后　记

海洋是高质量发展的战略要地，是支撑未来发展的资源宝库和战略空间。为了从“海洋大国”向“海洋强国”迈进，我国在2012年正式将“海洋强国”上升为国家战略。党的十九大报告中继续强调要“坚持陆海统筹，加快建设海洋强国”；党的二十大报告中再次重申要“发展海洋经济，保护海洋生态环境，加快建设海洋强国。”2024年7月18日，党的二十届三中全会通过《中共中央关于进一步全面深化改革 推进中国式现代化的决定》，明确指出要“完善促进海洋经济发展体制机制”“健全海洋资源开发保护制度”。数据显示，2023年中国海洋经济发展承压前行，海洋生产总值达99 097亿元，比2022年增长6.0%，增速比国内生产总值高0.8个百分点。海洋经济在国民经济中的地位不断加强，2023年全国海洋生产总值占GDP的比重达到7.9%，比上年增加0.1个百分点。

作为海洋经济发展的“领头羊”，东海海区所包含的“三省一市”海洋生产总值占全国的比重更是常年高达40%以上，海洋生产总值在地区GDP的比重更是常年接近20%，海洋产业发展对地区经济发展的推动作用尤为明显。东海海区拥有丰富的政策资源和资金优势，为探索和实施海洋经济高质量发展的创新制度提供了强有力的支持。同时，该地区的科研力量雄厚，拥有一批海洋科学和生态保护方面的研究机构，形成了较为完备的科研体系。这些基础使其在海洋经济高质量发展的实践探索中具备独特的优势和条件，为海洋产业的发展创新提供了实践依据。

为了贯彻党中央、国务院关于建设海洋强国的战略部署，2024年宁波大学东海研究院课题组立足浙江实际，编著了“海洋经济高质量发展系列丛书”。我有幸参与其中，组织一众青年学者合作撰写了这本专著。在经过课题组多次研讨和细致修改后，最终形成了11章，每一章的执笔分工如下：

第一章：蒋伟杰（宁波大学东海研究院/商学院）

第二章：蒋伟杰（宁波大学东海研究院/商学院）

第三章：靳来群（宁波大学东海研究院/商学院）

柳梦圆（宁波大学商学院硕士生）

郑重（宁波大学商学院硕士生）

第四章：余璇（宁波大学东海研究院/商学院）

郭昊楠（宁波大学商学院硕士生）

第五章：余璇（宁波大学东海研究院/商学院）

梁晨露（辽宁师范大学地理科学学院博士生）

第六章：余璇（宁波大学东海研究院/商学院）

高梦凡（辽宁师范大学地理科学学院博士生）

第七章：余璇（宁波大学东海研究院/商学院）

梁晨露（辽宁师范大学地理科学学院博士生）

第八章：余璇（宁波大学东海研究院/商学院）

陈小龙（辽宁师范大学地理科学学院博士生）

第九章：余璇（宁波大学东海研究院/商学院）

陈小龙（辽宁师范大学地理科学学院博士生）

第十章：陈琦（宁波大学东海研究院/商学院）

於梦圆（宁波大学商学院硕士生）

张荃琳（宁波大学商学院硕士生）

第十一章：陈琦（宁波大学东海研究院/商学院）

徐琪（宁波大学商学院硕士生）

书稿在编校时，恰逢我正依托国家留学基金委项目，作为访问学者在瑞典隆德大学交流学习。编校过程也为我的访学课题“中国海洋经济高质量发展的演进历程与实现路径研究：基于瑞典的历史比较”的开展提供了诸多启发。在书稿即将付印之际，感谢韩立民、胡求光、邵科等众多在书稿撰写过程中提出诸多宝贵意见的专家们的悉心指导！感谢宁波大学东海研究院的大力支持！此外，本书的出版得到以下课题的支持：浙江省社科联2024年度智库预立项课题“浙江省海洋资源立体分层开发的机制设计与对策路径研究”，国家自然科学基金青年项目“近海污染治理与蓝碳资源开发：特征事实、互动机制及协同效应”（立项编号：72304158），浙江省自然科学基金青年探索项目“近海污染下的东海碳汇：时空演变、影响效应与扩增策略”（立项编号：LQ22G030002）。

行文不足之处，敬请批评指正。

2024年11月30日于瑞典